K-WISC-V의
이해와 실제

아 동 지 능 검 사

김도연, 김현미, 박윤아, 옥정 지음

Σ 시그마프레스

K-WISC-V의 이해와 실제 – 아동지능검사

발행일 | 2021년 3월 25일 1쇄 발행
      2022년 9월 5일 2쇄 발행

지은이 | 김도연, 김현미, 박윤아, 옥정
발행인 | 강학경
발행처 | (주)시그마프레스
디자인 | 김은경
편　집 | 윤원진

등록번호 | 제10-2642호
주소 | 서울특별시 영등포구 양평로 22길 21 선유도코오롱디지털타워 A401~402호
전자우편 | sigma@spress.co.kr
홈페이지 | http://www.sigmapress.co.kr
전화 | (02)323-4845, (02)2062-5184~8
팩스 | (02)323-4197

ISBN | 979-11-6226-312-9

 **머리말**

현재 우리나라에서는 아동과 청소년의 수가 급감하고 있습니다. 그러나 저자들은 임상 현장에서 이전보다 더 많은 수의 아동, 청소년들이 다양하고 어려운 문제에 직면해 있음을 절감하고 있습니다. 따라서 아동, 청소년을 이해하고 그들이 당면한 문제에 대해 적절한 예방과 개입을 하는 것이 중요한데, 인지능력을 정확하게 평가하는 것은 아동, 청소년을 도와주는 첫 단계가 되는 경우가 많습니다. 지능검사를 통해 인지적 약점을 파악하고 이와 더불어 인지적 강점과 가능성을 찾아가는 과정이 아동, 청소년 심리치료와 부모 상담 및 교육에 있어 중요한 자원이기 때문입니다.

저는 대학원 석사 과정에서 처음 웩슬러 지능검사를 접한 후 지난 30여 년간 임상심리전문가로서, 후학을 양성하는 교수로서 여러 차례 개정된 웩슬러 지능검사를 실시하고 지도해 왔습니다. 그리고 'K-WISC-IV'가 표준화되어 소개되었을 때, 임상 현장에서 오랜 기간 일해오신 저자분들과 함께 지능검사를 공부하는 학생 혹은 수련생들이 K-WISC-IV를 익히고 올바르게 실시, 해석하는 데 도움이 될 수 있도록 저서인 K-WISC-IV의 이해와 실제를 출판하였습니다. 그로부터 어언 6년이 지났고, 그사이 2019년 규준, 소검사, 지표점수, 그리고 채점 용어 등 중요한 부분들이 크게 개정된 웩슬러 아동지능검사의 최신판 'K-WISC-V'에 대한 표준화 연구가 완료되어 최근 사용이 증가되고 있습니다. 이에 저자들이 다시 모여 K-WISC-V를 실시하고 해석하는 데 유용한 지침서를 마련하고자 이 책을 저술하게 되었습니다.

저자들은 이 책을 통해 후학들이 K-WISC-V를 제대로 실시하며 올바른 해석을 바탕으로 지능평가 보고서를 작성하는 데 구체적인 도움을 받을 수 있도록 고심하였습니다. 이를 위해 이 책은 크게 네 부분으로 구성하고자 하였습니다. 제1장에서는 지능 이론과 지능검사의 발달 과정에 대해 간략하게 소개한 후, 제2장과 제3장에서 K-WISC-V의 구성과 시행, 채점에 대해 살펴보았습니다. 제4장과 제5장에서는 프로파일 분석과 검사 해석에 대해 자세히 소개하였습니다. 제6장에서는 단계별로 실제 사례를 분석하는 절차와 해석에 대해 살펴보았고, 제7장에서는 주요 장애의 사례들을 중심으로 K-WISC-V 결과를 심도 있게 해석하여 지능평가 보고서를 작성한 예시를 소개하였습니다. 이 책이 임상, 상담, 교육 등 다양한 장면에서 지능검사를 활용하는 학부생, 대학원생, 수련생 혹은 임상 현장의 실무자분들에게 K-WISC-V를 보다 잘 이해하고 활용하여 임상 전문가로서의 역량을 기르는 데 길잡이가 되었으면 합니다.

더불어 저자들이 임상심리학자로 활동하는 동안 늘 힘이 되어주는 가족들에게 사랑과 감사의 마음을 전합니다. 또한, 심리학 분야에 특별한 애정과 관심을 갖고 출판에 애써주시는 (주)시그마프레스 직원분들과 세세한 지표와 수치 하나하나 꼼꼼하게 봐주신 편집부의 윤원진 선생님께도 진심으로 감사드립니다.

2021년 2월

대표 저자 김도연

차례

제3장 K-WISC-V의 시행과 채점

제4장 K-WISC-V의 프로파일 분석

제5장 K-WISC-V의 해석

지능검사의
발달

지능검사는 개인의 지능수준과 인지적 잠재력을 알려줄 뿐만 아니라 개인의 인지적, 신경심리적 특성을 파악하여 임상적 진단을 명료화할 자료를 제공해준다. 또한, 치료 계획을 세우는 과정에서 치료 목표를 설정하거나 진로 지도의 목적 등으로 상담과 임상 장면에서 다양하게 사용된다. 미국의 임상가들은 신경학적 기능에 대한 정보를 얻거나 교육적 또는 직업적 진로와 중재를 결정하는 데 가장 빈번하게 지능검사를 사용하는 것으로 조사되었다(Harrison et al., 1988).

아동용 지능검사 가운데 가장 널리 사용되고 있는 검사는 웩슬러 지능검사라고 할 수 있다. 우리나라에서 표준화가 이루어진 아동용 웩슬러 지능검사는 KEDI-WISC(한국교육개발원, 1987)와 K-WISC-III(곽금주, 박혜원, 김청택, 2001), K-WISC-IV(곽금주, 오상우, 김청택, 2011) 등이 있으며, 가장 최근에는 K-WISC-V(곽금주, 장승민, 2019)가 표준화되었다. 한국 웩슬러 아동지능검사 5판(Korean Wechsler Intelligence Scale for Children-Fifth Edition, K-WISC-V)은 만 6세 0개월부터 만 16세 11개월까지의 아동을 대상으로 하는 개인 지능검사도구로 지능, 인지발달, 신경발달, 인지신경과학, 학습 과정에 관한 최근 연구 자료를 반영하여 개정이 이루어졌다. 이에 따라 지표 및 소검사 구성, 그리고 채점 용어 등 여러 중요한 부분의 변화가 있으며, 검사의 유용성을 높이기 위해 실시 및 채점 절차를 더욱 편리하게 수정하였다. 따라서 표준방식으로 검사를 실시하고 해석하기 위해서 평가자들은 이러한 변화들에 익숙해질 필요가 있다.

이 책에서는 K-WISC-V의 올바른 실시와 검사 해석 및 적용과 더불어 심리평가 보고서 작성에 대해 자세히 살펴볼 것이다. 그에 앞서 이 장에서는 지능 연구자들이 제안한 지능의 정의와 이론 및 지능검사 개발 과정을 조망하고, 특히 아동용 웩슬러 지능검사에 대해 자세히 살펴볼 것이다. 또한, 최근 그 중요성이 더욱 강조되고 있는 심리학자의 평가 윤리에 대해서도 다루고자 한다.

1. 지능의 정의

지능(intelligence)의 어원은 라틴어 'intelligentia'에서 유래되었다. 'inter'란 '내부에서'를 뜻하며, 'legere'란 '모이고, 선택하고, 분별한다'는 뜻을 지닌 용어로 로마의 철학자 키케로(Cicero)에 의해 처음 사용되었다고 한다(박영숙, 1994). 이처럼 고대부터 현대에 이르

기까지 '지능'이 무엇인지 정의 내리고자 하는 다양한 시도가 있어왔지만, 이는 쉬운 작업은 아니다.

Spearman(1904)은 최초로 인간의 지능을 심리측정적인 관점에서 접근한 이론가로, 요인분석 방법을 통해 지능검사 문항 가운데 상관이 높은 문항들을 묶어서 몇 개의 요인으로 규명하고 지능은 '일반적인 정신능력 요인으로, 모든 지적 수행에 공통적으로 필요한 능력'인 일반 요인(g요인 : general factor)과 '특정한 과제 수행에 필요한 능력'인 특수 요인(s요인 : specific factor)으로 구성되어 있다고 보았다. Binet와 Simon(1905)은 지능은 판단력, 이해력, 논리력, 추리력, 기억력 등의 구성요소로 이루어져 있다고 보았다. Terman(1921)은 지능을 '추상적 사고를 수행하는 능력'으로 정의 내리면서 한 가지 특정 검사의 결과에 따라 지능을 개념화하는 것은 위험한 생각이라고 경고하였다. 1958년 Wechsler는 지능을 '목적적으로 행동하고 합리적으로 생각하며 환경에 효과적으로 대처하는 종합적인 능력'으로 간주하며 지능 안에는 개인의 성격 전체의 특성도 함께 포함되어 있다는 점을 강조했다.

1950년대에는 심리측정에서의 요인분석 기술의 발전을 바탕으로 활발한 지능 연구가 이루어졌는데, Cattell은 지능이란 유동적 지능(Fluid Intelligence, Gf)과 결정적 지능(Crystallized Intelligence, Gc)으로 구성되어 있다는 'Gf-Gc 이론'을 제안하였다(Horn & Cattell, 1966). 이후 Cattell의 제자였던 Horn(1968)이 Gf-Gc 이론을 확장시켜 지능은 1차(first order) 요인인 80여 개의 기초정신능력과 2차(second order) 요인인 9~10개의 광범위한 인지능력으로 구성되어 있다고 제안하였다. 지능의 2차 요인에 해당하는 광범위한 인지능력에는 유동적 지능(Gf)과 결정적 지능(Gc) 외에도 시각처리, 청각능력, 단기기억과 인출, 장기저장과 인출, 양적 수학능력, 처리속도 등이 포함된다.

이후 Cattell-Horn의 Gf-Gc 이론과 Carroll의 '3층 인지능력 이론'이 결합하여 CHC 지능 이론이 탄생하였다. CHC 이론은 지능은 최상층에 일반지능 g(3층)와 유동적 지능(Gf), 결정적 지능(Gc), 청각지각력, 장기기억력, 단기기억력, 속도처리능력, 결정/반응속도, 양적 지식, 시각-공간지각력, 읽기와 쓰기 등 10개의 광범위한 인지능력(2층), 그리고 70여 개 이상의 세부적 특수능력(1층)의 위계모형으로 구성되어 있다고 설명한다(Alfonso, Flanagan, & Radwan, 2005; McGrew, 2005). 이처럼 최신 지능 이론가들은 지능은 최상층이 일반지능 요인으로 구성된 위계적 구조를 가지고 있는 것으로 개념화하고 있다.

2. 지능의 이론

1) Spearman의 2요인 이론(일반 요인 'g' 이론)

Spearman은 최초로 인간의 지능을 심리측정적인 관점에서 접근한 이론가로, 요인분석 방법을 통해 지능검사 문항 가운데 상관이 높은 문항들을 묶어서 몇 개의 요인으로 규명하고 그 요인의 의미를 부여했다. 그는 지능은 '일반적인 정신능력 요인으로, 모든 지적 수행에 공통적으로 필요한 능력'인 일반 요인(g요인)과 '특정한 과제 수행에 필요한 능력'인 특수 요인(s요인)으로 구성되어 있다고 보았다.

2) Cattell과 Horn의 유동적 지능-결정적 지능 이론(Gf-Gc 이론)

1940년대부터 지능검사를 연구해온 Cattell은 지능이란 유동적 지능(Gf)-결정적 지능(Gc)으로 구성되어 있다는 Gf-Gc 이론을 제안하였다(Horn & Cattell, 1966). 유동적 지능과 결정적 지능의 특징은 〈표 1-1〉에 제시되어 있다.

　이후 Cattell의 제자였던 Horn(1968)이 Gf-Gc 이론을 확장시켜 Cattell-Horn의 Gf-Gc 이론으로 발전시켰다. Horn은 요인분석 이외에도 발달, 유전적 · 환경적 영향, 신경심리적인 특성들과 관련된 지능의 구조를 제안하며 Gf, Gc 이외에도 다른 인지능력을 추가하였다. Cattell-Horn의 Gf-Gc 이론은 지능은 1차 요인인 80여 개의 기초정신능력과

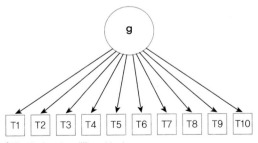

*T# : designates different test measures

그림 1-1 Spearman의 'g' 이론 모형
출처 : McGrew(2014)

표 1-1 유동적 지능과 결정적 지능의 특징

유동적 지능(Gf)	결정적 지능(Gc)
연령이 높아지면 급격히 감소될 수 있다.	성인기에 걸쳐 꾸준히 증가되며 연령으로 인해 역행하거나 감소되지 않는다.
비언어적이며 문화와 상대적으로 적게 관련된다.	문화에 노출됨으로써 발달하는 지식 및 기능과 관련된다.
학습된 능력이 아니며 정신 작용과 과정을 중요시한다.	숙달되고 잘 다듬어진 인지적 기능으로써 학습된 능력과 관련된다.
복합적인 정보에 대한 능력과 문제해결능력(예 : 언어유추력, 단순암기력)을 측정한다.	정보의 단순한 회상이나 재인과 같은 구체적 능력(예 : 어휘력, 일반상식)을 측정한다.

2차 요인인 8개의 광범위한 인지능력으로 구성되어 있다고 본다. 지능의 2차 요인에 해당하는 광범위한 인지능력에는 유동적 지능(Gf)과 결정적 지능(Gc) 외에도 시각처리(Visual Processing, Gv), 청각능력(Auditory Ability, Ga), 단기기억과 인출(Short-Term Apprehension and Retrieval, SAR), 장기저장과 인출(Tertiary Storage and Retrieval, TSR), 양적 수학능력(Quantitative Mathematical Abilities, Gq), 처리속도(Processing Speed, Gs)가 포함된다. 이 외에도 읽기와 쓰기(Reading and Writing, Grw)를 추가하기도 하고 처리속도(Gs)에서 정답 결정속도(Correct Decision Speed, CDS)를 분리하여 독립적인 능력으로 다루어 9~10개의 능력으로 분류하기도 한다(Alfonso, Flanagan & Radwan, 2005). Gf-Gc 이론의 관계 설정을 그림으로 나타내면 〈그림 1-2〉와 같다. 이 모형의 가장 큰 특징은 최상위의 개념으로 'g'를 제시하지 않는다는 것이다.

3) Carroll의 3층 인지능력 이론

Carroll(1997)은 461개에 이르는 주요 지능 관련 선행연구를 분석하여 지능의 구조를 계층적으로 파악한 '3층 이론(three-stratum theory)'을 발달시켰다. 3층 이론의 계층적 구조는 Spearman(1927), Thurstone(1938), Cattell(1971), Horn(1988, 1991, 1994)과 같은 연구자들에 의해 개발된 모델을 확장시킨 것이다.

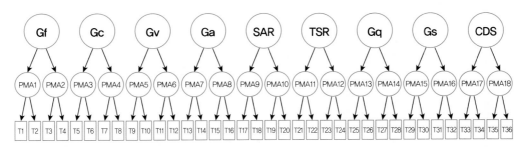

*PMA# : different "primary mental ability
T# : designates different test measures"

그림 1-2 Cattell과 Horn의 'Gf-Gc 이론' 모형
출처 : McGrew(2014)

3층 이론에서 인지능력은 보편성(generality)에 따라 세 가지 층으로 조직화된다. 1층위에는 추론, 어휘지식, 철자능력, 시각적 기억력, 공간적 파악, 말소리 구별, 표상적 유창성, 검사 수행속도 그리고 단순 반응시간 등과 같은 70여 가지의 구체적이며 협의의 인지능력(narrow cognitive abilities), 즉 경험과 학습의 효과나 수행에 있어서의 특정 전략의 채택을 반영하는 고도의 제한된 능력들이 포함된다. 2층위는 '하위영역 내에서의 다양한 행동에 영향을 미치거나 지배하는 개인의 기본적인 구조로서 오래 지속되는 특징인 8가지 광범위한 인지능력'들로 구성되어 있는데, 1층위 요인들의 상관 정도와 요인 부하량에 따라 수렴된 유동적 지능(Gf), 결정적 지능(Gc), 일반적인 기억과 학습 요인(General Memory and Learning, Gy), 광범위한 시지각 요인(Broad Visual Perception, Gv), 광범위한 청지각 요인(Broad Auditory Perception, Gu), 광범위한 인출능력(Broad Retrieval Ability, Gr), 광범위한 인지적 처리속도 요인(Broad Cognitive Speediness, Gs), 반응시간/결정속도 요인(Reaction Time/Decision Speed, Gt)이 포함된다. 2층위 요인들은 가장 상위에 있는 3층위 요인에 수렴되는데 Carroll은 이 3층위 인지능력을 Spearman처럼 일반인지능력 'g'라고 불렀다.

Carroll의 3층 이론의 핵심은 모든 개인에게는 각각 다양한 인지적 특징과 능력이 있다는 점을 강조했다는 것이다. 특히 인지능력 구성요소를 실증적으로 분류함으로써 이

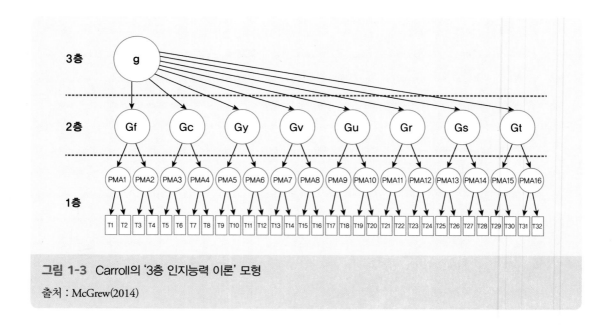

그림 1-3　Carroll의 '3층 인지능력 이론' 모형
출처 : McGrew(2014)

전까지 정립되지 않았던 인지능력의 분류 체계를 정립하는 데 결정적인 역할을 하였고 학자들과 전문가들 사이에서 통용되는 공통 언어(nomenclature)를 만드는 데 기여했다 (McGrew, 2005).

4) CHC 지능 이론

Cattell-Horn-Carroll(CHC) 지능 이론은 최근 10년 사이 여러 지능검사 개발에 이론적 틀을 제공하였고, 지능검사의 개발, 실시 및 해석에서 이론과 실제의 간격을 좁히는 데 기여해왔다(김상원, 김충육, 2011). CHC 이론은 Cattell-Horn의 Gf-Gc 이론과 Carroll의 인지능력 3층 이론이 결합하여 탄생하였다. 1999년 Horn과 Carroll의 만남이 주선되었고 이 자리에서 CHC 이론이라는 용어에 대한 합의가 이루어졌다.

　McGrew는 Cattell-Horn의 Gf-Gc 이론과 Carroll의 인지능력 3층 이론을 비교하면서 이 두 이론을 통합할 것을 제안한다(McGrew & Flanagan, 1998). 다만 Carroll은 한 차원 높은 수준의 'g'요소를 가정하는 반면, Cattell과 Horn의 모델에는 'g'라는 개념이 없다는 점이 가장 큰 차이였으나 CHC 이론은 일반지능 'g' 요소를 포함한다. McGrew(1997)는 우선적으로 이 두 가지 이론에서 유동적 지능, 결정적 지능, 단기기억, 시각적 처리,

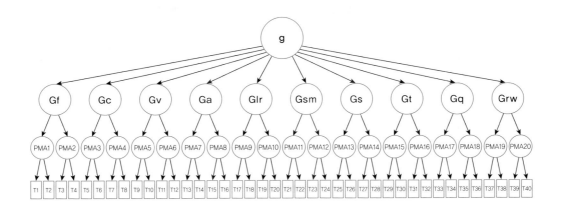

그림 1-4 'CHC 지능 이론' 모형
출처 : McGrew(2014)

청각적 처리, 장기저장과 인출, 처리속도, 결정/반응시간를 통합하여 CHC 지능 이론의 이론적 틀을 발달시켰고 70여 개 이상의 협의의 인지능력(1층위)과 10개의 광범위한 인지능력(2층위) 그리고 일반지능 g(3층위)의 위계모형을 발전시켰다. CHC 지능 모형은 〈그림 1-4〉에 제시되어 있다(Alfonso, Flanagan, & Radwan, 2005 ; McGrew, 2005). 10개의 주요한 인지능력은 유동적 지능(Gf), 결정적 지능(Gc), 시각적 처리(Gv), 청각적 처리(Auditory Processing, Ga), 장기저장과 인출(Long-Term Storage and Retrieval, Glr), 단기기억(Short-Term Memory, Gsm), 처리속도(Gs), 결정/반응시간(속도)(Decision/Reaction Time or Speed, Gt), 양적 지식(Quantitative Knowledge, Gq), 읽기와 쓰기(Grw) 등이다(Flanagan, McGrew, & Ortiz, 2000).

3. 지능검사의 역사

1) 지능검사의 역사

19세기 중반, 지능을 최초로 수량화해 측정하고자 시도한 사람은 영국의 수학자인 Galton(1822~1911)이다. 그는 감각운동 과제들을 통해서 지능을 수량화하고자 하였다.

그러나 Galton이 제안한 감각운동 과제들은 복잡한 지능구조를 밝혀내는 데는 한계가 있었다.

Binet와 Simon(1905)은 프랑스 정부로부터 일반 학급에서 정신지체 아동과 정상 아동을 구별하여 초등학교 정규교육 과정을 수학할 능력이 없는 지체 아동을 판별할 목적의 평가 도구를 의뢰받아 Binet-Simon Test를 개발하였다. Binet는 연령이 증가함에 따라 구조화된 과제에 대한 수행이 향상되므로 어떤 아동이 또래 아동보다 과제를 잘 해결하면 정신연령과 지능이 높다는 전제하에 '정신연령(mental age)'의 개념을 도입하였다. Binet-Simon Test는 3~13세 아동에게 실시되었으나, 1908년과 1911년에 재표준화를 거치면서 대상 연령이 15세까지 확장되었다.

Terman(1916)은 미국 문화에 적절하도록 Binet-Simon Test의 문항을 수정하여 Stanford-Binet Test를 출판하였다. Terman의 IQ 산출 방식은 Binet의 '정신연령' 개념을 발전시킨 비율 IQ 개념에 근거하며, 정신연령(MA)과 생활연령(CA)을 비교해서 공식화하였다.

$$\text{지능지수(IQ)} = \frac{\text{정신연령(MA)}}{\text{생활연령(CA)}} \times 100$$

(IQ = intelligence quotient, MA = mental age, CA = chronological age)

1917년 제1차 세계대전에 참전하게 된 미국에서는 군 입대 대상자의 선정과 부대 배치를 위해 성인용 집단 지능검사가 개발되었다. 성인용 집단 지능검사는 지필형 검사인 Army Alpha와 비언어성 검사인 Army Beta로 각각 개발되어 사용되었으나 현재 이 검사들은 사용되고 있지 않다.

Wechsler(1939)는 1930년대 중반 그의 임상적 기술과 통계적 훈련(그는 영국에서 Charles Spearman과 Karl Pearson 밑에서 수학하였다)을 결합하여 11개의 소척도로 구성된 Wechsler-Bellevue Intelligence Scale Form I(이하 WB-I)과 WB-II(1946)를 개발하였다. Wechsler는 Binet 검사가 언어능력을 요하는 문항에 너무 치중되어 있다고 보고, 비언어적 지능도 따로 측정되어야 한다고 주장하였다. 따라서 웩슬러 검사에는 언어적 검사와 비언어적(동작) 검사가 따로 측정되도록 개발되었고, 개인의 수행수준은 같은 연령집단 사람들의 점수와 비교하여 지능지수가 산출되었다. 이후 WB-I은 웩슬러 성인지능검사

(Wechsler Adult Intelligence Scale, 이하 WAIS; Wechsler, 1955)로 개정되었고, 수차례의 재개정 작업을 거쳐 WAIS-IV(2008)까지 출시되었다.

한편, WB-II의 대상 연령을 낮춰 5~15세의 아동들에게 적용할 수 있는 Wechsler Intelligence Scale for Children(이하 WISC; Wechsler, 1949)이 1949년 출시되었고 이후 WISC는 여러 지능검사들 가운데 가장 널리 사용되었다(Stott & Ball, 1965). WISC(1949)는 수차례의 재개정 작업을 통해 현재 WISC-V(Wechsler, 2014a)로 개정되었다. 또한 영유아를 대상으로 Wechsler Preschool and Primary Scale of Intelligence(이하 WPPSI; Wechsler, 1967)가 개발되어 WPPSI-IV(Wechsler, 2012)로 개정되었다.

한국에서는 성인 대상의 한국판 웩슬러 지능검사(Korean Wechsler Intelligence Scale)인 KWIS가 1963년에 표준화되었으며, 이는 전용신, 서봉연, 이창우가 WAIS(1955)를 표준화한 것이다. 그 후 WAIS-R(1981)을 염태호 등이 한국판 K-WAIS(1992)로 표준화하였고, WAIS-IV(2008)는 K-WAIS-IV(황순택 등, 2012)로 표준화되었다.

아동용 웩슬러 지능검사는 이창우, 서봉연이 WISC(1949)를 표준화하여 K-WISC(1974)를 내놓았으며, 개정판 WISC-R(1974)은 한국교육개발원에서 표준화하여 KEDI-WISC(1987)를 발간하였다. 이후 WISC-III(1991)는 K-WISC-III(곽금주, 박혜원, 김청택, 2001)로, WISC-IV(2003)는 K-WISC-IV(곽금주, 오상우, 김청택, 2011)로 표준화되었으며 최근에 WISC-V(2014)는 K-WISC-V(곽금주, 장승민, 2019)로 발간되었다.

유아용 웩슬러 지능검사인 WPPSI-IV(2012)는 K-WPPSI-IV(박혜원, 이경옥, 안동현, 2016)로 표준화되어 사용되고 있다. 〈그림 1-5〉에는 미국과 한국의 웩슬러형 지능검사의 개정 과정이 제시되어 있다.

2) 웩슬러 지능검사의 최신 동향

WISC-V의 통합적 기술 및 해석 요강(Wechsler, 2014c)에서는 웩슬러 지능검사에서 지능을 어떻게 정의 내리고 분류했는지 소개하면서 웩슬러 지능검사 결과를 해석할 때 유념할 점에 대해서도 다루고 있다. 그 내용들을 살펴보면 다음과 같다.

Wechsler는 지능을 전반적(global)이며 세부적(specific)인 능력이라고 정의한다. 이때 전반적이라 함은 지능이 개인의 행동을 전체로 특징지을 수 있음을 의미하며, 세부적이라고 함은 지능이 서로 차별화되는 요인 또는 능력들로 구성되어 있음을 의미한다. 임

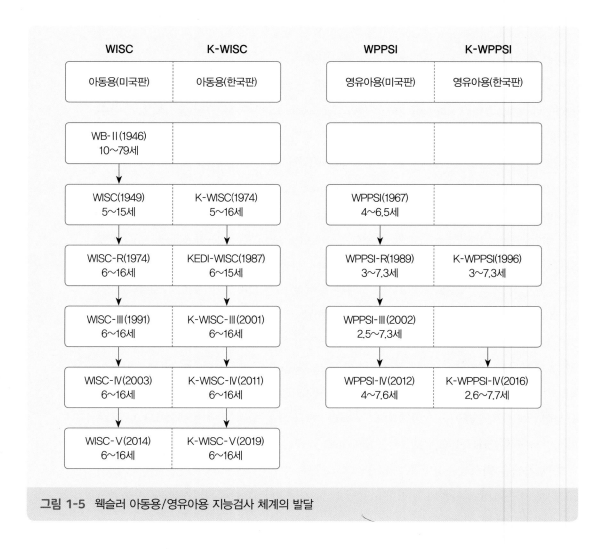

그림 1-5 웩슬러 아동용/영유아용 지능검사 체계의 발달

상 경험을 통해 Wechsler는 언어이해, 지각추론, 작업기억, 처리속도 등 인지의 4요인을 반영한 소검사를 개발하였고, 지능 이론과 측정 연구들을 통해 4요인이 인지능력의 중요한 측면임이 확인되었다(Carroll, 1993, 2012; Horn & Blankson, 2012; Schneider & McGrew, 2012). 그러나 최근 Wechsler 지능검사는 최신의 지능 이론, 요인분석 연구 및 임상 조사를 기반으로 전체 지능과 함께 인지의 5요인(언어이해, 시공간, 유동추론, 작업기억, 처리속도)을 측정하도록 개정되었다. 하지만 임상가들은 다음과 같은 몇 가지 문제에 주목할 필요가 있다.

첫째, 인지기능은 기능적, 신경학적으로 서로 관련되어 있으므로 지능검사로 순수한 인지기능 영역을 측정하는 것은 매우 어렵다. 예를 들어, 처리속도와 같은 세부영역을 측정하기 위해서는 언어 지시를 이해하고, 시각 자극을 판별하고, 정보를 처리하고, 운동기능을 수행하는 능력 등 다양한 세부영역의 능력이 함께 요구된다. 또한, 소검사의 구성과 조합에 따라 요인들의 부하가 다르기 때문에 지능검사 결과가 특정 소검사 과제를 완수할 때 요구되는 다양한 인지능력을 반영하지 못하는 경우도 있다.

둘째, 지능검사는 다양한 인지능력을 측정하도록 고안된 소검사들로 구성되어 있다. 그러나 고려해야 할 사항이 있는데, Wechsler(1975)는 이에 대해 다음과 같이 설명한다.

> … 물리학의 기본 입자와 같이, 지능의 속성과 요소는 집단적이면서 개별적 특성을 동시에 가지고 있다. 즉, 지능의 속성과 요소들은 협업으로 운용되는 경우와 단독으로 운용되는 경우에 각각 다르게 반응한다(p. 138).

이와 관련하여 웩슬러 지능검사의 타당도 관련 연구 결과를 살펴보면, 전체 지능은 직무 수행(Hunt & Madhyastha, 2012; Kuncel, Ones & Sackett, 2010; Schmidt, 2014), 정신과 신체건강 및 건강 행동(Johnson et al., 2011; Wrulich et al., 2014), 학업성취(Deary & Johnson, 2010; Deary et al., 2007; Johnson, Deary, & Iacono, 2009; Kaufman et al., 2012; Nelson, Canivez, & Watkins, 2013) 등을 통해 타당도가 지지되고 있다. 그러나 일부 연구자들은 학업성취는 인지기능의 세부영역이 중요하다고 강조하는 반면, 다른 연구자들은 전체 지능과 세부 인지기능이 장애아동의 학업성취와 일상생활 적응을 이해하는 데 중요하다고 설명한다(Calhoun & Mayes, 2005; Fiorello, Hale, & Snyder, 2006; Li & Geary, 2013; Mayes & Calhoun, 2004; Vukovic et al., 2014).

셋째, 지능검사 측정치를 통해 지능의 모든 영역을 검사할 수 있다는 견해는 비합리적이다(Flanagan, Ortiz, & Alfonso, 2007). Wechsler는 인지기능에서 중요하다고 입증된 언어이해, 시공간, 기억 등 다양한 영역을 표집한 측정치들을 엄선하였으나, 임상가나 수검자가 지치거나 피곤한 상태로 검사에 임하면 타당하지 않은 검사 결과가 나타날 수 있음을 인식하여 합리적인 시간 안에 임상적으로 의미 있는 정보를 제공해줄 수 있도록 소검사의 문항 수를 선별하였다. 그럼에도 Wechsler는 지능검사 결과는 지능을 구성하는 다양한 영역들 가운데 일부만을 반영한다고 보았다. "목적적으로 행동하고, 합리적으로 생각하며, 자신의 환경을 효과적으로 다룰 수 있는 개인의 능력"(1944, p. 3)이 지능이라고 정의한 Wechsler는 요인분석을 통해, 지능검사 결과는 지능의 일부를 설명하며, 계획 및 목표 인식, 열정, 장의존성, 독립성, 충동, 불안 및 끈기와 같은 속성들이 지능적 행동에 영향을 미친다고 보았다. 이에 웩슬러 지능검사 지침에는 "검사자는 각 개인을 고유한 존재로 인식하고, 지능 이외의 특성을 고려하여 검사 결과를 해석해야 한다."라고 강조한다(Kaufman & Lichtenberger, 2006; Sattler, 2008). 또한, 지능수준이 유사하더라도 지능과는 무관한 피곤함, 불안, 끈기 등과 같은 특성들로 인해 어려움에 대처하는 역량에 차이가 있음을 가정한다.

4. 한국 웩슬러 아동지능검사 5판(K-WISC-V)

K-WISC-V(곽금주, 장승민, 2019)는 만 6세 0개월부터 16세 11개월까지의 아동 및 청소년을 대상으로 규준이 개발되었다. K-WISC-V에서는 규준, 소검사, 지표점수, 그리고 채점 용어 등 중요한 부분들이 개정되었고, 척도의 유용성을 개선하기 위해 실시 및 채점 절차가 더욱 편리하게 수정되었다. K-WISC-V의 주요 변경사항과 특징을 요약하면 다음과 같다.

- K-WISC-IV와 동일한 13개 소검사(토막짜기, 공통성, 행렬추리, 숫자, 기호쓰기, 어휘, 동형찾기, 상식, 공통그림찾기, 순차연결, 선택, 이해, 산수)에 더하여 3개 소검사(무게비교, 퍼즐, 그림기억)가 새롭게 추가되어 16개의 소검사로 구성
- 기본 소검사(10개)와 추가 소검사(6개) 범주로 구성
- 5개의 기본지표(언어이해, 시공간, 유동추론, 작업기억, 처리속도)와 5개의 추가지표(양적추론, 청각작업기억, 비언어, 일반능력, 인지효율) 산출
- 토막짜기, 숫자, 선택 소검사에서 총 7개의 처리점수를 산출하여 인지능력에 관한 세부적인 정보를 제공
- 실시 및 채점 절차의 발달적 적합성을 높여 검사의 유용성 개선
- 검사를 통해 측정 가능한 지능의 범위 확대([40≤FSIQ≤160])

K-WISC-V의 매뉴얼(2019)을 참조하여 소검사와 검사 체계에 대해 간단히 살펴보고

이후 자세한 내용과 산출 방법 등은 제3장에서 살펴볼 것이다.

1) 소검사

K-WISC-V는 16개의 소검사로 이루어져 있다. K-WISC-IV와 동일한 13개 소검사(토막짜기, 공통성, 행렬추리, 숫자, 기호쓰기, 어휘, 동형찾기, 상식, 공통그림찾기, 순차연결, 선택, 이해, 산수)와 K-WISC-V에서 새롭게 개발된 3개의 소검사(무게비교, 퍼즐, 그림기억)로 구성되어 있다.

2) K-WISC-V 검사 체계

K-WISC-V는 합산점수로 전체척도(full index)와 기본지표척도(primary index) 및 추가지표척도(ancillary index)를 구성한다. 각 척도별로 지표점수를 산출하는 데 사용되는 소검사가 제시되어 있다. 〈그림 1-6〉은 K-WISC-V의 검사 체계를 보여준다.

(1) 전체척도

전체척도는 언어이해, 시공간, 유동추론, 작업기억, 처리속도의 5개 지표점수로 구성되어 있다. 10개의 기본 소검사 중 7개의 기본 소검사(토막짜기, 공통성, 행렬추리, 숫자, 기호쓰기, 어휘, 무게비교)에 기초해 전체 IQ(FSIQ)를 산출한다. 전체 IQ는 소검사 대체를 허용하는 유일한 합산점수이다.

(2) 기본지표척도

기본지표척도는 언어이해, 시공간, 유동추론, 작업기억, 처리속도의 5개 지표점수로 구성된다. 전체 IQ와 기본지표척도의 점수는 일반적인 인지능력을 평가하기 위한 것이다. 소검사 대체는 기본지표척도에서는 허용되지 않는다.

(3) 추가지표척도

추가지표척도 수준은 양적추론, 청각작업기억, 비언어, 일반능력, 인지효율 등 5개의 지표점수로 구성되며 아동의 인지능력과 K-WISC-V 수행에 대한 추가적인 정보를 제공한다. 소검사 대체는 어떠한 추가지표척도에서도 허용되지 않는다.

표 1-2 소검사와 설명

소검사	소검사에 대한 설명
토막짜기(BD)	제한시간 내에 흰색과 빨간색으로 이루어진 토막을 사용하여 제시된 모형이나 그림과 똑같은 모양을 만든다.
공통성(SI)	공통적인 사물이나 개념을 나타내는 두 개의 단어를 듣고 두 단어가 어떻게 유사한지 말한다.
행렬추리(MR)	완성되지 않은 행렬이나 연속의 일부를 보고, 행렬 또는 연속을 완성하는 보기를 찾아야 한다.
숫자(DS)	연속되는 숫자를 듣고 기억하여 숫자를 바로 따라하고, 거꾸로 따라하고, 순서대로 따라해야 한다.
기호쓰기(CD)	숫자에 대응하는 간단한 기하학적인 모양이나 기호를 그린다. 아동은 기호표를 이용하여 빈칸 안에 해당하는 모양이나 각각의 기호를 주어진 시간 안에 그린다.
어휘(VC)	그림 문항에서 아동은 소책자에 있는 그림들의 이름을 말한다. 말하기 문항에서 아동은 검사자가 읽어주는 단어의 정의를 말한다.
무게비교(FW)	제한시간 내에 양쪽 무게가 달라 균형이 맞지 않는 저울 그림을 보고 균형을 유지할 수 있는 보기를 찾는다.
퍼즐(VP)	완성된 퍼즐을 보고 제한시간 내에 퍼즐을 구성할 수 있는 3개의 조각을 선택한다.
그림기억(PS)	제한시간 내에 1개 이상의 그림이 있는 자극페이지를 본 후, 반응페이지에 있는 보기에서 해당 그림을 순서대로 찾는다.
동형찾기(SS)	제한시간 내에 반응부분을 훑어보고 표적 모양과 일치하는 것을 찾아낸다.
상식(IN)	일반적인 지식에 대한 광범위한 주제를 다루는 질문에 대답을 한다.
공통그림찾기(PC)	두 줄 혹은 세 줄로 이루어진 그림들을 보고 각 줄에서 공통된 특성으로 묶을 수 있는 그림들을 하나씩 골라낸다.
순차연결(LN)	연속되는 숫자와 글자를 읽어주고 숫자가 커지는 순서와 한글의 가나다 순서대로 암기하도록 한다.
선택(CA)	무선으로 배열된 그림과 일렬로 배열된 그림을 훑어보고 제한시간 안에 표적 그림에 표시한다.
이해(CO)	일반적인 원칙과 사회적 상황에 대한 이해에 기초하여 질문에 대답한다.
산수(AR)	그림 문항과 말하기 문항으로 주어지는 일련의 산수 문제를 제한시간 내에 암산으로 푼다.

그림 1-6 K-WISC-V 검사 체계

3) 웩슬러 아동지능검사 5판(WISC-V)의 개정 목표와 변화

K-WISC-V의 이해와 활용도를 높이기 위해서는 K-WISC-V 개발의 이론적 토대가 되는 WISC-V를 살펴보는 것이 효과적일 것으로 기대된다. WISC-V는 지능과 인지 이론 및 신경심리와 인지신경과학에서 밝혀진 최신 연구 결과를 바탕으로 개정이 이루어졌다. 다음은 WISC-V의 개정 목표와 변화된 내용 등을 요약 설명한 것이다(Wechsler, 2014a).

첫째, WISC-V는 이론적 근거를 업데이트하였다. WISC-V는 인지, 지능, 신경심리 이론과 연구를 바탕으로 지능의 4요인 이론(언어이해, 지각추론, 작업기억, 처리속도)을 폐기하고 지능의 구성 개념을 언어이해, 시공간, 유동추론, 작업기억, 처리속도로 구성하였다. 시공간 지표에는 기존 소검사인 토막짜기에 퍼즐 검사가 추가되었으며, 유동추론 지표에는 기존 소검사인 행렬추리, 공통그림찾기, 산수 검사에 무게비교가 추가되었다. 작업기억 지표를 구성하는 소검사에도 큰 변화가 있는데, 기존 소검사인 숫자와 순차연결 검사에 그림기억 검사가 새로 추가되었다. 작업기억은 정보들을 한시적으로 보유하고 각종 인지적 과정을 계획하고 수행하는 작업장으로서의 기능을 수행하는 인지기능이다. 그러나 기존의 작업기억 지표에 포함된 소검사들은 언어-청각적 정보처리에 초점이 맞추어져 있고, 비언어적-시각적 정보처리가 포함되어 있지 않았다. 이에 WISC-V에서는 이러한 취약점을 보완하여 언어-청각적 정보처리뿐만 아니라 비언어적-시각적 정보처리를 모두 포함하였다.

둘째, WISC-V는 발달적 적합성을 개선하였다. '아동의 과제 지시 이해'가 아동평가에서 중요한 점이라는 것을 고려하여 모든 소검사의 지시를 간결하게 수정하였고, 수검 아동의 연령이 어리거나 지적장애를 가지고 있는 경우에는 지시를 반복할 수 있으며, 다양한 반응들을 채점할 수 있도록 채점 규준을 수정하였다. 또한, 빠른 과제 수행에 보너스 점수를 부여하는 것이 심사숙고 유형의 아동, 움직임의 어려움이 있는 아동과 더불어 연령이 어린 아동에 대한 평가에는 적합하지 않다는 점을 고려하여, 토막짜기 소검사에서 시간보너스 점수가 부여되는 문항을 감소하였다.

셋째, WISC-V에서는 실시의 용이성을 높였다. WISC-V의 5개 기본지표에 포함되는 10개 기본 소검사의 시행시간은 평균 65분으로, WISC-IV에 비해 검사시간이 10분 정도 단축되었고, 7개의 기본 소검사(공통성, 어휘, 토막짜기, 행렬추리, 무게비교, 숫자, 기호쓰기)만으로 전체 지능을 산출할 경우 평균 실시시간은 약 48분 정도로 더욱더 단축된다. 또한 WISC-V의 실시와 채점이 이전 판에 비해서 분명하고 간결하게 개정되었으며, 중지 규칙에 해당하는 문항 수를 단축하여 실시의 용이성을 높였다.

넷째, 심리측정적 속성을 개선하였다. 우선 규준과 문항 내용의 심리측정적 속성을 개선하였으며, 검사를 통해 측정할 수 있는 지능의 범위가 확장되어 가장 낮은 수준은 [40≤FSIQ<69]이며 가장 높은 수준은 [130≤FSIQ≤160]으로 지능측정이 가능해졌다. 또한 문항점수 비교에 사용되었던 유의도 수준이 개정되어 WISC-V에서는 기존 검사에서

제시되었던 유의도 수준 .05 .15와 더불어 0.01과 .10 유의수준의 임계값이 보고되었으며, 신뢰도와 타당도 수준이 향상되었다(K-WISC-V도 동일).

다섯째, 임상적 유용성이 향상되었다. 구체적으로 살펴보면 다음과 같다.

① 처리속도 소검사의 채점 체계를 개선하여 오류분석과 정신 회전에 대한 해석이 가능해지도록 하여 인지적 처리 과정에 이해를 향상시켰다. 또한, 그림 자극을 시대에 맞게 수정하여 수검 아동들의 과제 집중을 높였으며, 진부한 문항들은 개정하거나 삭제하였다.

② 지능의 구조모델, 신경발달 이론, 신경인지와 임상집단에 관한 연구를 토대로 지능의 5요인(언어이해, 시공간, 유동추론, 작업기억, 처리속도)을 반영하여 검사구조가 변화되었다. WISC-IV의 지각추론 지표를 시공간 지표와 유동추론 지표로 구분하여 임상적 유용성이 향상되었으며, 작업기억에서 측정할 수 있는 소검사를 추가하여 청각과 시각적 작업기억에 대한 지표를 분리하여 확보할 수 있다.

③ 지능검사가 신경심리측정을 위해 개발되지는 않았으나 기본지표척도는 신경심리평가에서 주목하는 각기 다른 두뇌영역의 발달 및 활성화와 관련된 인지적 특성을 좀 더 명확하게 이해할 수 있도록 도와준다. 언어이해 지표는 언어표현과 수용언어를 측정할 수 있고, 시공간과 처리속도 지표는 시공간에서 인지적 처리, 속도, 효율성 영역을 평가할 수 있으며, 유동추론 지표는 실행기능과 연관된 문제해결, 인지적 유연성, 추론, 실행기능과 관련된 구조를 측정할 수 있다. 작업기억 지표는 작업기억, 즉 학습과 기억처리를 평가할 수 있도록 개발되었다.

④ WISC-V에서는 각 지표들 간 점수차이 혹은 각 소검사 간 점수차이에 대해 쌍별 비교를 포함해 약점과 강점을 확인할 수 있도록 상세한 정보를 제공한다.

⑤ 추가지표척도에 해당하는 다양한 지표들(양적추론, 청각작업기억, 비언어, 일반능력, 인지효율)은 아동들에 관한 부가적인 정보를 제공한다. 특히, 비언어 지표는 표현언어의 문제를 가지고 있는 아동들의 수행에 관하여 부가적인 정보를 제공한다. 비언어 지표에 해당하는 소검사들은 전체 지능을 측정하는 5개 인지영역 가운데 언어이해 영역을 제외한 4개의 인지영역에 해당하지만 언어표현은 요구하지 않는다. 따라서 비언어 지표는 표현언어 지연이나 다른 문제로 인해 표현언어에 어려움을

가지고 있는 아동들의 전체 지능 추정치로 적합하다. 또한 청각장애를 가지고 있거나, 이중언어로 인해 정확한 지능평가에 어려움이 있는 아동들의 전체 지능 측정치로도 유용하다.

⑥ WISC-V에는 명명속도독해, 명명속도량, 즉각기호전환, 지연기호전환, 재인기호전환 소검사가 포함되어 있으며 이와 관련된 부가적인 정보를 제공해주고 있으나 K-WISC-V 연구진들은 필수적이지 않다고 판단하여 제외하였다.

⑦ 처리점수의 수가 총 7개로 확장되었다. 처리점수는 인지 수행을 심도 있게 해석하고 이해할 수 있도록 도와준다.

⑧ WISC-V에서는 13개의 특수 집단에 대한 연구를 시행하여 임상적 타당도를 높였다. 대표적으로 영재, 경도와 중증도의 지적장애, 학습장애, 주의력결핍 과잉행동장애(ADHD), 파괴적 행동, 외상성 뇌손상(Traumatic Brain Injury, TBI), 자폐스펙트럼장애(Autism Spectrum Disorder, ASD) 집단이 표준화 작업에 포함되었다.

5. 평가자 윤리

최근 심리평가가 다양한 영역에서 활용되면서 평가자 윤리도 더욱 중요해지고 있다. 검사 실시, 진단, 평가의 관점에서 보면, K-WISC-V의 평가자는 표준화된 임상 도구를 실시하고 해석하는 것에 대한 훈련을 받고 경험을 갖추어야 한다. K-WISC-V 평가자는 반드시 심리학적 평가에 대한 대학원 교육이나 전문가 수준의 훈련을 받을 필요가 있다. 또한, 다양한 연령, 언어 환경 및 임상적 · 문화적 · 교육적 배경을 가지고 있는 아동들을 검사하고 전문가의 슈퍼비전을 통해 검사 실시 및 해석에 대한 역량을 발전시킬 수 있도록 노력해야 한다. K-WISC-V 매뉴얼은 평가자의 의무에 대해 소개하고 있으므로 지능검사 시 반드시 이를 숙지하는 것이 필요하다.

또한, 지능검사뿐만 아니라 다양한 심리검사를 실시하는 임상가들과 수련생, 학생들은 심리학회의 평가 관련 윤리 지침을 준수해야 하는데, Sattler(2008)는 심리학자의 평가 관련 기본 윤리를 다음과 같이 요약 설명하고 있다.

- 심리학자는 기술의 유용성과 적절한 적용에 관한 연구 또는 증거에 기반하여 평가

기법을 선택하며 면담 또는 평가 도구를 실시, 적용, 채점, 해석한다.

- 심리학자는 타당도와 신뢰도가 입증된 평가 도구를 사용한다. 타당도나 신뢰도가 확립되지 않은 평가 도구를 사용할 경우에는 검사 결과 해석 시 평가 도구의 강점과 한계를 기술한다.
- 심리학자들은 수검자의 언어와 역량을 고려하여 적합한 평가 방법을 사용한다.

이와 더불어 심리학자들은 심리평가가 모든 내담자에게 적용되지 않으며 제한이 존재한다는 점을 인지하고 신중하게 진행해야 한다. 한국심리학회의 평가 관련 윤리 규정을 〈표 1-3〉에 제시해놓았으며, 미국심리학회의 심리평가 실시 및 적용과 관련된 윤리 규정을 〈표 1-4〉에 요약해놓았다.

표 1-3 한국심리학회 평가 관련 윤리 규정

제6장 평가 관련 윤리

제49조 (평가의 기초)

1. 법정 증언을 포함한 추천서, 보고서, 진단서, 평가서에 의견을 기술할 때, 심리학자는 자신의 의견을 입증할 만한 객관적 정보 또는 기법에 근거하여야 한다.
2. 개인의 심리 특성에 대한 의견을 진술할 때, 심리학자는 자신의 진술을 지지하기 위한 면밀한 검사과정을 거쳐야 한다. 그러한 노력에도 불구하고 검사가 실제적이지 못할 경우, 심리학자는 자신이 기울인 노력의 과정과 결과를 문서화하고, 불충분한 정보가 자신의 견해의 신뢰도와 타당도에 영향을 미칠 수 있음을 밝히고, 결론이나 권고 사항의 본질과 범위를 제한한다.
3. 개인에 대한 개별검사가 보장되지 않는 상황에서 자료를 검토, 자문, 지도감독해야 할 경우에, 심리학자는 자신의 견해가 개별검사에 기초하지 않았다는 사실을 밝히고 자신의 견해를 뒷받침하는 근거 정보를 제시한다.

제50조 (평가의 사용)

1. 심리학자는 검사도구, 면접, 평가기법을 목적에 맞게 실시하고, 번안하고, 채점하고, 해석하고, 사용하여야 한다.
2. 심리학자는 타당도와 신뢰도가 검증된 평가도구를 사용하여야 한다. 그렇지 못한 경우에는 검사결과 및 해석의 장점과 제한점을 기술한다.
3. 심리학자는 평가서 작성 및 이용에 있어서, 객관적이고 학문적으로 근거가 있어야 하고 세심하고 양심적이어야 한다.

(계속)

표 1-3 한국심리학회 평가 관련 윤리 규정 (계속)

제51조 (검사 및 평가기법 개발)

검사 및 기타 평가기법을 개발하는 심리학자는 표준화, 타당화, 편파의 축소와 제거를 위해 적합한 심리측정 절차와 전문적 지식을 사용해야 한다.

제52조 (평가에 대한 동의)

1. 평가 및 진단을 하기 위해서는 내담자로부터 평가 동의를 받아야 한다. 평가 동의를 구할 때에는 평가의 본질과 목적, 비용, 비밀유지의 한계에 대해 알려야 한다. 그러나 다음의 경우는 평가 동의를 받지 않아도 된다.
   (1) 법률에 의해 검사가 위임된 경우
   (2) 검사가 일상적인 교육적, 제도적 활동 또는 기관의 활동(예 : 취업 시 검사)으로 실시되는 경우
2. 동의할 능력이 없는 개인과, 법률에 의해 검사가 위임된 사람에게도 평가의 본질과 목적에 대해 알려주어야 한다.
3. 검사결과를 해석해주는 자동화된 해석 서비스를 사용하는 심리학자는 이에 대해 내담자/환자로부터 동의를 얻어야 하며, 검사결과의 기밀성과 검사 안정성이 유지되도록 해야 하며, 법정증언을 포함하여, 추천서, 보고서, 진단적, 평가적 진술서에서 수집된 자료의 제한성에 대해 기술해야 한다.

제53조 (평가 결과의 해석)

1. 평가 결과를 해석할 때, 심리학자는 해석의 정확성을 감소시킬 수 있는 다양한 검사 요인들, 예를 들어 피검사자의 검사받는 능력과 검사에 영향을 미칠 수 있는 상황이나 개인적, 언어적, 문화적 차이 등을 고려해야 한다.
2. 평가 결과의 해석은 내담자/환자에게 내용적으로 이해가능해야 한다.

제54조 (무자격자에 의한 평가)

심리학자는 무자격자가 심리평가 기법을 사용하도록 허용해서는 안 된다. 단 적절한 감독하에 수련 목적으로 사용하는 경우는 예외로 하며 다음과 같은 사항에 주의한다. 수련생의 교육, 수련 및 경험에 비추어 수행할 수 있는 평가 기법들에 한정해주어야 하며 수련생이 그 일을 유능하게 수행할 수 있는지 지속적으로 감독해야 한다.

제55조 (사용되지 않는 검사와 오래된 검사결과)

1. 심리학자는 실시한 지 시간이 많이 경과된 검사결과에 기초하여 평가, 중재 결정, 중재 권고를 하지 않아야 한다.
2. 심리학자는 현재 사용되고 있지 않거나 현재의 목적에 유용하지 않은, 제작된 지 오래된 검사나 척도에 기초하여 평가, 중재 결정, 중재 권고를 하지 않아야 한다.

제56조 (검사채점 및 해석 서비스)

1. 다른 심리학자에게 검사 또는 채점 서비스를 제공하는 심리학자는 절차의 목적, 규준, 타당도, 신뢰도 및 절차의 적용, 그리고 사용할 수 있는 자격에 대해 정확하게 기술해야 한다.
2. 심리학자는 프로그램과 절차의 타당도에 대한 증거에 기초하여 채점 및 해석 서비스를 선택해야 한다.
3. 심리학자가 직접 검사를 실시, 채점, 해석하거나, 자동화된 서비스 또는 기타 서비스를 사용하더라도, 평가 도구의 적절한 적용, 해석 및 사용에 대해 책임을 져야 한다.

표 1-3 한국심리학회 평가 관련 윤리 규정 (계속)

제57조 (평가 결과 설명)

검사의 채점 및 해석과 관련하여, 심리학자는 검사를 받은 개인이나 검사집단의 대표자에게 결과를 설명해주어야 한다. 그러나 관계의 특성에 따라서는 결과를 설명해주지 않아도 되는 경우도 있다(예 : 조직에 대한 자문, 사전고용, 보안심사, 법정에서의 평가 등). 이러한 사실은 평가받을 개인에게 사전에 분명하게 알려주어야 한다.

제58조 (평가서, 검사 보고서 열람)

1. 평가서의 의뢰인과 피검사자가 동일하지 않을 경우에, 평가서와 검사 보고서는 의뢰인이 동의할 때 피검사자에게 열람될 수 있다.
2. 건강에 피해를 줄 수 있다고 판단되지 않는 한, 피검사자가 원할 때는 평가서와 검사 보고서를 볼 수 있도록 도와야 한다.
3. 평가서를 보여주어서 안 되는 경우, 사전에 피검사자에게 이 사실을 인지시켜주어야 한다.

제59조 (검사자료 양도)

내담자/환자를 다른 서비스 기관으로 의뢰할 경우, 심리학자는 내담자/환자 또는 의뢰기관에 명시된 다른 전문가에게 검사자료를 제공할 수 있다. 그러나 검사자료가 오용되거나 잘못 이해되는 것으로부터 내담자/환자를 보호하기 위해 검사자료를 양도하지 않을 수도 있다. 여기에서 검사자료란 원점수와 환산점수, 검사 질문이나 자극에 대한 내담자/환자의 반응, 그리고 검사하는 동안의 내담자/환자의 진술과 행동을 지칭한다.

출처 : 한국심리학회 윤리위원회

표 1-4 미국심리학회 평가 관련 윤리 규정

역량의 경계

평가자는 자신의 역량과 한계의 경계를 인식해야 하며 교육, 훈련 또는 경험을 통해 자격을 갖춘 후 평가를 실시한다. 평가자는 충분한 교육, 지도 감독을 받은 훈련, 심리평가 경험을 갖춰야 하며, 아동 및 가족 발달, 발달 정신병리, 성인 정신병리학 등을 익힌 후 평가를 실시한다.

정신과, 법정심리, 또는 아동학대 관련 전문 분야 등에서 일하는 사람들은 그 분야에서 추가적으로 적절한 경험을 통해 전문지식을 발달시켜야 한다. 또한, 평가자는 그 분야의 최신 내용을 숙지하고 있어야 한다.

협의

평가자는 평가 결과, 특히 예상치 못했거나 의심스러운 결과에 대해 다른 전문가와 상의한다.

법령 및 법규에 대한 지식 관할권 관행에 대한 지식

평가자는 장애아동, 아동학대, 가정폭력 및 양육권 평가 시 평가에 관련된 연방, 주 그리고 지방법령과 규정에 대해 숙지하고 있어야 한다.

(계속)

표 1-4 미국심리학회 평가 관련 윤리 규정 (계속)

공정한 평가를 위한 노력

평가자는 객관적 평가와 권고를 방해할 수 있는 연령, 성별, 인종, 민족성, 국적, 종교, 성적 지향, 장애, 언어, 문화 또는 사회경제적 지위에 관한 자신의 개인적 편견을 알고 있어야 한다. 평가자는 이러한 편견을 극복하기 위해 노력해야 하며 편견을 극복하지 못할 경우 평가를 실시하지 않는다.

이해의 상충

평가자는 개인적, 과학적, 전문적, 법적, 재정적 또는 기타 이해관계나 대인관계에 있어서 문제가 있을 것으로 합리적으로 예상되는 경우나, 전문적인 관계를 가지고 있는 개인이나 조직에 대해 해를 입히거나 착취할 것으로 생각되는 경우에는 전문적 역할을 맡는 것을 자제하여야 한다.

착취적인 관계

평가자는 "감독자 평가 또는 의뢰인/환자, 학생, 수련생, 연구 참여자 및 직원과 같은 기타 권한을 가진 사람을 이용하지 않는다"(American Psychological Association, 2010a, p. 6).

정보 동의

평가자는 평가를 수행하기 위해 모든 대상(예 : 부모, 자식)에게 사전 동의서를 받는다. 사전 동의란 개인이 평가를 이해하고 잠재적 이익 및 위험성, 평가(또는 치료나 연구 프로젝트) 참여에 대해 자발적으로 합의함을 말한다. 법령이나 정부 규제에 의해 평가가 의무인 경우에는 사전 동의가 필요하지 않다. 평가자가 통역사의 서비스를 필요로 할 때, 피검 아동 또는 그 부모로부터 통역 사용에 대한 사전 동의를 받는다.

비밀유지 및 정보 노출

평가자는 아동과 부모에게 비밀유지의 한계와 정보 제공자가 노출되는 상황에 대해 알려준다.

다양한 자료 수집 방법

평가자는 관련 장면에서 아동에 대한 정보를 수집하기 위해 여러 자원(평가 방법, 정보 제공자)을 사용한다. 예를 들어, 자원은 심리검사, 아동, 부모, 교사와의 면담, 행동 관찰, 심리 및 정신과 보고서, 학교, 병원 및 여타 기관의 기록 등을 포함할 수 있다.

자료 해석

평가자는 평가 결과에 영향을 미칠 수 있는 검사 수행능력 및 평가 목적, 개인적 그리고 언어 및 문화적 요소와 같은 상황별 요인과 아동의 특성을 고려하여 평가 결과를 해석한다. 또한 평가자는 자료를 신중하고 적절하게 해석하고, 대안적 해석을 고려하며, 자료에 대한 과도한 해석을 피한다. 또한 평가자는 자신의 가설을 지지하지 않는 자료를 찾으며, 자료가 뒷받침되는 경우에만 결론을 도출한다.

최신 평가 기법

평가자는 현재 평가 목적에 유용한 최신 평가 기법을 사용한다. 평가 도구는 신뢰할 수 있으며 시험 대상 모집단의 구성원과 함께 사용할 수 있도록 유효해야 한다. 평가자는 평가 도구의 신뢰성과 유효성이 확립되지 않았거나 평가 기법이 아동의 요구에 적합하게 고안된 검사가 아니라면, 평가 결과의 강점과 한계점을 설명해야 한다.

표 1-4 미국심리학회 평가 관련 윤리 규정 (계속)

검사채점 및 해석 서비스

평가자는 타당한 것으로 입증된 자동화된 프로그램을 포함하여 적절한 채점 및 해석 방법을 선택한다.

평가 결과 설명

평가자는 평가의뢰기관, 부모, 그리고 해당 아동에게 평가 결과와 관련된 권고사항을 명료하고 이해가능한 방식으로 설명한다.

기록 및 자료

평가자는 이전에 수립된 정책과 관할 구역에 대한 규정을 준수하여 모든 데이터(예 : 원자료, 서면 기록, 전자매체에 저장된 기록 및 리코딩)를 유지 관리한다.

검사 보안

평가자는 검사 자료 및 기타 평가 도구의 무결성과 보안을 유지하기 위해 합당한 노력을 기울인다.

출처 : American Psychological Association (2010a)

K-WISC-V의
구성

K-WISC-V는 전체척도, 기본지표척도, 추가지표척도 등의 세 가지 수준으로 구분된다. 전체척도는 10개의 기본 소검사와 6개의 추가 소검사가 더해진 총 16개의 소검사로 이루어져 있다. 기본지표척도는 10개의 기본 소검사를 조합하여 각각 5개의 기본지표점수로 변환되며, 그중 7개의 기본 소검사 합산을 통해 전체 IQ(FSIQ)가 산출된다. 그 외 추가지표는 총 12개의 소검사로 산출 가능하다. 〈표 2-1〉은 K-WISC-V의 전

표 2-1 K-WISC-V의 구성

전체척도	전체지능지수	기본지표					추가지표				
		언어이해	시공간	유동추론	작업기억	처리속도	양적추론	청각작업기억	비언어	일반능력	인지효율
토막짜기	■		■						■	■	
공통성	■	■								■	
행렬추리	■			■					■	■	
숫자	■				■			■			■
기호쓰기	■					■			■		■
어휘	■	■								■	
무게비교	■			■			■		■	■	
퍼즐			■						■		
그림기억					■				■		■
동형찾기						■					■
(상식)		( )									
(공통그림찾기)				( )							
(순차연결)					( )			■			
(선택)						( )					
(이해)		( )									
(산수)				( )			■				

참고 : ( )에 기입된 소검사는 추가 소검사로 기본 소검사를 대체할 수 있다.

체척도를 구성하는 소검사를 시행 순으로 배열한 것으로, 전체 IQ, 5개의 기본지표 및 5개의 추가지표를 산출하는 데 사용되는 소검사가 제시되어 있다(곽금주, 장승민, 2019).

1. 전체 IQ와 지표점수

1) 전체 IQ(FSIQ)

전체 IQ는 현재 아동의 인지능력 수준에 대한 일반적인 추정치로, 언어이해 지표(Verbal Comprehension Index, VCI), 시공간 지표(Visual Spatial Index, VSI), 유동추론 지표(Fluid Reasoning Index, FRI), 작업기억 지표(Working Memory Index, WMI), 처리속도 지표(Processing Speed Index, PSI)의 5개 기본지표 소검사 측정치로 구성된다. 실제 전체 IQ는 5개 기본지표를 구성하는 10개의 기본 소검사 중에서 아동의 일반지능을 추정하는 데 가장 신뢰할 만하고 타당하다고 선별된 7개의 기본 소검사점수를 기반으로 산출된다. 전체 IQ를 구성하는 7개의 기본 소검사는 토막짜기, 공통성, 행렬추리, 숫자, 기호쓰기, 어휘, 무게비교이다.

전체 IQ는 문화적 기회, 학력, 자기점검능력, 시각정보처리 능력, 언어정보처리 능력, 청각 및 시각 단기기억, 청각적 예민성 및 시각적 예민성, 시간압력하 작업능력, 동기, 끈기 등의 요인과 연관된다.

2) 기본지표(Primary Index)

K-WISC-V의 기본지표는 언어이해 지표(VCI), 시공간 지표(VSI), 유동추론 지표(FRI), 작업기억 지표(WMI), 처리속도 지표(PSI)의 5개 지표로 구성된다. 이전 버전이었던 K-WISC-IV의 지각추론 지표(PRI)를 K-WISC-V에서는 시공간 지표(VSI)와 유동추론 지표(FRI)로 개념적으로 분리하여 제시하고 있다.

(1) 언어이해 지표(VCI)

언어이해 지표는 언어이해, 어휘, 기타 언어적 기술을 측정하며, 새로운 문제를 해결하기 위해 언어 기술과 정보를 활용하는 능력, 언어적 정보를 처리하는 능력, 단어로 생각하는 능력 등을 포함한다. 또한 풍부한 초기 환경, 유아교육 및 정규교육의 질, 문화적 기회, 흥미 및 독서 패턴 등의 요인과 연관되어 있다. 언어이해 지표는 공통성, 어휘, 상식, 이해 소검사로 구성되어 있다.

(2) 시공간 지표(VSI)

시공간 지표는 시각적 처리 및 공간적 관계 기술을 측정하며, 시지각적 추론, 비언어적 추론능력, 즉각적 문제해결능력, 주의력 및 집중력 등의 능력을 포함한다. 또한 동기 및 끈기, 시행착오를 통한 학습능력, 기민성, 문화적 기회, 시각 퍼즐을 다룬 경험, 흥미와 시각적 예민성 등의 요인과 연관되어 있다. 시공간 지표는 토막짜기, 퍼즐 소검사로 구성되어 있다.

(3) 유동추론 지표(FRI)

유동추론 지표는 새롭거나 익숙하지 않은 문제해결 시 논리를 사용하는 유동적 추론능력, 시지각적 추론 및 양적추론을 측정하며, 시각적 자료를 빨리 해석하고 조직화하는 능력, 비언어적 추론, 주의력 및 집중력 등의 능력을 포함한다. 또한 문화적 기회, 지적 호기심, 동기 및 끈기, 목표지향적 작업능력, 시행착오를 통한 학습능력, 시각적 예민성 등의 요인과 연관되어 있다. 유동추론 지표는 행렬추리, 무게비교, 공통그림찾기, 산수 소검사로 구성되어 있다.

(4) 작업기억 지표(WMI)

작업기억 지표는 작업기억을 측정하며, 청각 및 시각 단기기억, 주의력을 유지하는 능력, 수리능력 등을 포함한다. 또한 자기점검능력, 청각적 예민성 및 청각적 변별력, 시연 전략 사용능력 등의 요인과 연관되어 있다. 작업기억 지표는 숫자, 그림기억, 순차연결 소검사로 구성되어 있다.

(5) 처리속도 지표(PSI)

처리속도 지표는 처리속도 기술을 측정하며, 시지각적 변별, 시각운동 협응 및 능숙함, 정신적 조작속도 등의 능력을 포함한다. 또한 운동 활동성(motor activity)의 속도, 동기 및 끈기, 시각적 예민성, 시간압력하 작업능력 등의 요인과 연관되어 있다. 처리속도 지표는 기호쓰기, 동형찾기, 선택 소검사로 구성되어 있다.

3) 추가지표(Ancillary Index)

K-WISC-V에 새롭게 도입된 5개의 추가지표는 양적추론 지표(Quantitative Reasoning Index, QRI), 청각작업기억 지표(Auditory Working Memory Index, AWMI), 비언어 지표(Nonverbal Index, NVI), 일반능력 지표(General Ability Index, GAI), 인지효율 지표(Cognitive Proficiency Index, CPI)이다. WISC-V에서는 어휘 습득 지표(Vocabulary Acquisition Index, VAI), 언어적 확장 결정 지표(Verbal Expanded Crystallized Index, VECI), 확장 유동 지표(Expanded Fluid Index, EFI) 등 3개의 추가지표도 함께 제공되나, K-WISC-V에는 포함되어 있지 않다.

(1) 양적추론 지표(QRI)

양적추론 지표는 수리적 추론 기술을 측정하며, 유동적 추론능력, 시각적 처리능력, 귀납적 논리, 양적추론능력, 시각화(visualization), 작업기억 등의 능력을 포함한다. 또한 문화적 기회, 유아교육 및 정규교육의 질, 자기점검능력, 작업기억, 주의력 및 집중력 등의 요인과 연관되어 있다. 양적추론 지표는 무게비교, 산수 소검사로 구성되어 있다.

(2) 청각작업기억 지표(AWMI)

청각작업기억 지표는 청각적 작업기억 기술을 측정하며, 단기기억, 기억폭, 기계적 학습능력, 청각적 순차처리, 수리능력, 주의력 및 집중력 등의 능력을 포함한다. 또한 청각적 예민성, 자기점검능력, 부호화 전략을 사용하는 능력, 시연 전략을 사용하는 능력 등의 요인과 관련되어 있다. 청각작업기억 지표는 숫자, 순차연결 소검사로 구성되어 있다.

(3) 비언어 지표(NVI)

비언어 지표는 비언어적 추론 기술을 측정하며, 유동적 추론능력, 시각적 처리, 처리속도, 단기기억, 주사(scanning)능력, 주의력 및 집중력 등의 능력을 포함한다. 또한 시각적 예민성, 자기점검능력, 부호화 전략을 사용하는 능력, 시연 전략을 사용하는 능력, 목표지향적 작업능력, 시행착오를 통한 학습능력, 시간압력하 작업능력 등의 요인과 연관되어 있다. 비언어 지표는 토막짜기, 행렬추리, 기호쓰기, 무게비교, 퍼즐, 그림기억 소검사로 구성되어 있다.

(4) 일반능력 지표(GAI)

일반능력 지표는 언어이해, 시공간 및 유동추론 능력을 측정하며, 언어발달, 단어 지식, 유동적 추론능력, 시각적 처리, 귀납적 논리 사용, 언어적 개념형성, 비언어적 추론, 주의력 및 집중력 등의 능력을 포함한다. 또한 유아교육 및 정규교육의 질, 문화적 기회, 흥미와 독서 패턴, 목표지향적 작업능력, 시간압력하 작업능력, 시각적 예민성, 시행착오를 통한 학습능력, 동기 및 끈기 등의 요인과 관련되어 있다. 일반능력 지표는 토막짜기, 공통성, 행렬추리, 어휘, 무게비교 소검사로 구성되어 있다.

(5) 인지효율 지표(CPI)

인지효율 지표는 작업기억과 처리속도를 측정하며, 단기기억, 기억폭, 시각적 처리, 시각적 기억, 주사능력, 주의력 및 집중력 등의 능력을 포함한다. 또한 청각적 예민성, 시각적 예민성, 자기점검능력, 부호화 전략 및 시연 전략 사용능력, 동기 및 끈기, 시간압력하 작업능력 등의 요인과 연관되어 있다. 인지효율 지표는 숫자, 기호쓰기, 그림기억, 동형찾기 소검사로 구성되어 있다.

〈표 2-2〉에 K-WISC-V의 지표점수와 관련된 주요 능력과 수행에 영향을 미치는 배경

표 2-2 K-WISC-V 지표점수와 관련된 주요 능력 및 배경 요인

주요 능력 및 배경 요인	언어이해 (VCI)	시공간 (VSI)	유동추론 (FRI)	작업기억 (WMI)	처리속도 (PSI)	전체 IQ (FSIQ)
주의력	■	■		■	■	■
청각적 예민성과 변별	■			■		■
청각적-음성처리	■			■		■
폐쇄속도(closure speed)		■				■
집중력		■	■	■	■	■
결정적 지식	■		■			■
문화적 기회	■	■	■			■
유동적 추론능력	■	■	■			■
일반적 순차추리			■			■
즉각적 문제해결		■	■			■
귀납 논리	■		■			■

(계속)

표 2-2 K-WISC-V 지표점수와 관련된 주요 능력 및 배경 요인 (계속)

주요 능력 및 배경 요인	언어이해 (VCI)	시공간 (VSI)	유동추론 (FRI)	작업기억 (WMI)	처리속도 (PSI)	전체 IQ (FSIQ)
흥미와 독서 패턴	■					■
언어발달	■					■
단어 지식	■					■
주의폭(attention span)				■		■
비언어적 추론		■	■			■
지각속도					■	■
처리속도					■	■
양적추론			■			■
장기기억 자료의 인출	■					■
주사능력			■		■	■
정신적 조작의 전환	■	■	■			■
청각적 단기기억				■		■
단기기억				■	■	■
시각적 단기기억				■	■	■
정신적 조작의 속도					■	■
빠른 회전(speeded rotation)		■				■
부호화 전략의 사용				■	■	■
시연 전략의 사용				■	■	■
언어이해	■					■
시각적 예민성과 변별		■	■		■	■
시각운동 협응					■	■
시각운동 변별			■		■	■
시지각적 변별		■	■		■	■
시지각적 조직화			■			■
시지각적 추론		■				■
시각적적 처리		■		■		■
시공간능력		■				■
시각화		■	■	■		■
어휘	■					■
작업기억				■		■

출처 : Sattler, Dumont, & Coalson(2016)

요인에 대해 전체적으로 요약하였다. 지표점수 간 공유하는 능력과 배경 요인, 그리고 변별되는 능력과 배경 요인에 대한 정보는 K-WISC-V 결과를 해석할 때 상당히 유용한 자료가 되므로 숙지하는 것이 필요하다.

그리고 〈표 2-3〉에서 기본 소검사 10개와 추가 소검사 6개, 총 16개의 소검사와 관련된 주요 능력과 소검사 수행에 영향을 미치는 배경 요인을 제시하고 있다. 이 역시 K-WISC-V 결과 해석에 상당히 중요한 정보이므로 숙지할 필요가 있다.

표 2-3 K-WISC-V 소검사와 관련된 능력 및 배경 요인

토막짜기	공통성	행렬추리	숫자	기호쓰기	어휘	무게비교	퍼즐	그림기억	동형찾기	상식	공통그림찾기	순차연결	선택	이해	산수	능력 및 배경 요인
■							■									분석 및 통합
■	■	■	■	■	■		■	■	■	■		■	■	■	■	주의력
	■		■		■					■		■		■	■	청각적 예민성
	■		■		■					■		■		■	■	청각적 순차처리
■		■	■	■		■	■					■	■		■	집중력
■	■				■						■					개념적 사고
	■				■					■				■	■	결정적 지식
■	■									■				■	■	문화적 기회
	■				■					■				■		표현언어
■				■					■				■			소근육 협응
		■				■					■				■	유동적 추론능력
					■					■	■			■	■	상식의 양
					■					■	■					지적 호기심
	■									■	■					흥미와 독서 패턴
	■													■		언어발달
	■				■											단어 지식
	■				■					■				■	■	장기기억

(계속)

표 2-3 K-WISC-V 소검사와 관련된 능력 및 배경 요인 (계속)

토막짜기	공통성	행렬추리	숫자	기호쓰기	어휘	무게비교	퍼즐	그림기억	동형찾기	상식	공통그림찾기	순차연결	선택	이해	산수	능력 및 배경 요인
■		■		■		■	■		■				■			동기와 끈기
■		■				■	■				■					비언어적 추론
			■	■		■						■			■	수능력(numerical ability)
						■	■	■			■					지각적 추론
														■		실용적 추론
■				■					■				■			처리속도
	■				■								■		■	정규교육의 질
■	■	■				■	■						■		■	추론
				■			■		■				■			주사능력
		■		■				■	■			■	■		■	단기기억
■		■					■									공간 지각
	■				■					■			■			언어이해
■		■		■		■	■						■			시각적 예민성
				■												시각기억
■				■					■				■			시각운동 협응
■		■		■		■	■		■		■		■			시지각적 변별
■		■						■	■		■					시지각적 조직화
■		■		■		■	■		■		■		■			시지각적 처리
■		■				■	■				■					시지각적 추론
■		■					■									시공간적 능력
■																시각화
	■				■									■		어휘
			■					■				■			■	작업기억

출처 : Sattler, Dumont, & Coalson(2016)

2. 기본 소검사

1) 토막짜기

토막짜기(Block Design, BD)는 시공간 지표의 기본 소검사로, 총 13문항으로 구성되어 있다. 검사 시 제시된 모형 혹은 그림의 전체 모양을 부분으로 해체하여 분석하고, 그 부분을 조합함으로써 제시된 전체 모양을 만드는 과정으로 구성되며, 형태를 지각하고 분석하는 능력을 요구한다.

토막짜기 소검사는 비언어적 추론과 시공간적 조직화를 측정하며, 분석과 통합 과정이 요구된다. 토막짜기 소검사를 수행하기 위해서는 시지각적 조직화와 시각운동 협응을 활용하며 공간적 관계 문제에 논리적 추론과 전경-배경 변별능력을 적용해야 한다.

아동이 토막을 조합하는 데는 각기 다른 전략이 사용되는데 크게 세 가지로 분류해볼 수 있다(Rozencwajg & Corroyer, 2002). 첫째, 단계적인 시행착오 과정을 거쳐 토막을 구성하는 방법으로, 실수를 수정해나가면서 문제를 해결한다. 둘째, 문항에서 제시된 그림을 정신적 심상을 통해 부분으로 분해한 후 전체로 조합하는 방법이다. 셋째, 그림의 게슈탈트를 형성하는 방식으로 토막을 배열하는 방법이다. 또한 여기서 제시된 방법들을 다양한 방식으로 조합하여 토막짜기 소검사를 해결할 수도 있다.

능력	배경 요인	교육적 제언
– 시각적 처리 – 빠른 회전 – 시각화 – 공간 관계 – 시지각적 추론 – 시지각적 변별 – 시지각적 조직화 – 시각운동 협응 – 공간 지각 – 추상적 개념화능력 – 분석 및 통합	– 운동 활동성의 속도 – 시간압력하 작업능력 – 시각적 예민성 – 유연성 및 시행착오를 통한 학습능력 – 동기 및 끈기 – 퍼즐이나 조립장난감을 사용해본 경험	– 퍼즐, 블록, 레고, 시공간 과제, 지각 과제 등을 이용하여 물체 분해와 재조합하기 – 기하학적 모양 및 플란넬판으로 예술 작업하기 – 부분/전체 관계성에 집중하고 모형으로 작업하기 – 시각적 세부정보를 인식하는 활동(차트, 그래프, 도표 등)에 집중하기

(계속)

능력	배경 요인	교육적 제언
– 정신적 처리 및 시각운동 처리 속도 – 비언어적 추론 – 계획능력 – 주의력 – 집중력		

다음은 토막짜기 소검사 수행 시 아동의 행동을 관찰할 때 지침이 되는 유용한 질문이다.

- 아동의 수행을 저해하는 시각적 문제가 있는가? 만약 있다면, 그 징후는 무엇인가?
- 아동이 지시를 이해하고 있는가?
- 아동의 작업 유형은 어떠한가? (예 : 시행착오적인지, 성급하고 충동적인지, 빠르고 정확한지, 빠르지만 부정확한지, 느리고 부정확한지)
- 아동이 토막을 배열할 때 하나의 접근 방법을 사용하는가? 아니면 필요에 따라 접근법을 변경하는가?
- 아동이 토막을 배열하기 전에 신중하게 검토하는가?
- 토막을 배열할 때 아동이 계획적으로 배열하는가?
- 아동이 토막 낱개가 모여 전체 그림을 구성하는 원리를 이해하는 것 같은가?
- 아동이 자극책자의 그림 위에 토막을 배열하려고 하는가?
- 아동이 토막들 간의 차이점에 대해 관심을 드러내는가?
- 아동이 각 토막을 배열할 때 자극책자의 그림과 비교하여 주의 깊게 체계적으로 검토하는가? 아니면 거의 검토하지 않는가?
- 아동은 토막을 정확하게 배열하려는 의도가 있는가?
- 아동은 실패할 것 같을 때, 쉽게 포기하거나 좌절하는가? 아니면 어려운 문항도 끝까지 하려고 하는가? 또는 제한시간 이후에도 계속 수행을 하려고 하는가?
- 아동은 제시된 자극그림의 하얀 부분을 토막 배열 시 열린 공간으로 해석하는가?
- 아동은 토막의 빨간색–하얀색 면 대신 빨간색 면과 하얀색 면을 사용하는가?

- 아동은 자신이 배열한 토막 구성이 정확하지 않을 때 정확하다고 말하는가?
- 아동의 토막 배열은 맞게 하였으나 회전되어 있는가? 만약 그렇다면, 어느 정도 회전되어 있는가?
- 아동이 개별 토막을 회전하였는가? 만약 그렇다면, 대개 몇 도 정도 회전되어 있는가?
- 아동은 토막 배열의 잘못된 부분만 수정하는가, 아니면 전체 배열을 다시 시작하는가?
- 아동이 손떨림이나 서투른 조작과 같은 미세운동장애의 징후를 보이는가?
- 아동은 토막별로 순차적 접근 방식을 사용하는가? 또는 보다 임의적이고 무계획적인 접근 방식을 사용하는가?
- 아동이 왼쪽에서 오른쪽으로 접근하는가, 아니면 오른쪽에서 왼쪽으로 또는 위에서 아래로 접근하는가?
- 아동이 형태 구성의 오류를 범하는가? (예 : 자극 그림의 최대 공간크기를 초과하는가?) (주석 : 그림 2-1 공간크기 오류의 예 참고)
- 아동은 검사자가 토막을 섞거나 자극책자의 페이지를 넘길 때 도움을 주는가?
- 아동은 자신의 수행에 대해 말로 묘사하는가?
- 아동은 특히 속도나 정확성 또는 둘 다를 중요하게 여기는가?
- 아동은 지시사항을 듣기 전에 시작하려고 하는가? 또는 토막 배열이 완성되었다고 말한 후 토막을 수정하려고 하는가?
- 토막짜기 소검사가 끝났을 때 아동은 토막을 토막상자에 다시 넣으려고 하는가?

아동이 토막을 조작하는 동안 자주 헷갈려 하거나 패턴 확인을 어려워한다면 그 이유를 검토해야 한다. 자극책자의 그림을 더 잘 보기 위해 몸을 움직이거나 비틀고, 완성된 배열에서 토막과 토막 사이에 빈 공간을 남겨두는 경우 시각적 어려움을 시사한다. 아동의 느린 수행이 신중함이나 완벽주의적 성향에서 비롯되었을 수 있는 한편, 지루함이나 우울에 기인했을 수 있으므로 이 두 가지는 구별되어야 한다. 제시된 자극그림과 자신의 배열 토막을 지속적으로 재확인하는 아동의 경우 불안정하거나 강박적인 성향을 나타낼 수 있으며, 또한 빈약한 시각적 작업기억을 시사한다. 문항 완성 전에 정확한 부분도 일부 망가뜨리는 아동은 전체적 패턴을 인식하기 어려워하거나 쉽게 좌절감을 경험할 수 있다.

토막짜기 소검사의 높은 점수는 시지각적 추론능력, 시공간적 구성능력, 개념화와 분석 및 통합 능력, 비언어적 추론능력, 시행착오를 통한 학습능력, 시각적 예민성, 시각운동 협응능력 등이 우수하며, 높은 동기와 끈기, 그리고 뛰어난 주의력 및 집중력이 있음을 시사한다. 토막짜기 소검사의 낮은 점수는 시지각적 추론능력, 시공간적 구성능력, 개념화, 분석 및 통합 능력, 비언어적 추론능력, 시행착오를 통한 학습능력, 시각적 예민성, 시각운동 협응능력 등이 저조하며, 낮은 동기와 끈기, 그리고 부족한 주의력 및 집중력이 있음을 시사한다.

K-WISC-V는 토막짜기 소검사에서 채점으로 처리되는 세 가지의 오류점수와 네 가지의 처리점수를 제공한다.

오류 유형

- 공간크기 오류(dimension errors) : 사각형, 다이아몬드형 그림의 최대 크기를 초과할 경우

  토막을 맞추는 도중에 사각형이나 다이아몬드형이 최대 공간크기를 초과하여, 〈그

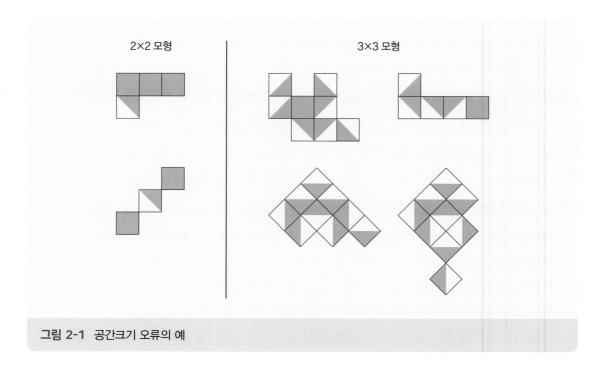

그림 2-1 공간크기 오류의 예

림 2-1〉과 같이 2×2 모형에서 한 줄에 3개 토막을 배열하거나 3×3 모형에서 한 줄에 4개 이상의 토막을 배열했을 때 공간크기 오류로 간주하고 0점으로 채점한다.

- 회전 오류 : 모형이 30° 이상 분명하게 회전되어 있을 경우
  소검사 시행 시 첫 번째 회전 오류에 대해서만 교정해주며 이때 회전 오류를 포함한 문항은 0점으로 채점한다. 회전 오류 표시와 회전 각도를 기록용지에 기록해야 하며 30° 미만의 회전은 오류로 간주하지 않지만 이후 정확한 해석을 위해 기록하도록 한다.

- 틈과 정렬불량 오류 : 토막 간의 틈과 정렬불량이 7mm 이상인 경우
  토막 간의 틈과 정렬불량이 7mm가 넘고 제한시간이 종료될 때까지 수정되지 않는다면 이 오류를 포함한 문항은 0점으로 채점한다.

처리점수

- 시간보너스가 없는 토막짜기 점수(BDn) : 시간보너스가 없는 총점수
  1~3문항은 0, 1, 2점, 4~13문항은 제한시간 내 올바르게 배열하지 못한 경우 0점, 올바르게 완성했을 때 4점에 해당한다.

- 토막짜기 부분점수(BDp) : 올바르게 배열된 토막의 총개수＋시간보너스 점수(10~13문항만 적용)
  1~9문항은 올바르게 배열된 토막의 총개수로 채점하고 10~13문항은 올바르게 배열된 토막의 총개수와 시간보너스 점수를 합산한다. 합산된 점수는 기록용지의 [선택 부분점수]라고 쓰여 있는 회색 공간에 기록한다. [예 : 10번 문항에서 9개 토막 중 9개를 올바르게 55초 만에 완성했다면 9(토막 수)＋1(시간보너스 점수)＝10점이 된다.]

- 토막짜기 공간크기 오류(BDde) : 공간크기 오류를 범한 모형의 문항 수
  공간크기 오류가 나타난 문항의 개수로, 문항 1과 13은 공간크기 오류가 일어날 수 없으므로 BDde의 최대 점수는 11점이다.

- 토막짜기 회전 오류(BDre) : 30° 이상 회전 오류를 범한 모형의 문항 수
  회전 오류가 나타난 문항의 개수로, BDre의 최대 점수는 13점이다.

2) 공통성

공통성(Similarities, SI)은 언어이해 지표의 기본 소검사로, 총 23문항으로 이루어져 있다. 공통성 소검사는 제시되는 단어 쌍의 공통적인 속성을 지각하고, 그 공통적 속성을 의미 있는 개념으로 통합해야 한다. 즉 공통성 소검사는 사건이나 사물을 의미 있는 하나의 범주로 묶을 수 있는 언어적 개념형성능력을 측정한다. 대개 추상적 사고 과정을 필요로 하나, 때로는 자동화된 관습적 언어 사용을 반영하거나 기억력과 연관될 때도 있다(예 : 동물, 과일 등). 일부 문항에서는 완전 상반된 것처럼 보이는 단어 쌍이 제시되더라도 '비슷한 점'을 찾으라는 과제의 요구에 집중할 수 있는 능력이 요구된다.

능력	배경 요인	교육적 제언
– 결정적 지식 – 언어발달 – 단어 지식 – 유동적 추론능력 – 귀납적 추론 – 언어적 개념형성 – 언어이해 – 추상적 사고능력 – 연상적 사고능력 – 본질적/비본질적 세부사항을 변별하는 능력 – 장기기억 – 수용 및 표현 언어	– 유아교육/정규교육의 질 – 문화적 기회 – 초기 환경의 풍요로움 – 흥미와 독서 패턴 – 청각적 예민성	– 모양, 재질 및 일상 환경 자극의 차이점과 유사성을 인식하도록 초점 두기 – 사물/그림 분류 활동 제공하기 – 언어발달, 동의어, 반대말 강조하기 – 추상적 단어, 범주 및 일반화 연습하기

다음은 공통성 소검사 수행 시 아동의 행동을 관찰할 때 지침이 되는 유용한 질문이다.

- 아동이 지시사항을 이해하는 것 같은가?
- 아동의 반응을 명확하게 하기 위해 많은 추가질문이 요구되는가?
- 아동은 추가질문에 어떻게 반응하는가?
- 아동은 검사 지시를 명확히 이해하는가? 아니면 검사 지시에서 벗어나 제시단어 간의 다른 연관성을 형성하는가?

- 아동이 질문에 대해 숙고하는가? 즉 빠르고 정확하게 답하는가, 느리지만 정확하게 답하는가, 빠르지만 부정확하게 답하는가, 느리고 부정확하게 답하는가, 혹은 단순히 추측하는가?
- 아동의 추측이 타당한가, 또는 부적절한가?
- 아동의 응답이 정답에 가까운 반응인가, 아니면 완전히 틀린 반응인가?
- 아동이 독특한 반응을 보이는가? 만약 그렇다면 그 반응이 독특한 이유는 무엇인가? 또한 이러한 반응이 시사하는 바는 무엇인가?
- 아동의 반응 중 개인적 참조반응이 있는가?
- 아동이 반응할 때 자신감 있는가, 또는 주저하며 반응하는가?
- 아동은 반응할 때 억제되어 있는 것처럼 보이는가?
- 아동이 자주 "답을 아는데 생각이 나지 않아요."라거나 "몰라요."라고 말하는가?
- 아동의 응답이 정확한가, 아니면 모호한가?
- 아동의 응답이 과포괄적(overinclusive)인가?
- 아동의 응답이 길고 장황한가, 아니면 짧고 간결한가?
- 아동이 단어 쌍의 음운적 유사성을 언급하는가? (예 : "둘 다 ㅇ(이응)으로 시작하잖아요.")
- 아동이 스스로 오류를 수정하는가?
- 아동 응답의 정답 및 오답 패턴은 어떠한가? 0점, 1점, 2점 반응은 각각 몇 개이며, 점수 패턴은 일관적인가, 아니면 비일관적인가?

공통성 소검사는 쌍으로 제시된 두 단어의 의미에 대한 지식이 필요하므로, 해당 단어의 의미를 모르는 경우 실패할 수밖에 없다. 만약 아동이 어휘를 이해하지 못하여 수행에서 실패하게 된다면 개념화능력의 결함이기보다는 어휘능력의 결함이라고 볼 수 있다.

아동의 대답이 구체적인지, 기능적인지, 추상적인지에 따라 개념화수준과 사고방식을 이해하는 데 도움이 된다. 구체적 응답은 보거나 느낄 수 있는 대상의 특징을 지칭하는 낮은 수준의 사고를 반영한다(예 : "포도와 사과는 둘 다 껍질을 가지고 있다"). 기능적 응답은 일반적으로 그 대상의 기능이나 용도에 관한 것으로, 기능적 사고방식을 반영한다(예 : "포도와 사과는 둘 다 먹는 것이다"). 추상적 응답은 더 보편적인 특성이나 대상의 공통적인 분류나 범주를 지칭하는 상위 차원의 사고를 반영한다(예 : "포도와 사과는 둘 다 과일이다").

점수의 패턴 역시 아동의 반응 양상이 구체적인지, 기능적인지, 추상적인지에 대한 정보를 제공한다. 0점이나 1점의 대답이 우세하다면 구체적이고 기능적인 개념화 유형을 의미하며, 2점의 대답이 우세하다면 추상적인 개념화 유형을 나타낸다. 물론 2점 응답이 반드시 추상적 사고능력을 반영하는 것은 아니다. 특히 난이도가 낮은 문항에서의 2점 응답은 단순히 과학습된 관습적 언어반응일 수 있다.

1점 응답은 많은 반면 2점 응답이 적은 아동의 경우 지식의 폭은 넓지만 깊이가 얕을 수 있으며, 반대의 경우 지식의 깊이가 깊지만 폭이 좁을 수 있다. 쉬운 문항에서 실패하고 더 어려운 문항에서 정답을 말하는 경우 낮은 동기수준, 불안, 일시적 비효율성, 또는 지루함 등을 반영할 수 있다.

과포괄적인 반응(지나치게 일반적인 반응)은 0점으로 처리된다. 예를 들어 포도-사과의 공통점에 대해 "둘 다 분자로 이루어져 있어요."라는 대답은 두 대상의 고유한 특성을 변별하지 않는 지나치게 포괄적인 반응이다. 과포괄적 반응을 해석할 때는 아동의 전체 검사 수행 및 관련 정보를 고려해야 한다. 과포괄적인 반응이나 많은 공통점을 말하는 반응 패턴은 완벽주의적 경향을 시사할 수 있다. 또한 공통점을 지나치게 많이 말하는 경우(예 : 4개 이상) 검사자에게 인상적으로 보이고 싶어 하는 아동의 욕구가 반영된 것일 수 있다. 또 다른 측면에서 과포괄적인 반응이 우세한 경우, 비일상적 사고(unusual thinking)의 지표가 될 수 있다.

과제를 수행하는 과정에서 발생하는 좌절감을 아동이 어떻게 다루는지 관찰하는 것은 중요하다. 문항에 답하기 어려워하는 아동이 부정적이고 비협조적인 태도를 취하는지, 아니면 질문에 답하기 위해 노력하는지 살펴보아야 한다. "비슷한 점이 없어요."라고 답하는 아동의 경우, 범주화 과제나 추상적 사고의 어려움이 있을 수 있다. 그 외에도 아동은 거부적인 태도, 과제 요구 회피하기, 의심, 경직된 사고방식 및 대처방식을 보일 수 있는데 이를 설명하기 위해서는 다른 소검사에서의 반응 양상을 비교 검토할 필요가 있다. 즉 이와 관련된 가설을 수립하고 확인하기 위해서는 면담 자료나 기타 정보를 확인해야 한다.

공통성 소검사의 높은 점수는 개념적 사고, 언어이해, 관련성 파악능력, 논리적/추상적 사고능력, 본질적인 것과 비본질적인 것을 변별하는 능력이 우수하며, 사고 과정의 유연성이 뛰어남을 시사한다. 반면 공통성 소검사의 낮은 점수는 개념적 사고, 언어이해, 관련성 파악능력, 논리적/추상적 사고능력, 본질적인 것과 피상적인 것을 변별하는 능력이 부족하며, 사고 과정이 경직되었음을 시사한다.

3) 행렬추리

행렬추리(Matrix Reasoning, MR)는 유동추론 지표의 기본 소검사로, 미완성인 행렬을 완성하기 위해 4~5개의 보기 중에서 하나를 선택하도록 요구되며, 총 32문항으로 구성되어 있다. 시간제한이 없으므로 속도 요인이 없는 시지각적 유추 추론능력(원어, 각주)을 측정한다. 행렬추리 소검사 수행은 전체-부분 관계성을 살피고 특정 패턴을 완성했던 사전 경험이 영향을 미칠 수 있으며, 불확실할 때 적극적으로 반응하려는 태도도 도움이 될 수 있다.

능력	배경 요인	교육적 제언
- 유동적 추론능력 - 귀납적 추론 - 시각적 처리 - 시각화 - 시지각 유추 추론 - 시지각적 변별 - 시지각적 조직화 - 공간능력 - 주의력 - 집중력	- 시각적 예민성 - 목표 지향적 작업능력 - 시행착오를 통한 학습능력 - 동기 및 끈기 - 퍼즐 및 조립장난감 사용 경험	- 퍼즐, 블록, 레고, 시공간 과제, 지각 과제 등을 이용하여 물체 분해와 재조합하기 - 기하학적 모양 및 플란넬판으로 예술 작업하기 - 부분/전체 관계성에 집중하기 - 순차적 과제 활용하기

다음은 행렬추리 소검사 수행 시 아동의 행동을 관찰할 때 지침이 되는 유용한 질문이다.

- 아동이 반응하는 속도는 어떠한가? (예 : 빠른지, 느린지, 계획적인지, 충동적인지, 신중한지)
- 아동의 반응시간이 길어지는 경우, 긴 반응시간을 설명하는 요인은 무엇인가?

(예 : 무관심, 신중함, 결정 내리기 어려움, 불안, 문항 난이도)

- 아동이 답을 말하거나 가리키지 않아 "답을 알려주세요."라는 지시를 몇 번 해야 했는가?
- 반응 세트의 징후가 있는가? (예 : 아동이 연속 문항에서 동일한 번호를 선택하기)
- 아동의 수행을 저해하는 시각적 문제가 있는가? (예 : 시각적 예민성 문제, 색맹)
- 아동이 반응할 때 도움이 되도록 문항을 가리키거나 추적하는가?
- 아동의 거부적 행동이나 비협조적 행동의 징후가 있는가? 있다면, 무엇인가?
- 아동은 수행하는 동안 말하거나 노래를 부르거나 흥얼거리는가?

행렬추리 소검사의 높은 점수는 시지각적 추론능력, 시지각적 조직화능력, 추론능력, 시각적 예민성 등이 우수하며, 높은 동기와 끈기, 뛰어난 주의집중력을 가졌음을 시사한다. 행렬추리 소검사의 낮은 점수는 시지각적 추론능력, 시지각적 조직화능력, 추론능력, 시각적 예민성 등이 저조하며, 낮은 동기와 끈기, 저조한 주의집중력을 가졌음을 의미한다.

4) 숫자

숫자(Digit Span, DS)는 작업기억 지표의 기본 소검사로, 바로 따라하기 8문항, 거꾸로 따라하기 8문항, 순서대로 따라하기 8문항으로 이루어져 있으며, 각 문항은 2회의 시행으로 구성되어 있다. 숫자 소검사는 아동의 청각적 단기기억과 청각적 순차처리능력을 측정한다. 즉, 청각적 정보를 회상하여 순서대로 또는 특정한 순서로 정보를 소리 내어 반복해야 하므로 청각적 순차처리와 관련된다. 시행 전반에 걸쳐 동일하게 숫자를 사용함으로써 이전에 학습한 것이 현재 학습이나 회상을 방해하는 순행 간섭(proactive interference)을 유발하므로, 아동은 이전에 학습한 정보를 억제해야 과제를 올바르게 수행할 수 있다. 또한 지나치게 불안한 아동보다 안정적인 아동이 높은 점수를 얻을 수 있으므로 아동의 이완하는 능력은 숫자 소검사 수행에 영향을 미친다.

능력	배경 요인	교육적 제언
− 단기기억 − 기억폭 − 작업기억 − 기계적 학습 − 즉각적 청각기억 − 청각적 순차처리 − 수능력 − 주의력 − 집중력	− 청각적 예민성 − 자기점검능력 − 부호화 전략 사용능력 − 시연 전략 사용능력	− 듣기 기술 강화시키기(연속 되는 활동 이용하기, 짧은 이야기 읽고 세부사항 회상 하기, 아동의 지시따르기 확인하기) − 시각화 기술 발달시키기

다음은 숫자 소검사 수행 시 아동의 행동을 관찰할 때 지침이 되는 유용한 질문이다.

● 아동이 수행 시 노력을 기울이지 않는가, 또는 상당히 집중하는가?

● 아동이 신속하게 반응하는가, 시행 자극을 읽은 직후 즉시 반응하는가, 반응하기 전에 잠시 멈추거나 심사숙고하는가?

● 숫자를 기억할 때 어떤 전략을 사용하는가? 예를 들어 거꾸로 따라외우기 시행에서 숫자를 제시된 순서로 속삭이거나 암송하거나 청킹(chunking)을 사용하는가?

● 아동이 바로 따라하기, 거꾸로 따라하기, 순서대로 따라하기 과제 간의 차이점을 이해하고 있는가?

● 과제 수행 시 아동의 반응은 어떠한가? (예 : 시행 길이가 길어질수록 자극을 받는지, 긴장하고 불안해하거나 혼란스러워하거나 좌절하는지)

● 아동이 자신의 오류를 인지하고 있는가? 또는 자신이 정확하게 답한다고 생각하는가?

● 아동이 반복적으로 보이는 오류의 유형은 무엇인가? (예 : 마지막 숫자를 잊어버리기, 시작하는 숫자를 잊어버리기, 중간 숫자를 잊어버리기)

● 아동이 보이는 오류 유형(예 : 숫자 누락, 순서 오류)이 과제(바로 따라하기, 거꾸로 따라하기, 순서대로 따라하기)별로 다르게 나타나는가?

● 아동이 거꾸로 따라하기와 순서대로 따라하기 과제보다 바로 따라하기 과제에서 더 나은 수행을 보이거나 저조한 수행을 보이는가?

아동이 숫자 소검사에서 보이는 오류의 유형은 다음과 같다. 누락 오류(omission errors; 한 숫자 빼고 정확히 따라하기), 추가 오류(commission errors; 하나 이상의 숫자를 더하기), 보속 오류(perseveration errors; 하나 이상의 숫자 반복하기), 순서 오류(sequential errors; 정확한 숫자를 잘못된 순서로 따라하기), 역순 오류(sequence reversal errors; 정확한 숫자를 말했으나 두 개 이상의 숫자 순서를 반대로 따라하기) 등의 유형이 있다. 여러 과제에 걸쳐 수차례 나타나는 보속 오류는 이전 시행의 순행 간섭을 통제하는 데 어려움이 있음을 시사한다.

정확한 숫자를 잘못된 순서로 기억하는 아동의 경우 청각적 기억력보다는 청각적 순차 기억력의 결함이 있을 가능성이 높다. 또한 첫 번째 시행에 실패하고 두 번째 시행에 성공하는 패턴을 반복하는 아동의 경우 점차 학습하는 패턴을 시사하거나 또는 올바른 답을 하기 위해 워밍업이 필요하다는 것을 의미한다.

숫자 소검사의 하위 세 가지 과제는 각기 구별되는 특징을 지니고 있다. 숫자 바로 따라하기는 주의력, 기계적 학습(rote learning), 청각적 단기기억력, 청각적 순차처리능력을 필요로 한다. 이에 더하여 거꾸로 따라하기와 순서대로 따라하기에는 추가적으로 계획능력과 반응 전에 입력된 자극을 변형하는 능력이 요구된다. 구체적으로 살펴보면, 거꾸로 따라하기와 순서대로 따라하기 과제는 바로 따라하기 과제에 비해 대개 숫자 순서를 더 길게 파지(retain)해야 할 뿐만 아니라, 반응하기 전에 순서도 조작해야 한다. 거꾸로 따라하기와 순서대로 따라하기의 높은 점수는 인지적 유연성, 시연 전략, 그리고 숫자 관련된 다른 전략이 뛰어나며, 스트레스 내성, 주의집중력이 우수하다는 것을 나타낸다. 또한 거꾸로 따라하기와 순서대로 따라하기 과제는 심상을 형성하는 능력과 청각 자극으로부터 형성된 내적·시각적 배열을 주사(scan)하는 능력과 연관되는 것으로 보인다. 하지만 거꾸로 따라하기와 순서대로 따라하기 과제에서 시각화 역할에 대한 가설을 지지하기 위해서는 더 많은 연구가 필요하다.

바로 따라하기는 즉각적인 단기기억에 대한 측정치가 될 수 있는 반면, 거꾸로 따라하기와 순서대로 따라하기는 복잡한 작업기억의 측정치이다. 바로 따라하기 수행이 거꾸로 따라하기와 순서대로 따라하기 수행보다 유의미하게 높은 경우, 아동의 청각적 단기기억이 기억 속에 정보를 파지하여 조작하는 능력보다 뛰어나다는 것을 의미한다. 거꾸로 따라하기 및 순서대로 따라하기 과제 특성상 아동에게 불안과 혼란감을 야기할 수 있으므로, 아동의 자기점검능력과 주의력 및 집중력이 과제 수행에 영향을 미친다.

숫자 거꾸로 따라하기 수행이 다른 숫자 과제들에 비해서 더 높은 점수를 보이는 경우, 아동이 거꾸로 따라하기 수행을 도전적인 과제로 지각하고 따라서 더 많은 자원을 활용하였음을 의미한다. 순서대로 따라하기 과제에서 거꾸로 따라하기보다 더 우수한 수행을 보였을 때, 숫자를 단순히 반대 방향으로 조작하는 것보다는 숫자를 크기 순서로 조작하는 것이 더 수월하다는 것을 나타낸다.

숫자 소검사의 높은 점수는 청각적 순차처리, 청각적 단기기억, 즉시기억, 부호화 전략 사용능력, 시연 전략 사용능력, 자기점검능력, 주의력 및 집중력이 우수하다는 것을 시사한다. 반면 숫자 소검사의 낮은 점수는 청각적 순차처리, 청각적 단기기억, 즉시기억, 부호화 전략 사용능력, 시연 전략 사용능력, 자기점검능력, 주의력 및 집중력이 부진하다는 것을 의미한다.

K-WISC-V는 숫자 소검사에 대해 다음 6개의 처리점수를 제공한다.

- 숫자 바로 따라하기(DSf) : 숫자 바로 따라하기 과제의 점수 총점
- 숫자 거꾸로 따라하기(DSb) : 숫자 거꾸로 따라하기 과제의 점수 총점
- 숫자 순서대로 따라하기(DSs) : 숫자 순서대로 따라하기 과제의 점수 총점
- 가장 긴 숫자 바로 따라하기(LDSf) : 숫자 바로 따라하기의 마지막 시행에서 1점을 받은 문항의 숫자 개수
- 가장 긴 숫자 거꾸로 따라하기(LDSb) : 숫자 거꾸로 따라하기의 마지막 시행에서 1점을 받은 문항의 숫자 개수
- 가장 긴 숫자 순서대로 따라하기(LDSs) : 숫자 순서대로 따라하기의 마지막 시행에서 1점을 받은 문항의 숫자 개수

5) 기호쓰기

기호쓰기(Coding, CD)는 처리속도 지표의 기본 소검사로, 각각의 상징(기하학적 모양/숫자)과 상응하는 기호를 120초 내에 모사하도록 요구한다. 연령에 따라 A형(6~7세)과 B형(8~16세)으로 나누어 제시된다. 기호쓰기 소검사는 정신적 조작속도와 글쓰기속도(graphomotor speed)를 기반으로 하여 낯선 과제를 학습하는 능력을 측정한다. 또한 처

리속도, 검사 수행속도, 시각운동 협응, 주사능력, 글쓰기속도, 단기 시각기억, 시지각적 자극을 연합하는 능력, 시각적 처리, 미세근육 협응, 순발력, 시각적 변별능력, 주의력 및 집중력을 측정한다. 또한 언어적 부호화처리와도 관련되는데, 만약 아동이 각 기호에 언어적 설명을 붙이는 경우에 해당한다. 예를 들어 ∧을 '거꾸로 V'라고 명명하거나 O를 '알파벳 O'라고 이름 붙이는 언어적 명명을 통해 수행수준이 향상될 수 있다.

능력	배경 요인	교육적 제언
– 처리속도 – 검사 수행속도 – 시각운동 협응 – 주사능력 – 정신운동속도 – 시각적 단기기억 – 시지각 상징–연상 기술 – 시각적 처리 – 미세근육 협응 및 민첩성 – 시지각적 변별 – 주의력 – 집중력	– 운동 활동성의 속도 – 동기 및 끈기 – 시각적 예민성 – 시간압력하 작업능력 – 지필 과제 수행 경험	– 시각운동 학습 활동하기(도형과 숫자 연결 부호 개발하기, 모스 부호 학습하기, 추적하기 활동 등) – 짝 지어진 사물찾기 활동을 통한 주사(scanning) 기술 향상하기 – 끈기 강화하기 – 시간압력하 작업 시 야기되는 스트레스 감소하기 – 주의폭 확장하기

다음은 기호쓰기 소검사 수행 시 아동의 행동을 관찰할 때 지침이 되는 유용한 질문이다.

- 아동이 수행할 때 시각적 문제가 있는가? 있다면, 무엇인가?
- 아동은 지시사항을 적절히 이해했는가?
- 아동은 검사자가 설명한 후 올바르게 지시를 이해하고 수행하는가?
- 아동은 충동적인가, 신중한가, 불안한가, 손떨림이 감지되는가?
- 아동은 한 손으로 반응용지를 제대로 잡고 다른 손으로 모사하는가?
- 아동은 세 손가락을 사용하여 적절하게 연필을 쥐는가? 또는 어색하게 연필을 쥐는가?
- 아동이 모사한 기호는 잘 모사되었는가? 또는 알아보기는 어렵거나 틀렸는가?
- 아동이 모사한 기호에 오류와 같은 왜곡이 있는가? 만약 있다면, 빈도는 어떠한가?
- 아동이 처음에 특정 모양이나 숫자의 기호를 그리면서 다른 것은 뛰어넘는가?

- 아동은 동일한 기호를 계속 모사하는가(보속반응)?
- 아동은 자신의 오류를 인지하는가? 오류에 패턴이 있는가? 아동은 오류에 어떻게 반응하는가?
- 아동이 지우개를 사용하거나 지우개를 사용할 수 있는지 질문하는가? 만약 그렇다면, 지우개 사용이 허용되지 않는다는 것을 깨달은 것으로 보이는가?
- 아동은 속도와 정확성 중 무엇을 더 중시하는가? (예 : 너무 빨리 수행하느라 실수를 하는지, 너무 느리게 수행하느라 몇 문항 못 하게 되는지)
- 아동이 형태를 지각하지 못하여 실패하거나 주의력 부족으로 실패하는가?
- 아동은 상징-기호 쌍을 매번 확인하는가? 상징-기호 연합을 기억하고 수행하는가?
- 아동은 수행했던 이전 문항을 참조하는가?
- 아동은 다음 문항을 수행하기 전에 한 번 더 확인하는가?
- 아동은 자연스럽게 순서대로 모사하는가? 매번 기입해야 하는 자리를 찾기 어려워하는가?
- 아동의 모사 속도는 점차 빨라지는가? 또는 느려지는가?
- 모사한 기호의 질적 측면에서 실시 전반부와 후반부 간 차이가 있는가?
- 아동은 끈기를 지니고 수행하는가? 해당 과제를 하도록 촉구해야 하는가?
- 아동은 지루해하는가? 수행 중에 기지개를 켜고 한숨을 쉬며 주변을 둘러보고 말하는 등 딴짓을 하는가? 수행 중 말을 걸거나 노래를 부르거나 흥얼거리는가?

위의 질문을 통해 아동의 주의폭, 작업방식, 기타 행동에 대한 정보를 얻게 된다. 만약 아동이 오류를 보인다면, 충동성과 관련되었는지, 자기점검과 관련되었는지, 자기교정과 관련되었는지, 시각운동 협응의 어려움과 관련되는지 살펴보아야 한다. 정확하게 모사하면서 반응속도가 빨라진다면 아동이 과제에 잘 적응한다는 의미인 반면, 정확하게 모사하지만 반응속도가 점차 느려진다면 피로, 주의분산, 지루함 등이 추정된다.

기호쓰기 소검사는 특히 ADHD, 불안장애, 외상성 뇌손상 등과 관련하여 아동의 주의력 문제가 의심될 때 주의력 평가에 유용하다. 만약 아동이 다른 검사에서 반응속도가 적절하고 시각적 문제가 없다면, 기호쓰기 소검사에서의 저조한 수행은 시각적 어려움 그 자체보다는 주의력 문제로 볼 수 있다. 한편, 느리지만 정확하게 접근하는 방식은 완벽주의를 시사한다. 모사한 기호의 왜곡이나 회전 오류는 지각적 어려움을 시사하며, 보속 오류는 신경학적 문제를 반영하므로 추후 평가가 필요하다.

기호쓰기 소검사의 높은 점수는 처리속도, 시각적 순차처리, 시각운동 민첩성, 시각적 예민성, 연합된 자극을 학습하는 능력과 이를 빠르고 정확하게 모사하는 능력, 주사능력이 우수하며, 동기와 끈기, 연필 조작능력, 시간압력하 작업능력, 주의력 및 집중력이 뛰어나다는 것을 의미한다. 기호쓰기 소검사의 낮은 점수는 처리속도, 시각적 순차처리, 시각운동 민첩성, 시각적 예민성, 연합된 자극을 학습하는 능력과 이를 빠르고 정확하게 모사하는 능력, 주사능력이 부족하며, 동기와 끈기, 연필 조작능력, 시간압력하 작업능력, 주의력 및 집중력이 저조하다는 것을 의미한다.

K-WISC-V에서 제시되는 기호쓰기 소검사에 대한 처리점수는 다음과 같다.

- 기호쓰기 회전 오류(CDre) : 90° 이상 회전된 기호의 개수

6) 어휘

어휘(Vocabulary, VC)는 언어이해 지표의 기본 소검사로, 그림을 보고 사물의 이름을 말하거나(1~4문항) 단어의 뜻을 정의하도록 요구하며(5~29문항), 총 29문항으로 구성된다. 어휘 소검사는 시행이 상대적으로 용이하나 채점은 어려운 소검사로, 전문가 지침서를 숙지하여 주의 깊게 채점해야 한다. 어휘능력은 아동의 학습 및 정보축적 능력을 반영하며 시간이 흘러도 안정적이고, 신경학적 결함이나 심리적 장해의 영향이 상대적으로 적으므로 일반적인 지적 능력의 지표로 유용하다(실제 요인분석에서 일반지능 g의 가장 좋은 측정치로 나타났다).

능력	배경 요인	교육적 제언
– 결정적 지식 – 언어발달 – 단어 지식 – 언어이해 – 상식의 양 – 사고의 풍부함 – 장기기억 – 언어 유창성 – 수용언어 및 표현언어 – 개념적 사고	– 문화적 기회 – 흥미와 독서 패턴 – 초기 환경의 풍요로움 – 유아교육/정규교육의 질 – 지적 호기심 – 청각적 예민성	– 경험 토론, 질문하기, 단어 및 정의가 포함된 어휘카드 작성 격려하기 – 말 맞히기게임, 유추게임 및 기타 단어게임 이용하여 언어 강화 활동하기 – 아동 활동기록 및 일기쓰기 격려하기

다음은 어휘 소검사 수행 시 아동의 행동을 관찰할 때 지침이 되는 유용한 질문이다.

- 아동이 수행할 때 청각적 문제가 있는가? 있다면, 무엇인가?
- 아동이 비슷한 소리의 단어와 헷갈려 하는가?
- 아동이 해당 단어를 분명하게 알고 있는가? 아니면 모호하게 알고 있는가?
- 아동이 답하는 단어의 정의가 질적으로 어떠한가? (예 : 정확하고 간결한지, 간접적이고 모호한지, 장황하고 길게 표현되는지)
- 아동이 질문에 대해 숙고하는가? 즉 빠르고 정확하게 답하는가, 느리지만 정확하게 답하는가, 빠르지만 부정확하게 답하는가, 느리고 부정확하게 답하는가, 혹은 단순히 추측하는가?
- 아동의 응답이 주관적인가, 객관적인가? (즉 일반지식과 관련되는가, 개인 경험과 관련되는가?)
- 아동의 응답에 정서적으로 함축된 뉘앙스가 느껴지는가? (예 : '성가시다'—"난 우리 선생님을 성가시게 하죠.")
- 아동이 즉각적으로 "몰라요."라고 답하는가, 합리적이거나 엉뚱한 추측을 하는가, 잠시 멈추는가, 깊게 생각하는가, 문항에 대해 소리 내어 말하면서 생각하는가?
- 아동은 단어의 의미를 수월하게 표현하는가, 힘겹게 표현하는가? (즉 단어 인출, 단어찾기 어려움)

- 아동은 단어를 적절하게 발음하는 것을 어려워하는가? 그렇다면, 어떠한 어려움 인가?
- 아동은 자신의 생각을 어떻게 표현할 수 있는지 모르는 것처럼 보이는가?
- 아동이 단어의 의미에 대해 모호하거나 우회적으로 표현하는가?
- 아동이 단어를 표현할 때 제스처를 사용하는가? 또는 제스처만 사용하는가?
- 아동이 외국어를 사용하는가? 그렇다면, 응답에서 부분적으로 외국어를 사용하는 가? 또는 전체 응답을 외국어로 답하는가?
- 아동의 반응 패턴이 여러 문항에 걸쳐 다양한가, 아니면 꽤 일관성이 있는가? 예를 들어 0, 1, 2점 반응이 몇 개씩인가? 얼마나 많은 추가질문을 해야 아동의 반응이 명료해지는가?

아동의 반응은 언어 기술, 배경 정보, 문화적 환경, 사회성 발달, 삶의 경험, 좌절에 대한 반응, 사고 과정에 대한 정보를 제공한다. 어휘 소검사는 언어적 표현을 길게 요구하기 때문에 경도의 언어장해나 사고 과정의 장애에도 민감하다.

어휘 소검사의 높은 점수는 단어 지식, 언어이해, 언어 기술, 언어발달, 개념화능력, 지적 노력, 환경의 풍요로움, 유아교육/정규교육의 질 등이 우수하다는 것을 의미한다. 어휘 소검사의 낮은 점수는 단어 지식, 언어이해, 언어 기술, 언어발달, 개념화능력, 지적 노력, 환경, 유아교육/정규교육의 질 등이 빈약하다는 것을 시사한다.

7) 무게비교

무게비교(Figure Weights, FW)는 유동추론 지표의 기본 소검사로, 총 34문항으로 이루어져 있다. 각 문항은 무게를 측정하는 1~3개의 저울 그림으로 제시되는데, 각각의 무게는 도형으로 표현된다. 즉 저울 왼편의 무게가 특정 도형으로 제시될 때 균형을 이루는 저울 오른편의 무게에 맞는 도형을 제한시간 내에 선택하도록 구성되어 있다. 무게비교 소검사는 시지각적 양적추론능력을 측정하며, 소검사 문항을 분석하는 것을 요구하므로 연역적, 귀납적 논리력을 요구한다.

능력	배경 요인	교육적 제언

– 유동적 추론능력
– 귀납적 추론
– 일반적 순차 추론
– 양적추론
– 시각적 처리
– 시각화
– 시지각 분석 추론
– 비언어적 추론
– 연역적 논리
– 주의력
– 집중력
	– 교육 경험
	– 시각적 예민성
	– 목표 지향적 작업능력
	– 동기 및 끈기
	– 시간압력하 작업능력
		– 양적 논리와 추론이 포함된
		  연습하기
		– 귀납 및 연역 논리 과정이
		  포함된 활동에 집중하기

다음은 무게비교 소검사 수행 시 아동의 행동을 관찰할 때 지침이 되는 유용한 질문이다.

- 아동에게 시각적 문제가 있는가? 있다면, 무엇인가?
- 아동이 지시사항을 잘 이해하는가?
- 아동이 수행하는 스타일은 어떠한가? (예 : 서두르고 충동적인지, 숙고하고 조심스러운지, 빠르고 정확한지, 느리고 부정확한지)
- 아동이 천천히 체계적으로 반응 선택지를 저울 위에 모양과 비교하여 선택하는가? 또는 거의 검토하지 않는가?
- 아동이 오류를 지각했을 때 수정하려고 시도하는가?
- 아동이 쉽게 좌절하는가? 혹은 어려운 문항도 계속 수행하려고 노력하거나 제한시간 후에도 수행하려 하는가?
- 아동이 주의 깊게 개별 문항을 고려하는가?
- 아동이 이 과제의 양적 속성을 이해하고 있는가?
- 아동이 논리적 가설을 수립하고 검정하는가?
- 아동이 반응 선택지와 저울 위의 것을 손가락을 사용하여 매칭하는가?
- 아동은 실제 응답이 틀렸을 때 자신이 정확한 답을 했다고 믿는가?
- 아동은 자신의 수행 과정에 대해 말로 묘사하는가?

- 아동이 수행할 때 속도와 정확도 중 어느 것을 더 중시하는가?
- 아동이 초기 문항 수행 시 지시사항이 끝나기도 전에 시작하려 하는가?
- 아동이 답이 없다고 주장하는가?
- 아동은 응답하도록 촉구가 필요한가? (문항별 촉구시간 : 1~18문항은 10초경, 19~34문항은 20초경)
- 아동에게 반응하도록 촉구해야 하는 경우, 이 행동을 어떻게 설명할 수 있는가? (예 : 무관심, 혼란, 사려 깊음, 결정하기 어려움, 불안)
- 아동이 답을 말하거나 가리키지 않아 "답을 알려주세요."라는 지시를 몇 번 해야 했는가?
- 반응의 패턴이 있는가? (예 : 동일한 선택지를 연속 선택하기)
- 아동은 검사자가 자극책자를 넘기는 것을 도와주는가?
- 아동이 거부적이거나 비협조적인 태도를 보였는가?

무게비교 소검사에서 높은 점수는 시지각적 양적추론, 시지각적 분석 추론, 비언어적 추론, 귀납적 및 연역적 논리, 시간압력하 작업능력, 작업기억, 주의력 및 집중력이 우수하다는 것을 의미한다. 무게비교 소검사의 낮은 점수는 시지각적 양적추론, 시지각적 분석 추론, 비언어적 추론, 귀납적 및 연역적 논리, 시간압력하 작업능력, 작업기억, 주의력 및 집중력이 부족하다는 것을 시사한다.

8) 퍼즐

퍼즐(Visual Puzzles, VP)은 시공간 지표의 기본 소검사로, 제시된 퍼즐을 완성하기 위해 구성되어야 하는 3개의 퍼즐조각을 전체 6개 조각 중에서 제한된 시간 내에 선택하도록 요구된다. 퍼즐 소검사는 공간적 시지각 추론능력을 측정하며, 완성된 전체 퍼즐의 부분을 분석하는 능력, 3개 조각으로 재구성하는 능력이 요구된다. 또한 유동적 추론능력, 시각적 처리, 빠른 회전, 폐쇄속도, 시각화, 공간적 시지각 추론, 비언어적 추론, 정신적 변형, 분석 및 통합, 시지각적 변별, 주의력 및 집중력 등과 관련된다.

능력	배경 요인	교육적 제언
– 유동적 추론능력 – 시각적 처리 – 폐쇄속도 – 빠른 회전 – 시각화 – 시지각적 변별 – 공간적 시지각 추론 – 비언어적 추론 – 정신적 변형 – 분석 및 통합 – 주의력 – 집중력	– 동기 및 끈기 – 시간압력하 작업능력 – 시각적 예민성	– 지침에 따른 퍼즐맞추기 연습으로 공간지각 기술을 개발하기 – 부분/전체 관계성에 집중하고 모형으로 작업하기 – 시각적 세부정보를 인식하는 활동에 집중하기

다음은 퍼즐 소검사 수행 시 아동의 행동을 관찰할 때 지침이 되는 유용한 질문이다.

- 아동에게 시각적 문제가 있는가? 있다면, 무엇인가?
- 아동이 지시사항을 잘 이해하는가?
- 아동이 수행하는 스타일은 어떠한가? (예 : 서두르고 충동적인지, 숙고하고 조심스러운지, 빠르고 정확한지, 느리고 부정확한지)
- 아동이 천천히 체계적으로 반응 선택지를 완성된 퍼즐과 비교하여 선택하는가? 또는 거의 검토하지 않는가?
- 아동이 쉽게 좌절하는가? 혹은 어려운 문항도 계속 수행하려고 노력하거나 제한시간 후에도 수행하려 하는가?
- 아동이 응답하기 전에 주의 깊게 검토하는가?
- 아동이 퍼즐을 구성하기 위해 3개 퍼즐조각을 선택해야 하는 원리를 이해하지 못하고 있는가? (예 : 2개 또는 4개 조각을 선택하기)
- 아동이 퍼즐을 맞추기 위해 일부 조각을 정신적으로 회전해야 할 필요성을 이해하고 있는가?
- 아동이 퍼즐의 답이 맞는지 확인하기 위해 손가락을 사용하는가?

- 아동은 검사자가 자극책자를 넘기는 것을 도와주는가?
- 아동은 자신의 수행 과정에 대해 말로 묘사하는가?
- 아동은 실제 응답이 틀렸을 때 자신이 정확한 답을 했다고 믿는가?
- 아동이 수행할 때 속도와 정확도 중 어느 것을 더 중시하는가?
- 아동이 검사 지시가 끝나기도 전에 시작하려 하는가?
- 아동이 퍼즐 조각이 누락되었다고 주장하거나 답이 없다고 주장하는가?
- 추가적으로 몇 초의 시간이 주어진 경우 아동이 문항을 올바르게 완료하는가?
- 아동에게 응답을 촉구해야 하는가? (20초 이내에 답하지 않으면 응답을 촉구한다.)
- 아동에게 반응하도록 촉구해야 하는 경우, 이 행동을 어떻게 설명할 수 있는가? (예 : 무관심, 혼란, 사려 깊음, 결정의 어려움, 불안)
- 아동이 답을 말하거나 가리키지 않아 "답을 알려주세요."라는 지시를 몇 번 해야 했는가?
- 반응의 패턴이 있는가? (예 : 동일한 선택지를 연속 선택하기)
- 아동이 거부적이거나 비협조적인 태도를 보였는가?

퍼즐 소검사에서 높은 점수는 시공간적 추론, 비언어적 추론, 비언어적 유동추론능력, 정신적 변형, 분석 및 통합, 공간적 지각처리속도, 공간적 능력, 시지각적 변별, 주의력과 집중력이 우수하다는 것을 의미한다. 퍼즐 소검사에서 낮은 점수는 시공간적 추론, 비언어적 추론, 비언어적 유동추론능력, 정신적 변형, 분석 및 통합, 공간적 지각처리속도, 공간적 능력, 시지각적 변별, 주의력과 집중력이 부족하다는 것을 나타낸다.

9) 그림기억

그림기억(Picture Span, PS)은 작업기억 지표의 기본 소검사로, 3초(1~3문항) 또는 5초(4~26문항) 동안 제시된 자극(1~8개)을 본 다음 반응페이지에서 제한된 시간 내에 찾아서 답하도록 한다. 그림기억 소검사는 단기기억을 측정하며 시각적 처리, 시각적 작업기억, 기억폭, 순차기억, 암기 학습, 즉각적 시각기억, 주의력 및 집중력을 평가한다. 문항 전체에 걸쳐 동일한 시각적 자극을 사용하여 순행 간섭이 발생하므로, 이전에 학습한 정보를 억제함으로써 기억을 관리하게 된다.

능력	배경 요인	교육적 제언
– 단기기억 – 기억폭 – 작업기억 – 시각적 처리 – 시각화 – 시각기억 – 순차기억 – 암기 학습 – 주의력 – 집중력	– 시각적 예민성 – 자기점검능력 – 부호화 전략 사용능력 – 시연 전략 사용능력	– 시각화 기술 발달시키기(그림을 보여준 후 세부사항을 회상하도록 하기) – 기억 연습 및 기억게임 사용하기

다음은 그림기억 소검사 수행 시 아동의 행동을 관찰할 때 지침이 되는 유용한 질문이다.

- 아동이 수행 시 노력을 기울이지 않는가? 또는 상당한 집중력을 발휘하는가?
- 아동이 신속하게 반응하는가, 문항이 제시된 직후 즉시 반응하는가, 반응하기 전에 잠시 멈추거나 심사숙고하는가?
- 아동은 자신의 답이 항상 틀렸다고 생각하는가?
- 문항이 복잡해지는 경우(2개 이상의 자극이 제시될 때)에도 아동이 과제를 잘 이해하고 있는가?
- 아동의 반응속도는 어떠한가? (예 : 빠르거나, 느리거나, 숙고하거나, 충동적이거나, 조심스럽거나)
- 아동이 반응을 수정하는가? 얼마나 자주 수정하는가? 주로 새로운 자극을 선택하거나 순서가 변화하는가?
- 반응 세트의 징후가 있는가? (예 : 아동이 연속된 문항에서 동일한 그림 또는 위치를 가리키기)
- 소검사가 진행됨에 따라 아동이 검사 수행 시 어떤 반응을 보이는가? 예를 들어, 검사 자극을 보고 고무되는가? 아니면 긴장하고 불안해하며 좌절하는가? 2~3개의 자극을 제시했을 때 아동의 반응은 어떠한가?
- 아동의 수행 패턴은 어떠한가? (예 : 그림을 회상하나 순서가 잘못되었거나, 그림을

정확하게 회상하지 못하는 경우)

그림기억 소검사에서 높은 점수는 시각적 단기기억, 순차기억, 기계적 기억, 즉각적 회상, 부호화 전략 사용능력, 시연 전략 사용능력, 자기점검능력이 우수하고 주의력 및 집중력이 뛰어나다는 것을 의미한다. 그림기억 소검사에서 낮은 점수는 시각적 단기기억, 순차기억, 암기기억, 즉각적 회상, 부호화 전략 사용능력, 시연 전략 사용능력, 자기점검능력, 주의력 및 집중력이 저조하다는 것을 시사한다.

K-WISC-V는 그림기억 소검사에 대해 다음 두 가지 처리점수를 제공한다.

- 가장 긴 그림기억 자극(LPSs) : 만점을 받은 마지막 문항에서 제시된 자극그림의 수
- 가장 긴 그림기억 반응(LPSr) : 만점을 받은 마지막 문항에서 제시된 반응그림의 수

10) 동형찾기

동형찾기(Symbol Search, SS)는 처리속도 지표의 기본 소검사로, 120초 내에 표적 기호가 반응영역의 기호들 중에 있는지 찾아 표시하는 과제이다. A형(6~7세)은 표적 기호가 1개인 데 비해 B형(8~16세)은 표적 기호가 2개로 더 복잡한 과제이며, 반응영역에서 표적 기호가 없을 때는 '아니오'라고 표시해야 한다. 동형찾기 소검사는 처리속도를 측정하며, 지각속도, 지각적 변별, 검사 수행속도, 정신적 처리속도, 시각적 주사, 정신운동속도, 시각적 단기기억, 미세운동 조절, 주의력과 집중력 등의 요인을 평가한다. 기호쓰기 소검사에 비해 동형찾기 소검사에서는 시각운동 협응능력으로 선을 긋는 단순한 기능만 요구한다. 즉 기호쓰기와 동형찾기 모두 수행속도와 정확성으로 평가하지만, 기호쓰기가 시각운동 협응능력을 더 많이 요구하며, 동형찾기는 시각적 변별 및 주사 능력과 관련성이 크다.

능력	배경 요인	교육적 제언
– 처리속도 – 지각속도 – 검사 수행속도 – 시지각적 변별 – 정신적 처리속도 – 주사능력 – 시각적 단기기억 – 소근육 협응 – 주의력 – 집중력	– 운동 활동성의 속도 – 동기와 끈기 – 시간압력하 작업능력 – 시각적 예민성	– 주사 연습하기(연속하여 배열된 사물을 보고 특정 사물을 찾기) – 끈기 강화하기 – 시간압력하 작업 시 야기되는 스트레스 감소하기 – 주의폭 확장하기 – 동기수준 높이기

다음은 동형찾기 소검사 수행 시 아동의 행동을 관찰할 때 지침이 되는 유용한 질문이다.

- 아동이 수행할 때 시각적 어려움이 있는가? 만약 있다면, 그 지표는 무엇인가?
- 아동은 한 손으로 반응용지를 제대로 잡고 다른 손으로 선을 긋는가?
- 아동이 보이는 과제에 대한 접근태도는 어떠한가? (예 : 충동적인지, 신중한지, 불안한지)
- 아동이 손떨림을 보이는가?
- 아동은 세 손가락으로 적절하게 연필을 쥐는가? 또는 어색하게 연필을 쥐는가?
- 검사 수행 시 아동의 속도나 정확도가 향상되는가, 혹은 감소되는가?
- 아동이 선을 잘 긋는가? 아니면 알아보기 어려울 정도인가?
- 아동이 천천히 선을 긋는가? 혹은 빠르게 선을 긋는가?
- 아동이 오류를 범하는가? 만약 그렇다면, 아동이 이를 인지하고 있는가? 그리고 그에 대한 반응은 어떠한가?
- 아동이 검사 지시를 이해하는 데 얼마나 오래 걸리는가? (예 : 몇 회 반복)
- 실패와 성공의 패턴이 있는가? 예를 들어 표적 기호가 반응영역에 제시된 문항에서는 성공하고, 표적 기호가 반응영역에 제시되지 않았을 때는 실패하는가?
- 아동은 다음으로 넘어가기 전에 모든 문항을 재확인하는가?
- 아동이 표적 자극과 반응영역을 자주 번갈아 보는가?

- 아동이 자연스럽고 질서정연하게 수행하는가, 혹은 때때로 혼란스러워하며 어려움을 겪는가?
- 아동이 끈기 있게 수행하는가?
- 아동이 수행을 계속하도록 촉구할 필요가 있는가?
- 아동이 과제를 지겨워하는 것처럼 보이는가?
- 아동이 지우개를 사용하거나 지우개를 사용할 수 있는지 질문하는가? 만약 그렇다면, 지우개 사용이 허용되지 않는다는 것을 깨달은 것으로 보이는가?
- 아동이 수행 도중에 멈추고 기지개를 켜거나, 한숨을 쉬거나, 주위를 둘러보거나, 말을 건네는가?
- 아동이 수행하는 동안 말하거나, 노래를 부르거나 흥얼거리는가?
- 아동이 천천히 수행하는가? 만약 그렇다면, 무엇 때문인가?
- 아동은 속도와 정확도 중 어느 것을 더 중시하는가? (너무 빨리 수행하여 실수하거나, 혹은 너무 느리게 하여 몇 문항 완성하지 못하는가?)

위의 질문을 통해 아동의 주의폭, 작업방식, 기타 행동에 대한 정보를 얻게 된다. 만약 아동이 오류를 보인다면, 충동성과 관련되었는지, 자기점검과 관련되었는지, 스스로 교정할 때 부정확한 지각 수행과 관련되었는지, 시각운동 협응의 어려움과 관련되었는지 살펴보아야 한다. 정확하게 수행하면서 반응속도가 빨라진다면 아동이 과제에 잘 적응한다는 의미인 반면, 부정확하게 수행하며 반응속도가 느려진다면 피로나 주의분산을 시사한다. 마지막으로, 속도가 감소하지만 정확하게 수행하는 것은 지루한 태도를 나타낸다.

동일한 점수를 얻은 경우라도 달리 해석할 수 있다. 예를 들어 A와 B 아동 모두 동형찾기 B형 소검사에서 30점의 원점수를 받았다고 할 때, A는 30개 문항을 모두 정확하게 수행한 반면, B는 60개 문항 중 45개 문항은 정확하게 수행한 반면 15개 문항은 틀리게 수행하였다. 이때 B의 원점수는 '맞은 문항 개수−틀린 문항 개수'이므로 45−15=30점이 된다. 이처럼 원점수는 동일하지만 A와 B는 서로 다른 수행 유형을 보여주는데, A는 느리지만 꾸준하며 체계적이고 꼼꼼하게 수행하는 유형인 반면, B는 다소 부주의하고 충동적인 유형이라는 가설을 세울 수 있다. 가설을 확인하기 위해 K-WISC-V의 다른 소검사

점수, 다른 종류의 검사점수 및 관찰, 면담, 과거력에 근거한 정보를 검토할 필요가 있다.

다음의 행동 특성을 보이는 아동은 동형찾기 소검사에서 좋은 점수를 받기 어렵다. ① 지나치게 느리고 신중하게 반응하기, ② 강박적으로 표적 기호와 반응영역의 기호를 계속 확인하기, ③ 충동적이며 표적 기호에 맞는 반응을 찾기 어려워하기, ④ 서로 다른 기호의 변별을 어려워하기.

동형찾기 소검사에서 높은 점수는 처리속도, 시지각적 변별, 시각적 단기기억, 시각적 예민성, 동기 및 끈기, 시간압력하 작업능력, 주의력 및 집중력이 우수하다는 것을 의미한다. 동형찾기 소검사의 낮은 점수는 처리속도, 시지각적 변별, 시각적 단기기억, 시각적 예민성, 동기 및 끈기, 시간압력하 작업능력, 주의력 및 집중력이 저조하다는 것을 시사한다.

K-WISC-V는 동형찾기 소검사에 대해 다음 두 가지 처리점수를 제공한다.

- 동형찾기 세트 오류(SSse) : 아동이 표시한 세트 오류 모양의 총개수
  표적 자극과 유사한 특징을 가지는 모양을 반응영역에 포함시키고 있으며, 이는 채점판의 하단에 'S'로 표시되어 있다.
- 동형찾기 회전 오류(SSre) : 아동이 표시한 회전 오류 모양의 총개수
  표적 자극의 회전된 형태가 반응영역에 제시되어 있으며, 이는 채점판의 하단에 'R'로 표기되어 있다.

3. 추가 소검사

1) 상식

상식(Information, IN)은 언어이해 지표의 추가 소검사로, 광범위한 지식에 대해 답하도록 하며 총 31문항으로 구성되어 있다. 상식 소검사는 사실적 정보에 대한 장기기억을 측정하며, 결정적 지식, 일반상식, 언어이해, 사실적 지식의 범위, 장기기억, 수용언어 및 표현언어 등을 평가한다.

능력	배경 요인	교육적 제언
- 결정적 지식 - 일반상식 - 언어이해 - 사실적 지식의 범위 - 장기기억 - 수용언어 및 표현언어 - 주의력	- 초기 환경의 풍요로움 - 유아교육 및 정규교육의 질 - 문화적 기회 - 흥미와 독서 패턴 - 환경에 대한 기민함 - 지적 호기심 및 욕구 - 청각적 예민성	- 사실적 자료 강조하기(신문 기사 읽기, TV와 라디오 뉴스 시청 및 청취, 현 시사 문제 토의하기) - 기억 연습 활용하기 - 기타 계발 활동 활용하기 (국경일 관련 활동, 과학 및 사회 연구 프로젝트 관련 활동 등)

다음은 상식 소검사 수행 시 아동의 행동을 관찰할 때 지침이 되는 유용한 질문이다.

- 아동이 질문에 대해 숙고하는가? 즉 빠르고 정확하게 답하는가, 느리지만 정확하게 답하는가, 빠르지만 부정확하게 답하는가, 느리고 부정확하게 답하는가, 혹은 단순히 추측하는가?
- 아동의 추측이 타당한가, 또는 부적절한가?
- 아동이 반응할 때 자신감 있는가, 또는 주저하며 반응하는가?
- 아동이 독특한 반응을 보이는가? 만약 그렇다면, 그 반응이 독특한 이유는 무엇인가?
- 아동이 자주 "답을 아는데 생각이 나지 않아요."라거나 "몰라요."라고 말하는가?
- 아동의 응답이 정확한가, 아니면 모호한가?
- 아동의 반응을 명확하게 하기 위해 추가질문이 필요한가?
- 아동은 추가질문에 어떻게 반응하는가?
- 아동의 응답이 정답에 가까운 반응인가? 완전히 틀린 반응인가?
- 아동이 답할 때 말이 많은가? 그렇다면 그 응답은 세련된 지식을 반영하는가, 아니면 장황하거나 그 주제와 모호하게만 연관되어 있는가?
- 아동은 주제에서 벗어나 개인적 경험을 덧붙이는가?
- 아동은 반응할 때 억제되어 있는 것처럼 보이는가?
- 아동 응답의 정답 및 오답 패턴은 어떠한가?

상식 소검사에서 쉬운 문항은 틀리고 더 어려운 문항에서 성공할 때, 낮은 동기, 불안, 일시적 비효율성, 지루함 등과 연관될 수 있으며, 장기기억으로부터 정보 인출의 문제와 관련될 수 있다. 부정확한 응답은 단어 인출의 문제나 제한된 어휘를 시사한다(예 : 여름을 '더울 때'라고 표현). 길게 답하거나 관련 없는 정보로 채워진 응답은 강박적인 성향이나 완벽주의적 성향을 나타내는데, 완벽주의 성향의 아동은 자신이 얼마나 많이 알고 있는지 증명해야 한다고 믿는다. 또한 과도하게 세부사항을 설명하는 응답은 영재 아동의 대처방식일 수 있으며 평가자에게 인상적으로 보이기 원하는 아동의 대처방식이기도 하다. 개인적인 경험을 기술하는 반응은 특정한 주제에 대한 집착을 반영하는데, 지적장애를 가진 아동이 보이는 반응일 수 있으며, 혹은 그 일에 의미를 부여하려는 시도일 수도 있다. 긴 응답을 해석할 때 아동의 전체 검사점수와 그 외 관련된 정보를 모두 고려해야 한다.

상식 소검사의 높은 점수는 사실에 근거한 지식, 문화에 대한 지식, 장기기억이 풍부하고, 성장 배경이 풍요로우며, 환경에 대한 기민함과 관심, 지적 욕구, 지적 호기심, 지식 습득의 욕구가 높다는 것을 의미한다. 상식 소검사의 낮은 점수는 실제 지식의 범위가 좁고, 문화에 대한 지식과 장기기억이 부족하며, 성장 배경이 빈약하고 환경에 대한 기민함과 관심, 지적 욕구, 지적 호기심, 지식 습득의 욕구가 제한되어 있다는 것을 나타낸다.

2) 공통그림찾기

공통그림찾기(Picture Concepts, PC)는 유동추론 지표의 추가 소검사로, 2~3행에 제시된 그림들을 보고 공통된 개념으로 묶을 수 있는 그림을 각 행에서 하나씩 선택하도록 요구하며 총 27문항으로 이루어져 있다. 공통그림찾기 소검사는 대개 시지각 재인 과정에 기반한 추상적, 범주적 추론능력을 평가하며, 결정적 지식, 유동적 추론능력, 일반상식, 단어 지식, 귀납적 추론능력, 시지각적 변별능력, 시지각적 추론능력, 추상적 사고능력, 본질적인 것과 비본질적인 것을 구별할 수 있는 능력, 비언어적 추론능력 등을 측정한다. 한편 각 행에서 선택된 그림들 간의 공유한 특성은 범주, 외양, 행동, 기능, 용도 등이며, 실제 수행 시 그림을 가리키기만 하면 되므로 아동이 공유된 특성을 어떻게 추론했는지는 알기 어렵다.

능력	배경 요인	교육적 제언

– 유동적 추론능력
– 귀납적 추론
– 결정적 지식
– 일반상식
– 단어 지식
– 시지각적 변별
– 시지각적 추론
– 개념적 사고력
– 본질적/비본질적 세부사항
  을 변별하는 능력
– 비언어적 추론
	– 문화적 기회
	– 흥미와 독서 패턴
	– 지적 호기심
	– 유아교육/정규교육의 질
	– 시각적 예민성
		– 사물의 부분 묘사에 주의 기
		  울이기
		– 모양, 재질 및 일상 환경에
		  서 차이점과 유사점을 인식
		  하도록 초점 두기
		– 분류와 일반화 연습하기

다음은 공통그림찾기 소검사 수행 시 아동의 행동을 관찰할 때 지침이 되는 유용한 질문이다.

- 아동이 수행할 때 시각적 문제가 관찰되는가? (예 : 시각적 예민성 문제, 색맹 등)
- 아동에게 촉구가 필요한가? 만약 그렇다면, 얼마나 많이 필요한가? 아동은 촉구에 어떻게 반응하는가?
- 아동의 반응속도는 어떠한가? (예 : 빠른지, 느린지, 심사숙고하는지, 충동적인지, 조심스러운지)
- 아동의 느린/빠른 반응시간을 어떻게 설명할 수 있는가?
- 반응 세트의 징후가 있는가? (예 : 연속해서 같은 숫자나 위치의 답을 선택하기)
- 아동은 거부적이거나 비협조적인 태도를 보이는가? 만약 그렇다면, 그것은 무엇 때문인가?

공통그림찾기 소검사의 높은 점수는 시지각적 추론능력, 개념적 사고능력, 논리적이고 추상적인 사고능력, 두 대상/개념 간의 적절한 관계를 선택하는 능력이 우수하고, 시각적 예민성이 양호하다는 것을 의미한다. 공통그림찾기 소검사의 낮은 점수는 시지각적 추론능력, 개념적 사고능력, 논리적이고 추상적인 사고능력, 두 대상/개념 간의 적절한 관계를 선택하는 능력이 저조하고, 시각적 예민성이 나쁘다는 것을 나타낸다.

3) 순차연결

순차연결(Letter-Number Sequencing, LN)은 작업기억 지표의 추가 소검사로, 임의의 순서로 불러주는 숫자와 글자를 순서대로 나열하는 과제이며 각 문항당 3회의 시행이 포함되어 총 10문항으로 구성되어 있다. 7세 이하의 아동은 숫자 '3'까지 셀 수 있는지, 한글 '다'까지 외울 수 있는지, 검정문항을 거쳐 숫자 및 글자의 순서를 알고 있는지 확인되었을 때에만 시행될 수 있다. 순차연결 소검사는 전체 IQ를 산출할 때 숫자 소검사의 대체 소검사로 사용될 수 있다. 순차연결 소검사는 단기 작업기억과 청각적 순차처리를 측정하며, 순차처리는 청각정보를 회상하고 이를 적절한 순서대로 반복해서 말하는 과정을 포함한다. 순차연결 소검사는 ① 숫자와 글자를 동시에 추적하면서 ② 숫자를 오름차순으로 배치하고 ③ 글자는 숫자 뒤에 순서대로 배치하여 ④ 각 순서의 부분을 잊어버리지 않고 숫자와 글자의 두 가지 정신적 작동을 수행해야 한다. 순차연결 소검사는 작업기억, 기억폭, 기계적 학습, 즉각적 청각기억, 수능력, 주의력 및 집중력을 측정한다. 또한 청각적 예민성, 자기점검능력, 부호화와 시연 전략 사용능력, 이완능력과 연관되므로, 불안한 아동보다 차분한 아동이 더 잘 수행할 수 있다.

능력	배경 요인	교육적 제언
- 단기기억 - 기억폭 - 작업기억 - 기계적 학습 - 즉각적 청각기억 - 청각적 순차처리 - 수능력 - 주의력 - 집중력	- 청각적 예민성 - 자기점검능력 - 부호화 전략 사용능력 - 시연 전략 사용능력	- 듣기 기술 강화하기(연속되는 활동 이용하기, 짧은 이야기 읽고 세부사항 회상하기, 아동의 지시따르기 확인하기) - 시각화 기술 발달시키기

다음은 순차연결 소검사 수행 시 아동의 행동을 관찰할 때 지침이 되는 유용한 질문이다.

- 아동이 수행할 때 노력을 기울이지 않는가, 또는 상당히 집중하는가?
- 아동에게 얼마나 자주 촉구가 필요한가? 촉구가 제시되었을 때 도움이 되었는가?

- 아동은 자극이 제시된 직후 즉시 빠르게 반응하는가, 또는 반응하기 전에 잠시 멈추고 생각하는가?
- 아동이 숫자와 글자를 회상할 때 어떤 전략을 사용하는가?
- 아동이 반응할 때 숫자와 글자를 청킹(chunking)하는가?
- 아동은 지시대로 숫자를 먼저 말하는가, 아니면 글자를 먼저 말하는가?
- 아동이 자신의 오류를 인지하고 있는가? 또는 자신이 정확하게 답한다고 생각하는가?
- 아동의 오류 유형은 어떠한가? 예를 들어 숫자 순서에서 주로 오류를 보이는가, 또는 글자 순서에서 오류를 보이는가?

순차연결 소검사 시행 시 아동의 수행을 자세히 기록해두는 것이 도움이 된다. 예를 들어, 반복해서 마지막 글자나 숫자를 회상하기 어려워하는 아동은 완전히 틀린 답을 하는 아동과는 다르다. 숫자나 글자를 회상하지 못하는 것은 주의력, 집중력, 기억력이 저조하다는 것을 반영한다. 하지만 '파'를 '바'로 잘못 대답하는 오류는 청각적 자극 변별의 문제일 수 있다. 또한 검사 지시와 달리 글자를 숫자보다 먼저 답하는 경우는 검사 지시를 제대로 이해하지 못한 것이거나 지시를 지속적으로 따르는 능력이 부족함을 반영하는 것이다. 하지만 글자를 숫자보다 먼저 답하더라도 글자 내 순서와 숫자 내 순서가 올바르다면 감점하지 않는다.

숫자와 글자를 회상하는 데 사용되는 전략으로서 들은 것을 단순히 반복하기, 숫자와 글자를 시연하기, 숫자와 글자를 시각화하기, 청킹하기, 숫자와 글자를 손가락으로 쓰기 등이 있다.

오류의 유형은 누락 오류(omission errors; 하나의 숫자나 글자를 생략), 추가 오류(commission errors; 하나 이상의 숫자나 글자를 추가), 보속 오류(perseveration errors; 하나 이상의 숫자나 글자를 반복), 순서 오류(sequential errors; 글자와 숫자는 모두 맞지만 순서를 잘못 배치), 역순 오류(sequence reversal errors; 글자와 숫자는 모두 맞지만 두 개 이상의 순서가 바뀜), 청각적 변별 오류(auditory discrimination errors; 예로 '3'을 '4'로, '파'를 '바'로 잘못 답하기) 등이 있다.

순차연결 소검사의 높은 점수는 청각적 순차처리능력, 청각적 단기기억력, 기계적 암기력, 부호화와 시연 전략 사용능력, 자기점검능력, 주의력 및 집중력이 우수하다는 것을 의미한다. 순차연결 소검사의 낮은 점수는 청각적 순차처리능력, 청각적 단기기억력, 기계적 암기력, 부호화와 시연 전략 사용능력, 자기점검능력, 주의력 및 집중력이 저하되어 있다는 것을 나타낸다.

K-WISC-V는 순차연결 소검사는 다음의 처리점수를 제공한다.

- 가장 긴 순차연결(LLNs) : 성공한 마지막 시행의 글자와 숫자의 개수

  가장 긴 순차연결점수는 마지막 성공한 시행에서 회상된 글자와 숫자의 자릿수이다.

4) 선택

선택(Cancellation, CA)은 처리속도 지표의 추가 소검사로, 45초 내에 여러 종류의 동물과 사물이 배열된 컬러 그림에서 목표 자극인 동물을 찾아 표시하도록 요구된다. 그림의 배열형태에 따라 무선 배열과 일렬 배열의 두 가지 양식이 있다. 무선 배열은 그림 자극이 무선적으로 배열되어 있고, 일렬 배열은 줄과 열에 따라 질서 있게 배열되어 있다. 선택 소검사는 시지각적 재인과 시각처리속도를 측정하며, 처리속도, 지각속도, 검사 수행속도, 시각처리속도, 정신적 조작속도, 주사능력, 정신운동속도, 시각적 단기기억, 시각기억, 주의력, 집중력, 운동 협응능력, 시지각적 변별 등과 관련된다.

능력	배경 요인	교육적 제언
– 처리속도 – 지각속도 – 검사 수행속도 – 시각운동 협응 및 민첩성 – 시각처리 – 시지각적 변별 – 정신적 조작속도 – 주사능력 – 정신운동속도 – 검사상황 인식을 유지하는 능력 – 주의력 – 집중력	– 운동 활동성의 속도 – 동기 및 끈기 – 시각적 예민성 – 시간압력하 작업능력 – 지필 과제와 게임의 경험	– 주사 연습하기(일련의 사물을 보고 특정 사물을 찾기) – 주의폭 확장하기 – 끈기 강화하기 – 동기수준 강화하기 – 단순 의사결정속도를 향상시키기(예 : 자극이 홀수인지 짝수인지, 명사인지 동사인지, 자음인지 모음인지 결정하기)

다음은 선택 소검사 수행 시 아동의 행동을 관찰할 때 지침이 되는 유용한 질문이다.

- 아동이 수행할 때 시각적 어려움의 지표가 나타나는가? 만약 있다면, 그 지표는 무엇이며 어느 정도로 수행의 어려움을 초래하는가?
- 아동은 한 손으로 반응용지를 제대로 잡고 다른 손으로 선을 긋는가?
- 아동의 과제에 대한 접근태도는 어떠한가? (예 : 충동적인지, 신중한지, 불안한지)
- 아동이 손떨림을 보이는가?
- 아동은 적절하게 연필을 쥐는가 또는 어색하게 연필을 쥐는가?
- 검사 수행 시 아동의 속도나 정확도가 향상되는가, 혹은 감소되는가?
- 아동이 선을 잘 긋는가, 아니면 알아보기 어려울 정도인가?
- 아동이 천천히 선을 긋는가, 아니면 빠르게 긋는가?
- 아동이 오류를 범하는가? 만약 그렇다면, 아동이 이를 인지하고 있는가? 그리고 그에 대한 반응은 어떠한가?
- 아동이 검사 지시를 이해하는 데 얼마나 오래 걸리는가? (예 : 몇 회 반복)
- 아동이 끈기를 지니고 수행하는가?
- 아동이 수행을 계속하도록 촉구할 필요가 있는가?
- 아동이 반응지의 특정 영역을 무시하는가? [즉 시각적 무시(visual neglect)를 보이는가?]
- 아동이 일관적으로 특정 유형의 동물을 생략하는가? 만약 그렇다면, 아동의 행동을 묘사하라.

위의 질문을 통해 아동의 주의폭, 문제해결 전략, 기타 행동의 대한 정보를 얻게 된다. 만약 아동이 오류를 보인다면, 충동성, 부주의, 빈약한 자기점검, 시각운동 협응의 어려움 등으로 인한 것인지 살펴보아야 한다. 정확하게 수행하면서 반응속도가 빨라진다면 아동이 과제에 잘 적응한다는 의미인 반면, 수행의 저하는 지루함, 불안, 피로, 또는 상황 인식의 상실(즉 아동이 과제 지시를 잊어버림)을 나타낸다.

선택 소검사는 특히 ADHD, 불안장애, 외상성 뇌손상 등과 연관되어 아동의 주의력 문제가 의심될 때 주의력을 평가하는 데 유용하다. 만약 아동이 다른 검사에서 반응속도 가 적절하고 시각적으로 문제가 없다면, 선택 소검사에서의 저조한 수행은 시지각적 어려움 그 자체보다는 주의력의 문제로 볼 수 있다.

선택 소검사의 높은 점수는 처리속도, 지각적 주사능력, 지각적 재인능력, 시각적 예민성, 동기 및 끈기, 시간압력하에 작업하는 능력, 검사상황 인식(set)을 유지하는 능력, 주의력 및 집중력이 우수하다는 것을 의미한다. 선택 소검사의 낮은 점수는 처리속도, 지각적 주사능력, 지각적 재인능력, 시각적 예민성, 동기 및 끈기, 시간압력하 작업능력, 검사상황 인식을 유지하는 능력, 주의력 및 집중력이 저조하다는 것을 나타낸다.

K-WISC-V는 선택 소검사에 대해 다음 두 가지 처리점수를 제공한다.

- 무선 배열(CAr) : 무선 배열인 문항 1에서 정답 개수
- 일렬 배열(CAs) : 일렬 배열인 문항 2에서 정답 개수

두 가지의 처리점수(CAr과 CAs)는 아동이 구조화된 상황과 덜 구조화된 상황에서 처리속도 과제를 수행하는 능력에 차이가 나는지에 대해 정보를 제공한다. 한편 두 점수 간의 차이를 비교할 때 연습효과를 고려해야 하므로 임상적 유용성에 대해서는 연구가 더 필요하다. 아마 특정 유형의 장애(예 : 일종의 뇌손상)를 가진 아동은 구조화된 일렬 배열 과제보다 무선 배열 과제에서 더 어려움을 나타낼 것이다.

5) 이해

이해(Comprehension, CO)는 언어이해 지표의 추가 소검사로, 익숙한 상황, 행동 및 활동 등과 관련된 일반적 원칙과 사회적 상황에 대해 설명하도록 요구되며 총 19문항으로 구성된다. 이해 소검사는 아동이 보유한 실용적 추론과 판단을 측정하며, 사회적 관습과 행동에 대한 지식이 반영되므로 중산층의 전형적인 문화적 기회에 노출된 아동들이 더 잘 수행할 수 있다. 이해 소검사는 결정적 지식, 언어발달, 일반상식, 수용/표현언어, 언어이해, 사회적 판단, 상식, 논리적 추론, 사회적 상황에서의 실용적 추론과 판단의 적용, 전통적 개념에 대한 지식 등과 관련된다.

능력	배경 요인	교육적 제언
- 결정적 지식 - 일반상식 - 언어발달 - 수용언어 및 표현언어 - 언어이해 - 사회적 판단 - 상식(common sense) - 논리적 추론 - 사회적 상황에 대한 실용적 추론과 판단의 적용 - 행동에 대한 관습적 규준에 대한 지식 - 과거 경험 평가능력 - 도덕적 윤리적 판단	- 문화적 기회 - 유아교육/정규교육의 질 - 양심 또는 도덕성 발달 - 환경에 대한 인식 - 청각적 예민성	- 사회적 관습, 습관 및 사회적 활동 이해하도록 돕기(집안의 규칙, 다른 아동들의 반응, 정부기능, 은행 운영 방법 등) - 타인의 행동에 대해 토론함으로써 사회적 관계와 타인의 기대를 인식하도록 돕기 - 타인의 관점을 수용하도록 격려하기 - 역할놀이(화재 신고, 경찰 신고, 배관수리 신청 등)

다음은 이해 소검사 수행 시 아동의 행동을 관찰할 때 지침이 되는 유용한 질문이다.

- 아동이 정답을 말하지 못한 것이 단어나 특정 구절의 의미를 잘못 이해하기 때문인가?
- 아동이 완전한 정답을 말하고 있는가, 또는 단지 부분적인 답을 말하고 있는가?
- 아동은 전체 질문에 대해 답하는가, 또는 질문의 일부분에 대해 답하는가?
- 아동이 객관적인가? 즉 다양한 가능성을 보고 가능한 최선의 반응을 선택하는가?
- 아동이 우유부단하여 확실한 응답을 할 수 없는가?
- 아동이 추측하고 있는가?
- 아동의 반응이 너무 빠른가? 즉 질문을 전체적으로 고려하지 못하여 실패하는가?
- 아동은 자신의 답이 충분한지 또는 불충분한지를 인식하고 있는가?
- 아동에게 자신이 한 대답을 자세히 설명하도록 요청했을 때, 어떻게 반응하는가? (예 : 검사자의 추가질문에 조급해하거나, 좌절하거나, 열심히 응답하는지)
- 아동의 응답 중 독특한 것이 있는가? 만약 있다면, 어떠한가?

이해 소검사의 반응을 통해 아동의 성격 유형, 도덕적 가치, 사회 및 문화적 배경 등의 정보를 알 수 있다. 구체적인 대답을 요구하는 상식 소검사와 달리, 이해 소검사는 더 복잡한 개인 특유의 응답을 이끌어낸다. 또한 사회적 상황에 대한 판단을 포함하는 반응을 요구하므로 아동의 사회적 태도가 반영된다. 어떤 응답은 사회적 관습에 대한 이해와 수용을 모두 나타내는 반면, 어떤 응답은 이해하고 있는 것을 드러내지만 수용은 아닐 수 있다. 즉 정답을 안다는 사실이 항상 적절하게 행동한다는 것을 의미하지 않는다.

　더구나 아동의 응답은 주도성, 자기 신뢰, 독립성, 자신감, 자기 존중감, 무기력감, 우유부단함, 융통성, 조종하려는 경향성, 문제에 대한 순진한 관점, 협동성, 적대감, 공격성 등의 특성을 나타낼 수 있다. 또한 이해 소검사는 상당한 언어표현능력을 요구하므로 언어장애와 와해된 사고 과정이 드러날 수도 있다.

　이해 소검사의 높은 점수는 언어이해, 사회적 판단, 상식, 관습적 행동의 규칙에 대한 지식, 환경에 대한 인식 및 청각적 예민성이 우수함을 의미한다. 이해 소검사의 낮은 점수는 언어이해, 사회적 판단, 상식, 관습적 행동의 규칙에 대한 지식, 환경에 대한 인식 및 청각적 예민성이 저조하다는 것을 나타낸다.

6) 산수

산수(Arithmetic, AR)는 유동추론 지표의 추가 소검사로, 언어적 지시에 의한 수리적 개념과 수리적 추론이 포함된 문제를 해결하도록 요구하며 총 34문항으로 구성되어 있다. 초반부 문항은 일반적으로 학교에서 접했던 수학 문제와 유사하지만, 후반부 문항은 수리적 추론능력을 요구한다. 산수 소검사는 특정 상황에서 전체 IQ를 산출할 때, 무게비교 소검사를 대체할 수 있다. 산수 소검사는 수리적 추론을 측정하며, 언어적 지시를 듣고 이해하고 따르는 능력, 질문의 선택적 부분에 집중하는 능력, 가감승제의 수 연산능력 등이 필요하다.

　산수 소검사 수행을 위해서는 수학적 기술뿐만 아니라 정보처리 전략도 요구된다. 정보처리 전략으로는 시연, 정답의 재인 등이 있다. 수학적 기술은 수학적 맥락에서 제시되는 언어정보를 이해하고 통합하는 능력을 포함한다.

능력	배경 요인	교육적 제언
– 양적 지식 – 수학적 성취 – 유동적 추론능력 – 양적추론 – 단기기억 – 작업기억 – 장기기억 – 수리적 추론능력 – 정신적 계산 – 기초 산수 과정 응용 – 정신적 기민성 – 주의력 – 집중력	– 기초 산수 과정 습득 기회 – 유아교육/정규교육의 질 – 청각적 예민성 – 자기점검능력	– 산수 기술 개발하기 – 개념 설명 위해 구체적 사물 사용하기 – 기초 기술 훈련하기 – 흥미로운 '실질적' 문제 제시하기 – 문장제 산수 문제를 분석하는 연습하기 – 주의폭 확장하기 – 듣기 기술 개발하기 – 집중력 기술 개발하기 – 산수 기술에 대한 자신감 높이기(수학에 대한 공포 감소시키기)

다음은 산수 소검사 수행 시 아동의 행동을 관찰할 때 지침이 되는 유용한 질문이다.

- 아동은 산수 문제를 풀어야 한다는 생각에 불안해하거나 당황스러워하는가?
- 아동이 문제를 해결하기 위해 사용하는 접근법은 무엇인가? (예 : 손가락을 세거나, 책상에 손가락으로 쓰거나, 눈을 감고 머릿속으로 숫자를 상상하거나, 소리 내어 말하기)
- 아동이 일시적인 비효율성(예 : 차단, 다른 수로 대체, 수 연산에서의 일시적 혼란)을 보이는가? 만약 보인다면, 어떠한 비효율적 행동을 보이는가?
- 아동은 자신의 오류를 지각하고 있는가?
- 아동이 오류를 지각했을 때 수정하려고 시도하는가?
- 아동이 문항 지시를 반복해달라고 얼마나 자주 요청하는가?
- 아동이 수 연산을 잘못 이해하고 있는가? (예 : 뺄셈을 해야 하는데 덧셈을 하기)
- 아동이 오답을 말했으나 그 문제를 풀기 위한 과정을 이해하고 있는가? (예 : 아동이 정답을 추정할 수 있는가?)
- 아동이 스스로 교정할 수 있는가?

- 아동이 질문에 대해 숙고하는가? 즉 빠르고 정확하게 답하는가, 느리지만 정확하게 답하는가, 빠르지만 부정확하게 답하는가, 느리고 부정확하게 답하는가, 혹은 단순히 추측하는가?
- 어렵거나 도전적인 문항에서 아동은 생각하는가, 추측하는가, 또는 포기하는가?
- 만약 아동이 추측한다면 그 추측은 타당한가, 또는 엉뚱한가?

산수 소검사의 높은 점수는 암산능력, 수학 문제 해결을 위한 추론 기술을 적용하는 능력, 개인적 · 사회적 문제해결상황에서 수학 기술을 사용하는 능력, 작업기억, 단기기억력, 복잡한 사고 패턴에 관여하는 능력(주로 고난이도 문항에서), 학업성취에 대한 관심, 주의력 및 집중력이 우수하다는 것을 의미한다. 산수 소검사의 낮은 점수는 정신적 수학 능력, 수학 문제 해결을 위한 추론 기술을 적용하는 능력, 개인적 · 사회적 문제해결상황에서 수학 기술을 사용하는 능력, 작업기억, 단기기억력, 복잡한 사고 패턴에 관여하는 능력, 학업성취에 대한 관심, 주의력 및 집중력이 저조하다는 것을 나타낸다.

K-WISC-V의
시행과 채점

K-WISC-V가 지니고 있는 심리평가의 효용성을 활용하기 위해서는 먼저 K-WISC-V의 다양한 소검사에 대한 실시, 기록 및 채점 절차를 충분히 숙지하여야 한다. 검사자가 반복된 연습을 통해 표준화된 시행 절차에 익숙해짐으로써 검사 시행 중 아동의 행동 특성을 면밀히 관찰할 수 있는 여유가 생겨나기 때문이다. 각 소검사의 실시, 기록 및 채점에 대한 표준화된 절차는 K-WISC-V 전문가 지침서(곽금주, 장승민, 2019)에 자세히 제시되어 있다. 제3장에서는 K-WISC-V의 전반적인 시행 지침을 중심으로 간략하게 요약하여 제시하고자 한다.

1. 전반적 시행 지침

1) 소검사 시행 순서

K-WISC-V에서는 언어이해, 시공간, 유동추론, 작업기억, 처리속도 지표의 소검사들이 번갈아 실시된다. 이러한 소검사 순서는 아동의 흥미를 증가시키고 다양성을 유지하며, 피로를 최소화하기 위해 고안되었다. 전체 IQ를 위한 소검사를 제일 먼저 실시하고 그다음에는 나머지 기본 소검사들을 실시하며, 필요한 경우 추가 소검사들을 이후에 실시한다. 〈표 3-1〉에 제시된 표준화된 시행 순서로 시행할 것을 권하며, 모든 소검사를 다 실시하지 않는 경우, 불필요한 소검사를 건너뛰고 표준순서에 따라 계속 실시한다(곽금주, 장승민, 2019).

⚠ **주의** 임상적 상황에서 아동의 특성에 따라 표준화된 시행 순서를 지키기 어려울 수 있다. 예를 들어 특정 소검사 수행을 거부하는 경우, 해당 소검사를 일시적으로 보류하고 다음

표 3-1 표준화된 소검사 시행 순서		
1. 토막짜기	7. 무게비교	13. 순차연결
2. 공통성	8. 퍼즐	14. 선택
3. 행렬추리	9. 그림기억	15. 이해
4. 숫자	10. 동형찾기	16. 산수
5. 기호쓰기	11. 상식	
6. 어휘	12. 공통그림찾기	

순서의 소검사를 먼저 시행한 후 더 협조적인 상황에서 다시 이전의 소검사로 되돌아가서 시행하는 것이 효과적일 수 있다. 이런 경우 수정된 변경사항에 대한 기록을 자세히 남김으로써 이후 분석 시 참고할 수 있다.

- 전체 IQ, 기본지표점수, 추가지표점수 등 목표하는 지표점수를 얻기 위해 필요한 모든 소검사를 한 회기에 실시하는 것을 권한다. 다양한 상황과 이유로 검사 시행이 두 회기에 걸쳐 진행되어야 한다면, 두 번째 회기는 가능한 한 빨리, 일주일 이내에 진행하며, 첫 번째 회기 이후 아동의 수행에 영향을 미칠 수 있는 중요한 사건(예: 질병, 부상, 친구나 가족의 죽음)이 있는지 확인할 필요가 있다.

- 시행 전 검사자는 아동의 평가 목적, 의뢰 경로, 과거력 등의 정보를 검토하여 임상적으로 유용한 정보를 얻기 위해 어떠한 특정 소검사, 지표점수, 그리고 차이비교 분석이 필요한지 결정해야 한다. 10개의 기본 소검사는 전체 IQ, 5개의 기본지표점수, 그리고 3개의 추가지표점수[비언어(NVI), 일반능력(GAI), 인지효율(CPI)]를 산출하는 데 사용된다. 한편 양적추론 지표(QRI)를 산출하려면 산수 소검사를, 청각작업기억 지표(AWMI)를 산출하기 위해서는 순차연결 소검사를 추가로 실시해야 한다.

2) 소검사 대체 시행 규칙

- 전체 IQ 산출 시 단 하나의 소검사만 대체될 수 있다. 다른 소검사로 대체될 때 측정 오류가 추가적으로 발생하므로 소검사 대체는 단 한 번만 허용한다. 〈표 3-2〉에 제시된 대로 소검사 대체 시 동일한 기본지표에 해당하는 소검사 중 하나로 대체할 수 있다.

⚠ **주의** 전체 IQ점수를 산출하기 위해 환산점수들을 비례적으로 합산하는 방법(비례배분)을 사용할 수 있으나, 대체와 비례배분 모두 측정 오류를 증가시킬 위험성이 있으므로 비례배분보다는 소검사 대체가 더 바람직하다. 비례배분은 전체 IQ에서만 사용 가능하며 소검사대체와 함께 사용할 수 없다.

3) 시작점 규칙

- 각 소검사는 실시 지침서와 기록용지에 명시된 연령별 시작점에서 시작해야 한다.

표 3-2 전체 IQ 산출을 위해 대체 가능한 소검사

전체 IQ 소검사	대체 가능한 소검사
공통성	상식, 이해
어휘	상식, 이해
토막짜기	퍼즐
행렬추리	공통그림찾기
무게비교	공통그림찾기, 산수
숫자	그림기억, 순차연결
기호쓰기	동형찾기, 선택

* 산수 소검사는 동일 기본지표 내 무게비교 소검사로만 대체할 수 있다.

- 지적장애나 낮은 인지능력을 가진 것으로 추정되는 아동은 항상 문항 1부터 시작해야 한다. 단 지적장애나 낮은 인지능력을 가진 아동이라도 기호쓰기와 동형찾기 소검사는 생활연령에 맞는 유형을 시행해야 한다.

⚠ **주의** 시범문항과 연습문항은 채점에 포함되지 않는다.

4) 역순 규칙

- 특정 연령별 시작점에서 시작하여 처음 두 문항에서 완벽한 점수를 받지 못하면, 역순으로 시행하여 '연속한 두 문항에서 완벽한 점수'(2점짜리 문항에서 2점, 1점짜리 문항에서 1점 획득)를 받을 때까지 시행한다. 만약 특정 연령별 시작점의 처음 두 문항에서 완벽한 점수를 받으면, 시작점 이전의 미시행한 문항도 만점 처리된다.

⚠ **주의** 실제 연령 시작점 이전 문항에서 시작한 아동(예 : 지적장애가 의심되는 아동)이라 하더라도 실제 연령 시작점으로부터 연속한 두 문항에서 완벽한 점수를 얻었을 때에는 이전 문항의 수행과 상관없이 이전 문항을 모두 만점으로 채점한다.

5) 중지 규칙

- 각 소검사마다 명시된 대로 특정 수의 연속적 문항에서 0점을 받았을 때 소검사 시행을 중지한다(예 : 행렬추리 소검사는 연속하여 3문항이 모두 0점이면 중지한다).
- 숫자, 순차연결 소검사의 경우, 각 문항당 구성된 2~3개의 시행에서 모두 0점을 받았을 때 중지한다.

⚠️ **주의** 검사 시행 중 반응에 대한 채점에 자신 없다면 중지 기준에 부합한다고 확신할 수 있을 때까지 추가 문항을 시행한다. 하지만 채점 시 중지 기준 이후 추가로 시행된 문항에서는 정답이 있더라도 점수는 부여하지 않는다. 다만 아동의 최대 수행수준을 가늠하는 질적 분석에 활용될 수 있다.

6) 시간 측정

- 토막짜기, 기호쓰기, 무게비교, 퍼즐, 동형찾기, 선택, 산수는 초시계로 정확하게 시간을 측정하여 기록한다. 지시문의 마지막 단어를 말한 후 시간을 재기 시작하여 반응이 끝났을 때 시간측정을 중지한다.
- 산수 소검사의 시간측정 절차는 문항반복 허용 문항에 따라 차이가 있다. 즉 1~19문항은 문항반복을 허용하지 않으나, 20~34문항은 문항반복을 허용한다. 이때 문항을 반복해서 말해주는 동안에는 시간측정을 중지하고, 반복하여 지시한 후 다시 시간을 측정한다(K-WISC-IV와 시행 지침이 달라진 부분이므로 주의 깊게 시행할 필요가 있다).
- 시간제한이 없는 소검사의 경우, 대부분의 아동이 30초 정도면 한 문항에 대해 답할 수 있다. 이때 30초는 시행을 위해 제시되는 대략적인 시간이므로 유연하게 적용한다. 아동이 수행을 잘 못하면 약 30초 후 "답이 무엇일까요?"라고 촉구하여야 하며 답이 없다면 다음 문항으로 넘어가도록 한다.

⚠️ **주의** 검사자와의 라포형성을 위해 지나치게 엄격하게 시간규칙을 적용하지 않는 것이 좋다. 즉 시간제한이 끝나갈 무렵이라도 아동이 수행하려고 애쓰는 경우 시간을 좀 더 제공하고 끝까지 문항을 수행하도록 격려하는 것이 도움이 된다. 물론 채점을 할 때에는 시간이 초과하여 정답을 맞추더라도 시간 기준은 엄격하게 적용하여 정답으로 채점되지는 않는다.

7) 검정문항, 시범문항, 연습문항, 가르치는 문항

- 검정문항은 아동이 과제를 수행하는 데 필요한 능력을 가지고 있는지 확인하기 위한 것이다. 숫자 소검사의 '순서대로 따라하기'에서 검정문항은 '숫자 세기'를 포함하고 있고, 순차연결 소검사에서는 '한글과 숫자 세기'를 포함하고 있다. 두 소검사 모두 검정문항을 통과하지 못하면, 소검사 실시를 중단한다.

- 시범문항은 과제를 설명하는 것을 도와주는 문항이며, 연습문항은 실제 실시에 앞서 아동이 연습해볼 수 있도록 하는 문항이다.

- 가르치는 문항은 지침서와 기록용지에 검(†) 모양 기호로 표시되어 있다. 아동의 반응이 만점을 받지 못할 때, 제시된 대로 수정 피드백을 즉시 제공하도록 한다. 물론 가르치는 문항 이후 해당 문항에 대해 올바른 답변을 해도 채점 시 점수를 줄 수 없다.

⚠️ **주의** 검정문항, 시범문항, 연습문항, 가르치는 문항은 표준적 실시 절차에 따라 정해져 있는 문항에서만, 정해진 방식으로만 해야 한다. 검사문항에서 추가적인 도움을 주는 것은 부적절하고 타당하지 않은 점수를 산출할 수 있다.

8) 추가질문, 촉구, 문항반복

- 추가질문은 아동의 반응이 불완전하거나 명료하지 않을 때, "무슨 뜻이지요?" 또는 "그것에 대해서 좀 더 이야기해주세요."라고 묻거나 다른 중립적인 질문으로 설명을 요청할 수 있다. 기록용지에 'Q'와 함께 추가질문과 답을 기록한다. 구체적인 추가질문이 필요한 예시반응이 있는 문항은 기록용지와 지침서에 '*'로 표시되어 있으므로 이를 숙지해야 한다.

- 촉구는 아동을 가르치거나 소검사 과제를 상기시키는 데 사용되며, 촉구의 지시문은 소검사의 지시에 포함되어 있으며, 기록용지에 'P'로 기록한다.

- 반복은 아동이 문항에 대해 확실하게 이해하도록 돕고, 아동의 주의를 그 과제로 다시 돌리는 역할을 하며, 기록용지에는 'RR'로 기록한다.
  - 숫자와 순차연결 소검사는 문항반복을 허용하지 않는다.
  - 공통성, 행렬추리, 어휘, 상식, 공통그림찾기, 이해 소검사의 경우 아동이 요청할

때마나 지시와 문항을 반복해줄 수 있다. 문항반복은 'IR'로 표시한다.

- 일반적으로 초시계를 사용하는 소검사(토막짜기, 기호쓰기, 무게비교, 퍼즐, 그림기억, 동형찾기, 선택)는 필요할 때마다 지시를 반복해줄 수 있으나, 지시반복에 소요된 시간은 완성시간에 포함한다(초시계를 멈추지 않음).

- 예외적으로 산수 소검사는 1~19문항은 문항반복이 허용되지 않으나, 20~34문항은 문항반복을 허용하고 검사 지시 반복시간은 완성시간에 포함하지 않는다(초시계를 멈추고 다시 작동함).

⚠ **주의** 동일 소검사의 더 어려운 문항들에 올바르게 반응했으나 그 이전의 쉬운 문항에서 "모르겠어요."라고 반응한 경우, 이전 문항을 재실시하며 정답을 맞추었을 때 득점으로 인정한다(숫자, 순차연결은 예외).

9) 반응기록

- 실시한 모든 문항에는 아동의 반응, 점검 표시, 점수 등이 기록되어 있어야 하며, 아동의 반응은 원래의 반응을 그대로 기록하는 것이 이후 평가와 채점에 유용하다.
- 추가질문, 촉구, 반복 및 비언어적 반응도 기록해야 한다. 이러한 기록은 검사 시행

표 3-3　검사기록에 사용되는 약어

Q	추가질문을 사용했을 때
P	촉구를 사용했을 때
DK	아동이 모른다고 말했을 때
NR	아동이 반응하지 않았을 때
IR	문항을 반복했을 때
RR	아동이 문항반복을 요청했으나 반복하지 않았을 때
SV	아동이 식별할 수 있는 하위발성을 사용했을 때
SC	아동이 자발적 교정을 했을 때

중 일어났던 일에 대한 기억을 떠올리는 데 기여하므로, 평가기록을 명료하게 전달 하거나 검사 시 행동 관찰의 중요한 단서를 포착하는 데 도움이 된다.

2. 일반적 채점 지침

각 소검사의 채점 절차와 구체적 지침은 K-WISC-V 전문가 지침서(곽금주, 장승민, 2019)에 자세히 제시되어 있으므로 충분히 숙지해야 한다. 검사자는 각 소검사를 실시하 기 위해 제시한 채점 절차를 잘 따라야 하며 K-WISC-IV에서 유지된 동일한 소검사의 경 우에도 채점 절차가 수정된 부분이 있으므로 주의해야 한다. 각 소검사의 채점 절차는 다 음과 같은 기호와 함께 기록용지에 제시되어 있다.

1) 예시반응 사용

- 언어이해 지표 소검사 채점 시, 예시반응 목록과 일반적 채점 기준과 비교하여 아동 의 반응과 유사한 수준을 찾아 채점한다. 이때 평가하게 되는 반응의 질은 언어적 표현의 세련됨이나 문장의 길이보다는 내용에 초점을 두어야 하며, 문법이 틀리거 나 발음이 적절치 않다고 낮게 채점해서는 안 된다.

2) 추가질문된 반응의 채점

- 예시반응의 예에 'Q'라고 표시된 경우 반드시 추가질문을 해야 한다.
  - 추가질문 후에 0점, 1점 반응으로 원래 반응이 개선되지 않았을 때 동일점수 적용
  - 추가질문 후에 동일한 점수의 반응을 보였으나, 원래 반응과의 조합으로 더 높은 점수가 채점될 수 있을 때 2점으로 채점

3) 훼손반응에 대한 채점

- 훼손반응은 그 문항에 대해 근본적으로 잘못 이해했다는 것을 의미한다. 처음 반응 은 잠정적으로 점수를 받을 만했으나, 아동이 그 개념에 대해 명확히 잘못된 이해를 나타내어 반응을 훼손할 수 있다. 훼손반응은 처음의 자발적인 반응이 점수를 받을 수 있는 경우였더라도 0점으로 채점한다.

⚠️ **주의** 훼손반응과 빈약한 반응 간의 구분이 중요하다. 훼손반응은 매우 드물게 나타나고, 초보 검사자는 빈약한 반응을 훼손반응으로 잘못 판단하기 쉽다. 빈약한 반응은 아동이 추가적 질문에 대해 반응하는 과정에서 최초 반응의 질을 향상시키지도 않고 근본적으로 잘못된 이해를 나타내는 것이므로, 원래 점수를 그대로 주어야 한다.

4) 다양한 반응에 대한 채점

- 자발적으로 다양한 반응을 했을 경우, 이후 반응이 이전 반응을 대체하는 것이라면 이후 문항으로 채점한다.
- 손상시키는 반응 없이 다양한 반응을 했다면, 그중 가장 좋은 반응을 채점한다.
- 다양한 반응들 중 서로 점수가 다른 반응이 있다면 어떤 것을 답으로 의도했는지 확인한 후 그 문항에 대해 채점한다.

3. 기록용지 작성

K-WISC-V 기록용지는 검사의 시행 및 채점에 편리하도록 만들어졌다. 소검사 시행을 위해 한눈에 알아볼 수 있도록 시작점, 역순 규칙, 중지 규칙 및 제한시간 같은 정보가 제시되어 있으며, 아동의 반응과 채점을 위한 난과 더불어 추가정보를 기록할 수 있는 난이 있어 채점에 유용하다.

요약 페이지	아동의 연령, 소검사 원점수/환산점수, 환산점수의 합계 및 지표점수, 소검사 및 지표점수의 프로파일
기본분석 페이지	지표수준과 소검사수준에서의 강점/약점 평가, 지표수준과 소검사수준에서의 차이비교
처리분석 페이지	처리점수의 환산점수, 처리점수의 차이비교, 처리점수의 누적비율과 차이비교
추가분석 페이지	추가지표점수 분석 및 차이비교

표 3-4 아동의 생활연령 계산 과정

	연	월	일
검사일	$\underset{2020}{2020}^{2019}$	$8^{12+(8-1)}$	$\underset{10}{10}^{30+10}$
출생일	2012	12	21
검사 시 연령	7	7	19

규준이 4개월 간격으로 나누어지므로, 아동의 생활연령은 일단위까지 엄격하게 계산되어야 한다. 검사가 만약 2회에 걸쳐 시행되었다면, 첫 번째 검사 날짜를 기입한다. 연령계산 시 개월과 연도는 반올림하지 않는다.

4. 결과 산출 및 채점프로그램 이용

각 소검사는 K-WISC-V 전문가 지침서(곽금주, 장승민, 2019)를 자세히 읽고 숙지하여 채점 기준에 따라 점수를 표시한다. 각 문항별 채점 후 소검사별 원점수 총점을 산출하고 이를 검사기록용지의 첫 페이지에 '원점수를 환산점수로 변환하기'의 원점수에 수기로 기입한다. 다음 단계에서 검사자는 기록용지에 기재된 소검사별 접수를 인싸이트 홈페이지(http://inpsyt.co.kr)의 온라인 채점프로그램에 입력하여 K-WISC-V 결과 프로파일이 산출된다. K-WISC-V 결과에서는 소검사 환산점수 프로파일(원점수 → 환산점수 변환), 합산점수 프로파일(환산점수 합계 → 합산점수 변환), 차이비교, 강점 및 약점 결정하기, 처리분석 등의 정보가 제시된다. 점수 입력 절차는 다음과 같다.

- 기본 인적사항 : 검사자와 수검자의 정보를 정확하게 입력해야 하며, 특히 수검자의 생년월일은 주의를 기울여 정확하게 입력해야만 수검자에 대한 정확한 검사 결과를 얻을 수 있다.

┃ 기본 인적 사항

| 검사자 | | 검사일* | 2018-12-07 |

| 검사기관 | |

| 피검사자* | | 생년월일* | | (0세 0개월) |

| 성별* | ◯ 남 ◯ 여 | 지역* | 선택해주세요. ▾ |

＊ 주의 사항
1. 지필형 검사인 경우 검사실시 중 "중간저장"을 누르시면 중간부터 계속 할 수 있습니다.

다음

- 추가지표 실시 여부 : 추가지표척도(양적추론, 청각작업기억, 비언어, 일반능력, 인지효율)는 아동의 인지적 능력과 K-WISC-V 수행에 대한 추가적 정보를 제공한다. 이러한 결과를 얻기 위해서는 추가지표 실시 여부에서 '실시'를 선택한다.

┃ 추가지표

추가지표 실시여부   ◉ 실시 ◯ 미실시

- 비교 기준 선택

┃ 비교기준

누적비율 준거집단   ◯ 전체표본 ◯ 능력수준

신뢰구간   ◯ 95% ◯ 90%

임계치 유의수준   ◯ .01 ◯ .05 ◯ .10 ◯ .15

비교점수   ◯ MSS-P ◯ MSS-F

- 누적비율 준거집단

　전체 표본 : 전체 표준화 표본에 따른 지표 간 차이의 누적비율

　능력수준 : 수검자의 전체 IQ(FSIQ) 능력수준에 따른 지표 간 차이의 누적비율(권장)

- 신뢰구간

  95% : 검사점수의 정확성이 100번 시행 중 95번 속하는 범위(권장)

  90% : 검사점수의 정확성이 100번 시행 중 90번 속하는 범위

- 임계값 유의수준

  통계적 유의성을 의미하는 것으로 대개 .05를 체크한다.

- 비교점수

  MSS-P : 강점/약점 평가 시 10개 기본 소검사 환산점수 합의 평균점수 기준(전반적 인지능력에 대한 정보가 더 많고 측정 오류를 줄일 수 있으므로 권장함)

  MSS-F : 강점/약점 평가 시 전체 IQ를 산출하는 데 사용되는 7개 소검사 환산점수 합의 평균점수 기준

● 대체검사 선택 및 비례산출된 전체 IQ 점수 산출

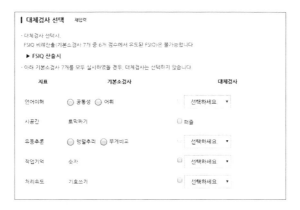

- 대체검사 선택 : 전체 IQ 산출을 위해 기본 소검사 중 하나를 다른 소검사로 대체할 수 있다. 측정 오류를 통제하기 위해 단 1회로 제한되므로 대체검사 선택은 단 한 번만 가능하다. 유동추론 지표의 보충 소검사 중 산수 소검사는 무게비교 소검사만 대체 가능하여 동일 지표의 행렬추리 소검사는 대체할 수 없다.

- 전체 IQ의 비례산출 : 전체 IQ를 산출하기 위해 수행된 유효한 소검사가 충분하지 않을 경우, 비례배분된 환산점수의 합계가 사용될 수 있다. 즉 대체검사 선택이 어려운 상황에서는 6개의 소검사 환산점수의 합계를 기반으로 한 비례배분 점수로 전체 IQ를 산출할 수 있다.

- 소검사 점수 입력 : 소검사 점수 입력창에는 '필수 입력'과 '선택 입력'이 구분되어 있다.

소검사명	총점	환산점수	점수범위	점수입력 옵션
기본	토막짜기			0~58	필수 입력
기본	시간보너스가 없는 토막짜기			0~46	필수 입력
추가	상식			0~31	선택 입력
추가	공통그림찾기			0~27	선택 입력

- 전체 IQ와 5개 기본지표점수 산출 : '필수 입력'에 해당하는 소검사 점수 모두 입력
- 비례배분된 전체 IQ 산출 : 전체 IQ 산출을 위한 7개 소검사 중 6개 소검사 점수만 입력
- 대체검사 선택으로 전체 IQ 산출 : 대체검사 선택 후 대체된 소검사 점수란에 입력

K-WISC-V의
프로파일 분석

1. K-WISC-V의 프로파일 분석 및 해석을 위한 고려사항

K-WISC-V의 결과지에는 여러 종류의 점수가 보고된다. 이와 같은 검사점수는 K-WISC-V의 프로파일을 분석하고 해석하는 데 필요한 기초적인 정보를 제공해주기 때문에, K-WISC-V의 결과지에 제시되어 있는 다양한 점수들의 종류와 속성에 대해 정확하게 이해하는 것이 필요하다. 이 장에서는 환산점수, 지표점수, 백분위, 측정의 표준오차와 신뢰구간, 진단분류(수준), 추정연령, 임계값, 누적비율에 대해 자세히 설명하고자 한다.

1) 환산점수

환산점수(scaled score)는 아동의 원점수가 동일 연령집단의 원점수 분포에서 어느 위치에 있는지를 나타내는 점수로, 아동의 수행에 대한 상대적인 위치를 알려준다. 환산점수의 평균은 10, 표준편차는 3이다. K-WISC-V에는 16개의 소검사(기본 소검사 10개, 추가 소검사 6개)와 7개의 처리점수를 포함해 전체 23개의 환산점수가 있다.

> ✅ **점검하기!**
>
> 1표준편차 아래에 해당하는 환산점수는 7이다. [7 = 10(평균) − 3(1표준편차)]
> 2표준편차 아래에 해당하는 환산점수는 4이다. [4 = 10(평균) − 6(2표준편차)]
> 1표준편차 위에 해당하는 환산점수는 13이다. [13 = 10(평균) + 3(1표준편차)]
> 2표준편차 위에 해당하는 환산점수는 16이다. [16 = 10(평균) + 6(2표준편차)]

예시 1 9세 6개월 15일 남아

행렬추리 원점수 22점은 환산점수로 13이다. 규준집단인 [9세 4개월 0일~9세 7개월 30일] 연령대 아동들과 비교했을 때, 이 아동의 행렬추리 수행은 평균에서 1표준편차 위에 위치한다.

2) 지표점수

지표점수(index score)는 소검사 환산점수의 합계에 근거해서 산출되는 것이며, 평균 100, 표준편차 15로 변환된 표준점수이다. K-WISC-V의 지표점수는 총 11개로, 전체 IQ(FSIQ), 기본지표점수와 추가지표점수로 이루어져 있다. 기본지표점수는 언어이해 지표(VCI), 시공간 지표(VSI), 유동추론 지표(FRI), 작업기억 지표(WMI), 처리속도 지표(PSI)이며, 추가지표점수는 양적추론 지표(QRI), 청각작업기억 지표(AWMI), 비언어 지표(NVI), 일반능력 지표(GAI), 인지효율 지표(CPI)이다. 지표점수는 환산점수와 마찬가지로 동일 연령대에서 아동의 상대적인 수행수준을 알려준다. 지표점수 및 환산점수에 해당하는 표준편차와 백분위를 〈표 4-1〉에 제시하였다.

> **☑ 점검하기!**
>
> 1표준편차 아래에 해당하는 지표점수는 85이다. [85=100(평균)−15(1표준편차)]
> 2표준편차 아래에 해당하는 지표점수는 70이다. [70=100(평균)−30(2표준편차)]
> 1표준편차 위에 해당하는 지표점수는 115이다. [115=100(평균)+15(1표준편차)]
> 2표준편차 위에 해당하는 지표점수는 130이다. [130=100(평균)+30(2표준편차)]

예시 2 9세 6개월 15일 남아

전체 IQ를 산출하는 데 필요한 소검사 환산점수의 합계 39점은 전체 IQ로는 70에 해당하며, 규준집단인 9세 4개월~9세 7개월 연령대 아동들과 비교했을 때, 이 아동의 전체 IQ는 평균에서 2표준편차 아래에 위치한다.[1]

3) 백분위

백분위(percentile ranks)는 동일 연령대의 다른 아동과 비교하여 아동이 받은 점수의 상대적 위치를 제시해주는 또 다른 점수 중 하나이다. 백분위는 그 점수 미만에 있는 사례의 백분율이다. 동일 연령대에서 얻어진 원점수를 가장 낮은 점수부터 가장 높은 점수까지 순서대로 배열했을 때, 아동의 수행이 어느 위치에 놓이는지 알려주는 순위이며 아동의 기능수준을 보다 정확하게 기술해준다. 백분위의 평균과 중앙값은 50이다.

> **☑ 점검하기!**
>
> 전체 IQ 85는 백분위가 16에 해당한다. 백분위 16은 전체 IQ 85 아래에 있는 아동이 동일 연령대에서 16%가 있다는 것을 말한다. 백분위 16인 아동은 전체 100명 중에서 하위 16번째, 84등에 해당하는 점수를 받은 것이다.

---

1 WISC-V 규준 사용(Wechsler, 2014b)

표 4-1 환산점수 및 지표점수에 해당하는 표준편차와 백분위

환산점수	표준편차	백분위	지표점수
19	$+3$	99.9	145
18	$+2\frac{2}{3}$	99.6	140
17	$+2\frac{1}{3}$	99	135
16	$+2$	98	130
15	$+1\frac{2}{3}$	95	125
14	$+1\frac{1}{3}$	91	120
13	$+1$	84	115
12	$+\frac{2}{3}$	75	110
11	$+\frac{1}{3}$	63	105
10	0(평균)	50	100
9	$-\frac{1}{3}$	37	95
8	$-\frac{2}{3}$	25	90
7	-1	16	85
6	$-1\frac{1}{3}$	9	80
5	$-1\frac{2}{3}$	5	75
4	-2	2	70
3	$-2\frac{1}{3}$	1	65
2	$-2\frac{2}{3}$	0.4	60
1	-3	0.1	55

출처 : Wechsler(2014c)

> **🔍 더 알아보기**   백분위의 제한점
>
> 백분위는 다른 아동과 비교한 아동의 수행 정도를 순위로 알려주는 점에서는 유용하다. 그러나 백분위는 등간성(equal interval)을 가정하지 않으므로 정상분포에서 중앙값인 백분위 50에 점수들이 모이는 경향이 있다. 따라서 평균수준에 해당하는 아동은 원점수 총점이 1~2점만 변화하더라도 백분위는 크게 달라질 수 있다. 반면 매우 낮거나 매우 높은 점수에 해당하는 아동은 원점수 총점이 1~2점 정도 달라져도 백분위의 변화는 미미하다. 전체 IQ에 해당하는 소검사 환산점수의 합계가 19~22점은 전체 IQ가 51~54이며 백분위는 0.1에 해당한다. 환산점수의 합계가 105~108점은 전체 IQ가 135~138이며 백분위는 99에 해당한다. 반면 환산점수의 합계가 68~71점은 전체 IQ가 98~101이고 백분위는 45~53에 해당한다.[2]

환산점수의 합	전체 IQ	백분위	환산점수의 합	전체 IQ	백분위	환산점수의 합	전체 IQ	백분위
19	51	0.1	68	98	45	105	135	99
20	52	0.1	69	99	47	106	136	99
21	53	0.1	70	100	50	107	137	99
22	54	0.1	71	101	53	108	138	99

4) 측정의 표준오차와 신뢰구간

지능검사 도구를 통해 획득된 점수는 아동의 인지적 능력을 표현하는 진점수(true scores)의 추정치이다. 이 점수에는 아동의 실제 능력과 측정의 오류가 함께 반영되어 있다. 그러므로 아동의 진점수가 위치할 가능성이 있는 신뢰구간으로 제시하는 것이 보다 정확하며, 신뢰구간은 검사점수의 정확성을 나타내는 것이다. 예를 들어 9세 6개월 15일 남아의 전체 IQ가 118인 경우, 95% 신뢰구간은 113~122이다. 이것은 아동이 K-WISC-V 검사를 100번 실시하면, 전체 IQ가 95번은 113에서 122 사이의 점수를 받을 수 있다는 것을 의미한다.

---

2 WISC-V 규준 사용(Wechsler, 2014b)

5) 진단분류(수준)

진단분류(qualitative descriptors)는 동일 연령대 아동과 비교했을 때 아동의 수행수준에 대한 기술을 의미한다. 지표점수에 대한 진단분류와 백분율을 참조하여 아동의 지표점수를 분류할 수 있으며, 이를 〈표 4-2〉에 제시하였다.

표 4-2 지표점수의 진단분류(수준)

합산점수 범위	분류	백분율(이론적 정규분포)
130 이상	매우 우수	2.5
120~129	우수	7.2
110~119	평균 상	16.6
90~109	평균	49.5
80~89	평균 하	15.6
70~79	낮음	6.5
69 이하	매우 낮음	2.1

출처 : Wechsler(2014c)

🔍 **더 알아보기** 소검사 환산점수의 기술적 분류

환산점수도 지표점수처럼 아동의 수행 정도에 따라 수준을 기술할 수 있다. Sattler 등(2016)은 소검사 환산점수의 질적 기술을 3범주 또는 5범주로 제시하였으며, 보통 5범주가 보다 자세하기 때문에 임상 장면에서 주로 사용된다(〈표 4-3〉 참조). 이에 더해 Flanagan과 Alfonso(2017)는 심리교육적 보고서에 〈표 4-4〉와 같은 방식으로 환산점수를 기술적으로 분류할 것을 권고하였다.

(계속)

표 4-3   소검사 환산점수의 기술적 분류와 백분위

백분위	환산점수	3범주	5범주	환산점수	백분위
84~99	13~19	강점/ 평균 상 능력	매우 강점/매우 잘 발달/뛰어난 능력	16~19	98~99
			강점/잘 발달/ 평균 상 능력	13~15	84~95
25~75	8~12	평균	평균	8~12	25~75
1~16	1~7	약점/ 평균 하 능력	약점/빈약하게 발달/평균 하 능력	5~7	5~16
			매우 약점/ 매우 빈약하게 발달/ 매우 낮은 능력	1~4	1~2

출처 : Sattler 등(2016)

⚠ **주의** 1부터 19까지의 소검사 환산점수는 백분위 사이 정확한 구분이 없다. 따라서 4~5 사이, 7~8 사이, 12~13 사이, 15~16 사이의 백분위에 공백이 있다.

표 4-4   Flanagan과 Alfonso의 WISC-V 소검사 환산점수의 기술적 분류와 백분위

지표점수	환산점수	백분위	범주	
≥130	16~19	≥98	Extremely Above Average	규준 강점
120~129	14~15	91~97	Well Above Average	
116~119	—	86~90	Above Average	
110~115	12~13	75~84	High Average	정상 범위
90~109	8~11	26~73	Average	
85~89	7	16~23	Low Average	
80~84	6	9~14	Below Average	규준 약점
70~79	4~5	2~8	Well Below Average	
≤69	1~3	≤2	Extremely Below Average	

출처 : Flanagan & Alfonso(2017)

6) 추정연령

추정연령(age equivalents)은 원점수가 전형적으로 나타난 평균연령이다. 추정연령은 아동이 인지적 능력을 다양한 연령대 아동의 전형적인 능력과 비교할 때 유용하다. 그러나 추정연령에는 몇 가지 제한점이 있기 때문에 추정연령을 사용하는 것을 추천하지 않는다. 만약 추정연령을 고려해서 해석하는 경우, 임상가는 추정연령의 제한점을 염두에 두고 주의 깊게 해석해야 한다.

Q 더 알아보기 추정연령의 제한점

첫번째 제한점은, 추정연령은 동일 연령대와 비교한 아동의 위치에 대한 정보를 제공해주지 않는다는 것이다. 즉 아동의 추정연령과 생활연령 사이에 의미 있는 연령차이가 있을 수 있지만, 아동의 인지적 능력을 동일 연령대와 비교한 위치는 알려주지 않는다. 예를 들어, 9세 2개월 A아동의 공통성 추정연령은 8세 2개월로 나타났다. A아동의 공통성 추정연령은 1세 정도 낮은 수행을 보인다. 그러나 A아동의 공통성 환산점수는 9점으로, 동일 연령대와 비교했을 때 평균에 해당하는 수행이다. 즉, 추정연령만 확인하면 A아동의 공통성 수행은 부진해 보이나, 동일 연령대와 비교했을 때에는 그렇지 않았다. 추정연령은 아동이 어느 정도의 수행을 나타냈는지를 알려주지 않아서 아동의 정확한 인지능력을 평가하기가 어렵다.

두번째, 추정연령은 동일한 간격을 두지 않는다. 원점수의 차이는 작은 데 반해 추정연령에서는 큰 차이를 보일 수도 있다. 예를 들어 〈표 4-5〉를 보면, 9세 2개월 B아동의 행렬추리 원점수 16점은 환산점수 9점이고, 추정연령은 8세 2개월에 해당하였다. 9세 2개월 C아동의 행렬추리 원점수 18점은 환산점수 11점이며, 추정연령은 9세 10개월에 해당하였다. B아동과 C아동의 추정연령을 비교하면, B아동은 C아동에 비해 1세 8개월 부진한 수행을 보였다. 그러나 B아동과 C아동의 행렬추리 원점수 간 차이는 2점밖에 나지 않았으며, 두 아동 모두 공통성의 환산점수는 평균 범위에 속하였다. 따라서 추정연령에서 나타난 차이가 임상적으로 의미 있는 것처럼 보일 수 있으나, 그 차이가 실제적인 차이를

표 4-5 9세 2개월 B아동과 C아동의 행렬추리 환산점수와 추정연령[3]

	원점수	환산점수	추정연령
B아동	16	9	8세 2개월
C아동	18	11	9세 10개월

(계속)

---

3 WISC-V 규준 사용(Wechsler, 2014b)

반영하지 않을 수 있다는 것이다.

세번째, 추정연령의 범위는 6세 2개월 미만에서 16세 10개월 초과까지로, 원점수가 극단에 해당하는 경우 이에 대한 추정연령을 정확하게 알기 어렵다. 예를 들어, 9세 2개월 D아동의 어휘 소검사 원점수는 8점이고 이에 해당하는 추정연령은 6세 2개월 미만이나, 이 아동의 어휘가 정확히 몇 세 수준에 해당하는지는 알 수 없다. 이와 마찬가지로 D아동의 무게비교 소검사 원점수가 28점이며 이에 대한 추정연령은 16세 10개월 초과에 해당하여 이 아동의 무게비교가 몇 세 수준인지는 정확하게 알기 어렵다.

이와 같은 추정연령의 제한점을 고려해서 추정연령을 해석해야 하기 때문에 기본프로파일 분석에서는 추정연령을 사용한 분석은 추천하지 않는다.

7) 임계값

지표수준 또는 소검사수준에서 어떤 점수들끼리 비교했을 때 나타난 점수차이는 측정오류, 무선 변동(random fluctuation)이나 우연에 의한 것이 아니라 실제 존재하는 진짜 차이를 반영한 것인지 결정할 수 있어야 한다. 이처럼 두 점수 간 차이가 통계적으로 유의미한 것인지를 결정할 때, 기준이 되는 점수가 임계값(critical value)이다. 또한 유의수준에 따라 임계값은 다른 값을 나타낸다.

> ☑ 점검하기!
>
> 11세 집단에서 VCI와 VSI의 차이는 유의수준 0.15의 임계값은 9.41이며, 유의수준 0.05의 임계값은 12.81이다. 공통성과 어휘 환산점수의 차이는 유의수준 0.15의 임계값은 2.22, 유의수준 0.05의 임계값은 3.02로 나타났다.

예시 3 9세 5개월 22일 여아

VCI는 101이고 PRI는 112로, VCI와 PRI의 차이는 11점으로서 유의수준 0.15의 임계값 9.74보다 커서 두 지표의 점수차이는 0.15의 유의수준에서는 통계적으로 유의미하다. 반면 유의수준 0.05의 임계값인 13.26보다는 적은 차이여서 0.05의 유의수준에서는 통계적으로 유의미하다고 간주할 수 없다.[4]

-----

4 WISC-V 규준 사용(Wechsler, 2014b)

8) 누적비율

누적비율(base rate)은 기저율 또는 누적 백분율이라고도 하며 아동이 나타낸 점수차이가 표본에서 보인 빈도를 말한다. 누적비율은 두 점수 간 차이가 얼마나 빈번하게 발생하는 지 결정하는 데 필요하다. 다시 말해 누적비율은 지표수준에서 또는 소검사수준에서 나타난 점수차이가 규준에서 얼마나 드물게 나타나는 것이며, 임상적으로 의미 있는 차이 인지를 평가하는 데 유용하다. WISC-V의 누적비율에 대한 준거집단은 전체 표본 또는 능력수준에 따른 표본으로 구분된다. 따라서 K-WISC-V의 결과를 분석하고 해석하기 위해서는 누적비율의 준거집단을 전체 표본 또는 능력수준 중에서 어떤 것으로 선택할지 결정해야 한다. 이에 대한 자세한 설명은 기본프로파일 분석 2단계의 〈더 알아보기〉에 제시되어 있다.

예시 4 9세 6개월 15일 여아

전체 IQ는 96이고 VCI는 102이고 WMI는 80이며, VCI와 WMI의 점수차이는 22점이다. 이 아동이 보인 점수차이 22점은 전체 표본의 약 9.5%에서 나타나며, 반면 [90≤ FSIQ≤109]에 해당하는 집단에서는 약 10.3%에서 나타난다. 즉, 이 점수차이는 전체 표본에서는 약 9.5%가, 전체 IQ가 90에서 109인 집단에서는 약 10.3%가 보이는 차이라 할 수 있다.[5]

🔍 **더 알아보기** 두 점수의 유의미한 차이와 누적비율

두 점수 간의 차이가 측정오차 때문에 나타난 것이 아니라 임상적으로 의미 있는 것인지를 고려해서 판단해야 한다. K-WISC-V에서 통계적으로 유의미한 차이를 나타내면 측정된 능력수준이 다를 가능성이 있음을 나타낸다. A점수와 B점수의 차이가 임상적으로 의미 있는 정보를 주어야 해석을 내릴 수 있는데, 이는 통계적 유의미성(임계값)과 빈도(누적비율)를 고려해서 판단한다.

이 둘을 기준으로 하는 이유는 두 점수 간의 차이가 통계적으로는 유의미하지만 표본 내에서는 드물게 나타나지 않을 수 있기 때문이다. 점수차이가 통계적으로 유의미한 것과, 이 차이가 규준집단에서 얼마나 드물게 나타나는지는 다른 의미를 지니고 있다. 예를 들어, VCI가 100이고 WMI는 86일 때 두 점수는 14점 차이고 전체 표본의 유의수준 0.05에서 임계값 13.07보다 높아 통계적으로 유의미하

(계속)

---

5 WISC-V 규준 사용(Wechsler, 2014b)

다. 하지만 누적비율은 20.4인데, 이를 드문 것으로 간주할 수 있을까? Sattler 등(2016)은 보통 표본 집단에서 15%보다 낮은 비율을 드문 빈도로 제안하였다. 물론 누적비율과 상관없이 통계적으로 유의미한 차이는 개인의 능력 평가 시에 고려되어야 하며, 누적비율이 15%보다 낮은 경우는 드문 현상이어서 해석 시에 보다 중요하게 간주될 수 있다. 즉, 지표점수 또는 소검사 환산점수에서 나타난 차이가 통계적으로 유의하고 드물게 나타나는 차이여야 측정된 능력수준이 다를 가능성이 높다고 할 수 있다.

두 점수차이의 유의미성은 다음과 같은 절차를 통해 결정한다.

- 1단계 : 두 점수 간 차이를 산출한다.
- 2단계 : 차이점수의 절대값과 임계값을 비교한다.

  차이점수의 절대값이 임계값보다 크다면 통계적으로 유의미한 차이이다.

  차이점수의 절대값이 임계값보다 작다면 통계적으로 유의미한 차이가 아니다.

- 3단계 : 누적비율을 확인한다.

  표본의 15% 이하에 해당된다면 그 차이는 드문 현상으로 간주할 수 있다.

예시 5 8세 8개월 23일 남아[6]

FSIQ = 104, VSI = 102, FRI = 118, WMI = 97

점수1	점수2	차이	임계값	유의미한 차이	누적비율
VSI = 102	FRI = 118	−16	10.99	Y	11.6
VSI = 102	WMI = 97	5	11.75	N	−

- VSI와 FRI의 차이

  1단계, VSI와 FRI의 차이는 −16점이다.

  2단계, 차이점수 −16의 절대값은 16이다.

  8세 규준집단에서 VSI와 FRI의 차이에 대한 임계값은 유의수준 0.05에서 10.99이다.

  16점 차이는 임계값보다 크므로 VSI와 FRI의 차이는 통계적으로 유의미하다.

  3단계, 16점 차이는 [90 ≤ FSIQ ≤ 109]인 집단에서 11.6% 정도로 드물게 발생하는 차이이다.

----

6 WISC-V 규준 사용(Wechsler, 2014b)

- VSI와 WMI의 차이

    1단계, VSI와 WMI의 차이는 5점이다.

    2단계, 8세 규준집단에서 VSI와 WMI의 차이에 대한 임계값은 유의수준 0.05에서 10.99이다. 5점 차이는 임계값보다 작으므로 VSI와 WMI의 차이는 통계적으로 유의미하지 않다.

2. 프로파일 분석 절차

지능은 현재 기능수준과 미래의 적응, 성공, 결과를 예측하는 데 주요 지표이고, 학업적 성취의 우수한 예측 요인이자 특정 프로그램과 개입 이후의 변화나 효과에 대한 주요 측정치로 간주되기 때문에(Sattler, 2008), 임상현장에서는 지능검사가 중요하다. 또한 지능검사 결과를 통해 특정 장애군과 관련된 인지적 특성, 수검자의 기능적 손상(functional impairment), 감별진단에 대한 유용한 정보를 얻을 수 있다(Flanagan & Kaufman, 2009; Weiss et al., 2015). 특히 신경발달장애를 지닌 아동의 경우, 이들이 가진 인지적 특성을 고려한 행동적, 교육적 프로그램의 제공이 필요하기 때문에 지능검사를 통해 아동의 인지적 강점과 약점을 파악하는 것이 중요하다. 프로파일 분석은 전체 IQ나 지표점수가 제공하는 정보 이상을 알 수 있어서 많은 이점이 있으나, 지능검사 단독으로 해석을 내리는 것은 지양해야 한다. 지능검사 결과의 임상적 의미는 다른 검사 결과, 행동 관찰, 면접, 의뢰 사유 등을 고려해서 분석해야 한다.

1) 프로파일 분석이란?

프로파일 분석(profile analysis) 또는 산포분석(scatter analysis)은 지능검사를 통해 얻어진 아동의 점수 패턴을 평가하는 일련의 과정으로, 아동이 지닌 고유한 인지능력의 특성을 확인하도록 해준다. 프로파일 분석은 점수 패턴의 개인 간 비교와 개인 내 비교를 통해 아동의 인지적 강점과 약점을 파악할 수 있다. 개인 간 비교는 아동의 점수를 동일 연령대의 규준집단과 비교하는 것이며, 개인 내 비교는 아동의 전반적인 능력수준을 고려해서 아동의 점수 패턴을 비교하는 것이다. K-WISC-V에서는 지표점수 사이 관계, 지표점수 내 소검사들 간의 관계, 소검사 환산점수들 사이 관계 등을 평가할 수 있다. 이를 통해 전체 IQ나 지표점수가 제공하지 못하는 정보 이상을 얻을 수 있고, 아동의 인지적 강점 및 약점도 파악할 수 있다.

2) 프로파일 분석 과정

저자들은 WISC-V의 통합적 기술 및 해석 요강(Wechsler, 2014c)과 Sattler 등(2016)의 프로파일 분석, 저자들이 이 책의 전판에서 제시한 프로파일 분석을 바탕으로 다음과 같은 해석 절차를 소개하고자 한다. K-WISC-V의 프로파일 분석은 크게 세 부분, 기본프로파일 분석과 추가프로파일 분석, 처리점수 분석으로 나눌 수 있다. 〈그림 4-1〉에서 프로파일 분석 과정을 도표로 간략하게 제시하였다.

(1) 기본프로파일 분석

K-WISC-V의 기본프로파일 분석에서는 전체 IQ, 5개의 기본지표점수, 10개의 기본 소검사 환산점수를 평가한다. 기본프로파일 분석은 5단계로 구성되어 있으며, 〈그림 4-2〉에 기본프로파일 분석 과정을 도표로 간략하게 제시하였다.

① 1단계 : 전체 IQ 및 기본지표점수, 소검사 환산점수 확인

K-WISC-V의 결과지에서 가장 처음으로 확인하는 점수는 전체 IQ로, 전체 IQ에 해당하는 백분위와 신뢰구간을 살펴본다. 이 점수는 아동의 고유한 인지적 기능을 대표하는 가장 신뢰할 만한 점수이기 때문에 전체 IQ를 제일 먼저 확인하게 된다. 전체 IQ의 범위는 40~160이다. 다음으로 VCI, VSI, FRI, WMI, PSI 등 5개의 기본지표점수를 살피고, 각 점수에 해당하는 백분위, 신뢰구간을 살펴본다. 이를 통해 아동의 점수가 어느 수준

1단계	기본프로파일 분석
2단계	추가프로파일 분석
3단계	처리점수 분석

그림 4-1 K-WISC-V의 프로파일 분석 과정

1단계	전체 IQ 및 기본지표점수, 소검사 환산점수 확인
2단계	지표수준에서 강점 및 약점 평가
3단계	지표수준에서 차이비교
4단계	소검사수준에서 강점 및 약점 평가
5단계	소검사수준에서 차이비교

그림 4-2 K-WISC-V의 기본프로파일 분석 과정

에 해당하는지, 아동의 수행 정도가 규준집단에서 어디에 위치하는지, 진점수의 범위 등을 살펴보아 아동의 인지적 능력을 전반적으로 평가할 수 있다. 기본지표점수의 범위는 45~155이다. 마지막으로 소검사 환산점수를 살펴본다. 각 지표에 해당하는 기본 소검사와 추가 소검사의 환산점수, 백분위, 추정연령을 확인한다.

Q 더 알아보기   기본지표점수 간 편차

이 책의 전판에서 저자들은 K-WISC-IV의 프로파일 분석에서 가장 높은 지표점수와 가장 낮은 지표점수 간의 차이가 23점 이상이면 편차가 매우 큰 것으로 간주하고, 전체 IQ로는 아동의 전반적인 인지적 능력을 해석할 수 없다고 하였다. 그러나 WISC-V의 표준화 표본(standardization sample)에서 23점 이상 차이를 보인 아동이 약 57%로 나타난바(Kaufman, Raiford, & Coalson, 2016), 대부분의 아동은 인지적 편차를 보이며, 이것은 일반적인 것으로 밝혀졌다. 이에 K-WISC-V에서는 가장 높은 지표점수와 가장 낮은 지표점수 간 차이가 23점 이상이라 할지라도 전체 IQ로 전반적인 인지적 능력을 해석할 수 있다고 가정한다.

---

② 2단계 : 지표수준에서 강점 및 약점 평가

전반적인 인지적 능력수준과 기본지표점수 차이를 비교한다. 특정 의뢰 사유와 관련된 아동의 고유한 인지적 강점과 약점을 파악하는 단계이다. 지표수준에서 강약점 평가는 K-WISC-IV의 프로파일 분석에서는 다루지 않았던 부분이며, K-WISC-V에서는 아동의 인지적 강점과 약점 평가를 소검사수준에서뿐 아니라 지표수준에서도 평가하게 된다. 따라서 전반적인 인지적 능력수준과 기본지표점수 사이의 유의미한 차이는 아동의 인지적 강점과 약점에 대한 정보를 제공해줄 수 있다.

K-WISC-V에서 전반적인 인지적 능력수준을 나타내는 점수는 5개 기본지표점수의 평균을 의미하는 지표점수평균(mean primary index score, MIS) 또는 FSIQ이며, 우선 이 점수들 중에서 한 가지를 비교점수로 선택한다. 그리고 비교점수와 각각의 기본지표점수 간 차이를 비교하고, 그 차이가 유의미한지를 확인한다. 기본지표점수가 비교점수보다 유의하게 높은 경우, 인지적 강점에 해당한다. 기본지표점수가 비교점수보다 유의하게 낮으면, 인지적 약점에 해당한다. 비교점수로 선택한 MIS 또는 전체 IQ와 기본지표점수 간에 유의미한 차이가 나타나면, 그 차이에 대한 가설을 수립해야 한다. 예를 들어, VSI가 MIS에 비해 유의하게 낮은 경우, 낮은 VSI는 부진한 시공간적 능력이나 운동 기술에서 기여되었을 수 있다는 가설을 세울 수 있다. 또한 가설을 검증하기 위해 추가적인 검사, 즉 운동능력이 요구되지 않은 시공간 과제 또는 운동능력을 필요로 하는 운동 과제를 실시하여 가설을 수락할 것인지 또는 거절할 것인지를 검증할 수 있다.

● 비교점수 결정

2단계 지표수준에서 강약점 평가 시 비교점수로 MIS가 전체 IQ보다 선호된다. MIS에는 10개의 기본 소검사가 포함되지만 전체 IQ에는 퍼즐, 그림기억, 동형찾기를 제외한 7개의 기본 소검사가 포함되어, MIS가 전체 IQ보다 더 많은 소검사를 포함하고 있다. 따라서 전체 IQ보다는 MIS를 비교점수로 선택하기를 추천한다. 또한 비교 기준으로 어떤 비교점수를 선택했는지에 따라 포함되는 소검사가 달라질 수 있으므로 해석 시에는 비교점수에 포함되는 소검사를 고려해서 해석해야 한다.

⚠️ **주의** 만약 소검사를 대체한 경우에는 비교점수로 전체 IQ를 선택한다.

예시 6 11세 2개월 14일 F아동의 지표수준에서 강점과 약점 분석[7]

지표	지표점수	비교점수	차이	임계값	강점/약점	누적비율
언어이해(VCI)	115	107	8	10.82	–	–
시공간(VSI)	122	107	15	10.4	강	5~10%
유동추론(FRI)	102	107	−5	9.96	–	–
작업기억(WMI)	89	107	−18	9.96	약	2~5%
처리속도(PSI)	107	107	0	11.62	–	–

* MIS = (115 + 122 + 102 + 89 + 107)/5 = 107, 임계값의 유의수준은 0.05 수준, 누적비율은 [90 ≤ FSIQ ≤ 109] 표본 기준.

지표수준에서 F아동의 인지적 강점과 약점은 다음과 같다. VSI는 MIS보다 유의미하게 높아 강점으로 평가되며, 이 차이는 [90 ≤ FSIQ ≤ 109] 표본 중에서 10% 이하로 나타난다. WMI는 MIS보다 유의미하게 낮아 약점으로 평가되며, 이 차이는 [90 ≤ FSIQ ≤ 109] 표본 중에서 5% 이하로 나타난다.

🔍 더 알아보기   임계값과 누적비율 비교 기준 선택하기

K-WISC-V에서는 온라인 채점에서 임계값이 자동으로 제시되긴 하지만 점수의 차이를 평가할 때 전체 규준집단 혹은 특정 연령집단의 임계값을 사용할지를 결정해야 한다. Sattler 등(2016)은 지표점수의 차이 평가 시 임계값은 전체 규준집단보다는 특정 연령집단을 사용하는 것을 추천한다. 예를 들어, MIS와 PSI 간의 차이를 비교할 때 전체 표본에서 임계값은 유의수준 0.05에서 11.60이지만, 13세 집단에서는 13.06이다. 13세 아동의 MIS와 PSI 간 차이가 12점일 때, 전체 표본의 임계값으로 비교하면 두 점수의 차이가 유의미하지만 13세 집단의 임계값으로 비교하면 두 점수의 차이는 유의미하지 않다. 또 다른 예로 VCI와 FRI 간 차이를 비교할 때, 전체 표본에서 임계값이 유의수준 0.05에서 11.25지만, 12세 집단에서는 9.74이다. 12세 아동의 VCI와 FRI 간 차이가 10점일 때, 전체 표본의 임계값으로 비교하면 두 점수의 차이가 유의미하지 않지만 12세 집단의 임계값으로 비교하면 두 점수의 차이는 유의미하다. 따라서 전체 표본보다 특정 연령집단의 임계값과 비교하는 것이 더욱 정확하다.

지표점수의 차이에 대한 누적비율의 준거집단을 전체 표본으로 할지 또는 능력수준으로 할지 결정해야 한다. 전체 표본은 인지적 능력수준을 감안하지 않고 전체 표준화 표본에 해당하는 아동들을 준

(계속)

----

7 WISC-V 규준 사용(Wechsler, 2014b)

거집단으로 삼은 것을 말한다. 반면 능력수준은 유사한 인지능력을 지닌 아동들과 비교하는 것으로, 전체 IQ가 유사한 수준으로 나타난 아동을 구분하고 그 집단을 준거집단으로 삼는다. WISC-V에서 능력수준은 [FSIQ≤79], [80≤FSIQ≤89], [90≤FSIQ≤109], [110≤FSIQ≤119], [FSIQ≥120] 5개 집단으로 나뉜다. WISC-V 매뉴얼(Wechsler, 2014b)에서는 전체 IQ에서 평균에 해당하는 경우에는 누적비율이 능력수준이나 전체 표본이나 차이가 크지 않을 것이나, 전체 IQ가 평균에서 벗어나는 경우에는 능력수준을 선택할 것으로 권한다. 예를 들어 FSIQ가 115이고 VSI가 105이고 PSI가 120인 G아동과, FSIQ가 87이고 VSI가 81이고 PSI가 96인 H아동이 있다. 두 아동 모두 PSI가 VSI보다 15점 높았다. 전체 표본의 누적비율은 18.6이지만, [80≤FSIQ≤89]인 집단의 누적비율은 22.7이고, [110≤FSIQ≤119]인 집단의 누적비율은 12.9이다. 이처럼 비교집단에 따라 누적비율이 다르게 나타날 수 있다. 따라서 저자들은 두 점수 간 차이에 대한 빈도는 능력수준에 따라 다르게 나타날 수 있어서 정확한 누적비율을 얻기 위해 전체 표본보다는 능력수준을 선택할 것을 추천한다.

③ 3단계 : 지표수준에서 차이비교

3단계는 5개의 기본지표점수들 간 차이를 비교하는 단계로, 5개의 기본지표점수 간에 유의미한 차이가 있는지 확인한다. 만약 기본지표점수 간의 차이가 유의하지 않으면, 두 영역에 대한 아동의 능력수준이 유사하다는 가설을 내릴 수 있다. 기본지표점수 간의 차이가 유의하면, 두 영역에서 아동의 능력수준은 차이가 있다는 가설을 세울 수 있다. K-WISC-V에서는 [VCI-VSI], [VCI-FRI], [VCI-WMI], [VCI-PSI], [VSI-FRI], [VSI-WMI], [VSI-PSI], [FRI-WMI], [FRI-PSI], [WMI-PSI] 등 10개의 기본지표점수 간 차이비교가 있다.

지표수준에서의 차이를 비교할 때, 각 지표점수를 구성하는 소검사 편차를 고려해서 유의미하게 나타난 차이에 대해 분석한다. 여기서 염두에 둘 점이 있는데, 각 지표점수는 특정 인지영역에 해당하는 소검사 환산점수의 합에 의해 산출되므로 지표점수를 구성하는 소검사들의 수행을 고려해서 아동의 인지적 특성을 설명하도록 한다. 다시 말해 지표점수 간에 유의미하고 드문 차이가 나타난 경우, 우선 각 지표점수를 구성하는 소검사들의 편차를 살펴본다. 왜냐하면 지표점수를 구성하는 소검사들 간 편차가 큰 경우, 그 지표점수는 수검자의 인지적 능력과 특성을 적절히 반영하지 못할 수 있기 때문이다. 예를 들어, FRI에 비해 WMI가 유의미하게 낮았는데, WMI가 100인 두 아동이 있다. J아동은 숫자 6점, 그림기억 14점이고, K아동은 숫자 14점, 그림기억 6점이다. 두 아동의 WMI는 동일하고 두 소검사 간의 편차도 8점으로 동일하지만, FRI보다 WMI 간 차이에 대한 분석은 달라질 수 있다. J아동이 보인 두 점수 간의 차이는 청각작업기억이 저조한 점에서 비롯되었을 수 있으며, K아동의 경우는 저조한 시각작업기억에서 기여되었을 수 있다. 이처럼 두 아동의 FRI와 WMI 간 차이는 WMI를 구성하는 소검사 간의 편차를 고려해서 가설을 세우는 것이 보다 타당하다. 대부분의 지표점수 간 차이는 각 지표점수가 반영하는 인지적 능력의 차이를 나타내지만, 때로는 각 지표점수가 나타내는 인지적 영역에서의 차이를 보여준 것이 아니라 특정 소검사를 수행하는 데 어려움이 있기 때문에 나타난 것일 수도 있어서 두 점수 간의 차이를 해석할 때 특정 소검사에서 요구하는 기술이나 능력 또한 고려해서 두 점수의 차이를 해석하도록 한다.

④ 4단계 : 소검사수준에서 강점 및 약점 평가

소검사수준에서 강점과 약점의 평가는 K-WISC-IV에서의 인지적 강점과 약점 결정하기와 유사하다. 비교점수는 전반적인 수행을 나타내는 기본지표점수를 산출하는 10개 기본 소검사 환산점수 평균을 의미하는 MSS-P(mean scaled score for the primary subtests) 또는 전체 IQ를 산출하는 7개 소검사 환산점수 평균을 의미하는 MSS-F(mean scaled score of the FSIQ subtests)가 있다. 10개의 기본 소검사 환산점수와 비교점수 간을 비교해서 소검사수준에서의 강점과 약점을 결정한다.

• 비교점수 결정

2단계 지표수준에서 강점과 약점을 분석할 때 비교점수를 결정한 것과 마찬가지로, 소검사수준에서 분석할 때에도 비교점수를 선택해야 한다. 일반적으로 MSS-P가 MSS-F보다 더 많은 소검사에 근거해서 산출되었기 때문에 비교점수로 MSS-P가 추천된다.

⚠ **주의** 만약 소검사 대체를 한 경우, MSS-F를 사용한다.

⑤ 5단계 : 소검사수준에서 차이비교

3단계에서는 지표수준에서 5개의 기본지표점수를 비교하였다. 5단계에서는 2개의 소검사에 대한 차이비교를 하는데, 이를 통해 기본지표점수에 대한 보다 자세한 해석에 도움이 되는 정보를 알 수 있다. 각 지표는 서로 다른 특정 능력을 포함하는 2개의 소검사로 이루어져 있기 때문에 임상적으로 의미 있는 지표점수에 대한 정확한 해석을 내리기 위해서는 이들 소검사들 간 차이를 확인하는 것이 필요하다. K-WISC-V에서는 각 기본지표점수에 해당하는 소검사들 간의 비교를 한다. 5개의 쌍별 비교는 [공통성-어휘], [토막짜기-퍼즐], [행렬추리-무게비교], [숫자-순차연결], [기호쓰기-동형찾기]이다. 여기서 단 하나의 의미 있는 소검사 쌍별 비교 결과만으로 임상적 가설을 채택하거나 기각하는 데 사용하지 말아야 하며, 다른 검사 결과와 정보를 고려해서 해석을 내려야 한다.

그 외 다른 소검사들 간 비교도 가능하다. 그러나 K-WISC-V 전문가 지침서에 소검사 환산점수 간 차이에 대한 임계값과 누적비율이 제공되어 있지 않다. WISC-V의 소검사 환산점수 간 임계값을 고려했을 때, 그 범위는 2.24에서 3.63에 해당한다. 따라서 저자들은 소검사 환산점수 간 차이가 4점 이상 나는 경우, 두 소검사의 점수차이가 유의한 것으로 고려할 수 있다고 생각한다. 예를 들어, 토막짜기 환산점수가 14점이고 행렬추리 환산점수가 10점이면, 두 소검사 간의 점수차이가 유의미한 것으로 보고 그 차이를 해석할 수 있을 것이다.

(2) 추가프로파일 분석

추가프로파일 분석은 선택사항이다. 의뢰 사유나 평가 목적에 따라 추가프로파일 분석은 선택적으로 진행될 수 있다. 추가프로파일 분석은 3단계로 구성되어 있으며, 〈그림 4-3〉에 추가프로파일 분석 과정을 도표로 간략하게 제시하였다.

① 1단계 : 추가지표점수 확인

5개의 추가지표점수를 확인한다. 양적추론 지표(QRI), 청각작업기억 지표(AWMI), 비언어 지표(NVI), 일반능력 지표(GAI), 인지효율 지표(CPI)를 확인한다. 각각의 추가지표점수에 해당하는 백분위와 신뢰구간을 살펴본다.

1단계	추가지표점수 확인
2단계	추가지표수준에서 차이비교
3단계	추가지표 내 소검사수준에서 차이비교

그림 4-3 K-WISC-V의 추가프로파일 분석 과정

② 2단계 : 추가지표수준에서 차이비교

추가프로파일 분석에서도 기본프로파일 분석처럼 지표수준에서 차이를 비교한다. K-WISC-V에서 추가지표수준의 차이비교는 [GAI-FSIQ], [GAI-CPI], [WMI-AWMI]이다.

③ 3단계 : 추가지표 내 소검사수준에서 차이비교

K-WISC-V의 추가프로파일 분석에서 3단계 소검사수준에서 차이비교는 기본프로파일 분석의 5단계와 마찬가지로 추가지표점수를 구성하는 2개의 소검사 간 차이를 비교한다. 이 단계를 통해 추가지표점수의 수행을 정확하게 기술해줄 수 있다. 추가프로파일 분석 중 소검사수준에서 차이비교는 [무게비교–산수], [숫자–순차연결]이다.

(3) 처리점수 분석

K-WISC-V의 소검사에서 요구하는 과제를 실시할 때, 수검 아동은 다양한 인지적 과정을 거쳐서 소검사를 수행하게 된다. 소검사의 수행에 기여하는 인지적 능력을 자세하게 확인하는 단계가 처리점수 분석이며, 이를 통해 정반응에 이른 문제해결 전략, 오반응을 보인 이유, 오류의 특성 등 아동의 특정 처리 과정 스타일을 알 수 있다. 예를 들어, 토막짜기 소검사에서 L아동과 M아동이 똑같이 6번 문항에서 원점수 0점을 받았는데, L아동은 부주의하여 제시된 도안의 모양을 정확하게 분석하지 못해서 점수를 받지 못한 반면, M아동은 성공은 했지만 제한시간 내에 토막을 맞추지 못해서 점수를 받지 못했다. 두 아동 모두 동일한 문항에서 점수를 받지 못했지만, 실패 이유는 수검 아동에 따라 다를 수 있다. 처리점수 분석에서 두 아동이 토막짜기에서 오반응을 보인 특정 인지적 과정을 자세하게 파악할 수 있다. 처리점수 분석을 통해 수검 아동의 인지적 정보처리 과정이 평가되고, 이 결과는 진단, 교육적 개입, 치료적 전략을 수립하는 데 유용하게 활용될 수 있다. 〈그림 4–4〉에 처리점수 분석 과정을 도표로 간략하게 제시하였다.

① 1단계 : 처리점수 확인

K-WISC-V의 처리점수 분석 중 첫 단계는 처리점수를 확인하는 것이다. 처리점수는 처리점수의 환산점수와 처리점수의 누적비율로 구분된다. 첫 번째, 처리점수의 환산점수는 토막짜기, 숫자, 선택 등 3개의 소검사에 대한 것이다. 이 점수는 총 7개이며, 시간보너스가 없는 토막짜기(BDn), 토막짜기 부분점수(BDp), 숫자 바로 따라하기(DSf), 숫자

1단계	처리점수 확인
2단계	처리점수의 차이비교
3단계	회전 및 세트 오류
4단계	검사 태도에 대한 질적 분석
5단계	반응에 대한 질적 분석

그림 4-4 K-WISC-V의 처리점수 분석 과정

거꾸로 따라하기(DSb), 숫자 순서대로 따라하기(DSs), 선택(무선 배열)(CAr), 선택(일렬 배열)(CAs)이 해당된다.

두 번째, 처리점수의 누적비율은 가장 긴 폭과 배열점수와 오류점수로 나뉜다. 그러나 처리점수 분석의 1단계 처리점수 점수 확인에서는 처리점수의 누적비율 중 가장 긴 폭과 배열점수를 먼저 확인한다. 오류점수에 대한 분석은 처리점수 분석의 2단계에서 실시할 것이다. 가장 긴 폭과 배열점수에는 숫자와 그림기억, 순차연결 소검사가 해당되며, 가장 긴 숫자 바로 따라하기(LDSf), 가장 긴 숫자 거꾸로 따라하기(LDSb), 가장 긴 숫자 순서대로 따라하기(LDSs), 가장 긴 그림기억 자극(LPSs), 가장 긴 그림기억 반응(LPSr), 가장 긴 순차연결(LLNs)이 있다.

② 2단계 : 처리점수의 차이비교

처리점수 분석도 기본프로파일 분석과 추가프로파일 분석처럼 차이비교가 있다. 처리점수의 차이비교는 소검사의 환산점수와 처리점수 간 비교와 가장 긴 폭 점수 간 비교로 구분된다. 전자는 토막짜기, 숫자, 순차연결, 선택 소검사와 관련된 점수들 간의 차이비교로, 총 7개가 있다. 우선 토막짜기 환산점수와 토막짜기 처리점수 간 비교로 [토막짜기(BD)-시간보너스가 없는 토막짜기(BDn)], [토막짜기(BD)-토막짜기 부분점수(BDp)]가 있다. 두 번째는 숫자 환산점수와 숫자 처리점수 간 비교로, [숫자 바로 따라하기(DSf)-숫자 거꾸로 따라하기(DSb)], [숫자 바로 따라하기(DSf)-숫자 순서대로 따라하기(DSs)],

[숫자 거꾸로 따라하기(DSb)−숫자 순서대로 따라하기(DSs)]가 있다. 이에 더해 숫자 처리점수와 순차연결 환산점수 간 비교인 [순차연결(LN)−숫자 순서대로 따라하기(DSs)]가 있다. 마지막으로 선택 처리점수 간 비교로, [선택(무선 배열)(CAr)−선택(일렬 배열)(CAs)]이 있다. 다음으로 가장 긴 폭 점수 간 차이비교는 [가장 긴 숫자 바로 따라하기(LDSf)−가장 긴 숫자 거꾸로 따라하기(LDSb)], [가장 긴 숫자 바로 따라하기(LDSf)−가장 긴 숫자 순서대로 따라하기(LDSs)], [가장 긴 숫자 거꾸로 따라하기(LDSb)−가장 긴 숫자 순서대로 따라하기(LDSs)]가 있다.

③ 3단계 : 회전 및 세트 오류

처리점수 분석의 3단계에서는 토막짜기, 기호쓰기, 동형찾기 소검사에서 범할 수 있는 오류를 분석한다. 오류점수는 총 5개이며, 토막짜기 공간크기 오류(BDde), 토막짜기 회전 오류(BDre), 기호쓰기 회전 오류(CDre), 동형찾기 세트 오류(SSse), 동형찾기 회전 오류(SSre)가 포함된다.

④ 4단계 : 검사 태도에 대한 질적 분석

검사 태도는 아동의 인지적 측면과 동기에 대한 통찰을 제공해주기 때문에 검사 태도를 유심히 살피고 기록해야 한다. 또한 검사 수행에 영향을 미치는 태도는 또한 일상적인 기능의 문제와 관련되어 있을 수 있기 때문에 검사를 실시하는 동안에 드러난 아동의 행동, 태도, 감정 등을 꼼꼼히 관찰하고 이런 검사 태도가 아동의 지능검사 결과에 기여한 부분을 질적으로 평가하는 것은 중요하다. 다시 말해 평가상황에서 아동이 보이는 적극적인 관여, 과제를 이해하고 수행하는 태도 등은 아동의 수행을 촉진할 수 있으며, 검사에 관여하지 않거나 느린 행동 등은 아동의 수행을 방해할 수 있다. 특히 느리고 주저하며 방어적인 반응, 긍정적인 반응(예 : "나 이거 잘 해요.", "재미있어요.")은 아동의 흥미나 관심에 대한 정보를 줄 수 있으므로 주의 깊게 살펴야 한다. 예를 들어, "왜 이렇게 길어요. 나, 속았어.", "왜 전부 다 적어요?", "내가 대답하는 걸 엄마한테 말할 거죠? 저 곤란하게 할 거죠?" 등 불평이 많거나 의심하는 반응을 하다가 "이거 어려워요.", "나, 잘 못할 거 같아요." 등 자기비난의 반응을 하는 경우가 있다. 언어적 반응과 함께 나타나는 찡그림, 웃음, 울음, 목소리 톤, 움직임 등의 비언어적 반응들에 대해서도 면밀히 탐색해야 한다. 왜 아동이 태도의 변화를 보였는지, 아동의 어떤 부분이 문제해결 과정에 영향을 주었는지 등 주의 깊은 해석이 필요하므로 아동의 검사 태도를 꼼꼼히 살피는 것이 중요하다.

특이한 반응이나 아동의 특성이 반영되는 반응은 아동에 대한 가설을 수립하는 데 유용한 정보를 제공해줄 수 있으므로 특정 과제나 특정 시간에 나타난 특이한 반응을 검사용지에 기입하는 것이 중요하다. 검사 중에 관찰되는 아동의 행동, 모르겠어요 반응(DK), 무반응(NR), 문항반복(IR)과 반복 요구(RR), 하위발성(SV), 자기교정(SC) 등을 반응기록지에 반드시 기록한다.

⑤ 5단계 : 반응에 대한 질적 분석

프로파일 분석의 마지막 단계는 수검 아동의 반응에 대한 질적 분석이다. 검사를 실시하는 동안 드러나는 수검 아동의 전반적인 반응 패턴이나 특이한 반응에 관심을 기울이는 단계로, 이를 통해 임상가는 수검 아동에 관한 다양한 정보를 수집할 수 있다. 특히, 특이한 반응은 아동이 정답반응에 도달한 이유 혹은 틀린 반응을 나타내게 된 이유에 대한 과정을 확인하는 데 유용하다. 그 외 문항의 성공과 실패 패턴을 평가하는 것은 프로파일 분석을 풍부하게 해준다. 소검사 내에 구성된 문항들은 난이도 순서대로 되어 있기 때문에 수검 아동이 성공 또는 실패하는 양상은 임상적인 정보를 줄 수 있다.

예를 들어, 무게비교에서 1번부터 4번 문항까지 성공하고 다음 5번에서 9번까지 문항은 실패한 아동과 1번 문항은 성공하고 2번에서 5번 문항은 실패하고 그다음 두 문항에서 성공하고 그다음 8번에서 11번 문항까지 실패하고 다시 12번 문항을 성공하고 이어지는 다섯 문항을 실패한 아동이 있다. 두 아동 모두 무게비교 원점수는 4점이다. 하지만 첫 번째 아동과 달리 두 번째 아동의 무게비교 수행은 고르지 않은 패턴을 보이고 있어 여러 가지 추가적인 탐색을 고려해야 한다. 두 번째 아동의 비일관적인 수행 결과는 주의력 문제나 충동적인 반응 패턴, 정신운동지체, 비우호적이고 반항적인 태도 등과 관련이 있을 수 있다. 또 다른 이유는 두 번째 아동이 매우 똑똑한 경우, 질문에 쉽게 지루해져서 부주의하게 반응하거나 심지어 난센스 대답을 하여 나타난 결과일 수도 있다. 이러한 경우, 이 아동은 난이도가 높은 문항에서는 도전 의식이 생겨서 높은 동기를 가지고 능력을 발휘하려 할 수 있지만, 난이도가 낮은 문항에서는 부주의하게 대답했을 수 있다. 이처럼 소검사 내 수행 패턴은 아동의 인지적 능력을 설명하는 가설을 뒷받침하거나 정교화하는 데 도움이 되는 정보를 제공해줄 수 있다.

K-WISC-V의
해석

지능검사는 인지기능을 측정하는 것이 목적이나, 초기 심리학자들은 지능검사 결과가 단순히 인지기능뿐 아니라 성격적 요소나 정서, 진단을 내리는 데 필요한 정보 등을 제공한다고 보았다. 그러나 인지기능 외 다른 정보를 도출하기 위해 지능검사 결과를 사용하는 데 있어 한계가 드러나자, 일부 임상가들은 지능검사 결과로 정신과적 진단을 내려서는 안 된다고 주장하였다(Sattler, 2008). 반면, Flanagan과 Kaufman(2009)은 검사 의뢰 사유, 다른 검사 결과 등을 함께 고려한다면 지능검사 결과가 정신과적 진단에 중요한 정보를 제공할 수 있다고 보았다. 저자들도 다년간의 임상경험을 통해 지능검사 프로파일 분석과 임상정보, 행동 관찰, 여타의 검사 결과 등을 종합하여 때로는 진단적으로 중요한 정보를 도출할 수 있다고 생각한다. 다만 실제 평가 장면에서 지능검사 프로파일 분석을 통해 성격, 정서, 진단 등에 대한 정보를 얻는 데 중점을 두기보다 아동의 고유한 인지능력의 특성을 파악하는 것이 중요하다.

지능검사 프로파일 분석은 아동의 인지적 특성에 대한 잠정적이고 의미 있는 가설을 발달시키는 것이다. 이때 아동의 발달력, 병력, 가족력, 행동 관찰, 지능검사 외 다른 검사 결과 등의 정보를 고려해야 한다. 또한, 지능검사 결과 중 일부 결과만을 가지고 단편적이고 기계적인 방식으로 가설을 세우는 것이 아니라 전체 지능검사 결과, 인지적 강점과 약점, 학습 문제, 동기, 정서, 집중 곤란 등 여러 요인을 종합해서 가설을 세워야 한다. 이러한 과정을 통해 도출된 가설은 검사 의뢰 사유를 설명하고, 앞으로의 개입 계획을 세우는 데 중요한 정보를 제시할 수 있다.

이 장에서 K-WISC-V의 해석은 Sattler 등(2016)과 Wechsler(2014c)가 제시한 내용을 토대로 한다. 제4장에서 기술한 프로파일 분석 절차에 따라 해석에 필요한 정보를 구체적으로 살펴보겠다.

1. 지표수준의 해석

이 절의 내용은 제4장의 K-WISC-V의 기본프로파일 분석 과정 중 2단계(지표수준에서 강점 및 약점 평가), 3단계(지표수준에서 차이비교)에 해당한다. 또한, K-WISC-V의 추가프로파일 분석 과정 중 2단계(추가지표수준에서 차이비교)에 해당한다. 임상가는 지표 점수를 통해 각 지표가 측정하는 특정한 인지적 능력의 수준을 확인할 수 있다. 또한, 지표수준에서 인지적 강점과 약점을 확인하고, 지표 간 점수차이에 따라 가설을 세울 수 있다.

1) 지표점수

각 지표는 특정한 인지적 능력을 측정하고, 지표점수는 특정 인지능력의 수준에 대한 정보를 제공해준다. 다음은 기본지표와 추가지표에 속하는 10개의 지표가 측정하는 내용과 각 지표가 높은 점수일 때와 낮은 점수일 때 세울 수 있는 가설의 내용이다.

(1) 기본지표

① 언어이해 지표(VCI)

언어이해 지표는 공통성과 어휘 소검사로 구성된다. 언어적 개념형성능력, 언어적 추론능력, 언어이해력과 표현력, 새로운 문제해결을 위한 언어능력 및 정보의 적용, 언어적 정보처리능력, 장기기억에서 정보의 검색, 언어발달 등을 측정한다.

높은 점수	낮은 점수
우수한 언어적 이해	저조한 언어적 이해
우수한 언어발달	저조한 언어발달
우수한 학업적성	저조한 학업적성
우수한 개념형성능력	저조한 개념형성능력
학교 교육 과정 숙달에 요구되는 준비성의 우수함	학교 교육 과정 숙달에 요구되는 준비성의 부진

② 시공간 지표(VSI)

시공간 지표는 토막짜기와 퍼즐 소검사로 구성된다. 시공간적 추론능력, 시각적으로 사고하고 조작하는 능력, 빠르게 시각적 자료를 해석하고 조직화하는 능력, 비언어적 추론능력, 시지각적 변별능력 등을 측정한다.

높은 점수	낮은 점수
우수한 지각적 추론	저조한 지각적 추론
시각적 이미지로 사고하고 조작하는 능력이 우수함	시각적 이미지로 사고하고 조작하는 능력이 저조함
우수한 인지적 유연성	저조한 인지적 유연성
우수한 인지속도	저조한 인지속도
시간압력하에서 시각적 자료를 해석하고 조직화하는 능력이 우수함	시간압력하에서 시각적 자료를 해석하고 조직화는 능력이 저조함
우수한 주의력과 집중력	저조한 주의력과 집중력
우수한 비언어적 추론	저조한 비언어적 추론
우수한 자기점검능력	저조한 자기점검능력

③ 유동추론 지표(FRI)

유동추론 지표는 행렬추리와 무게비교 소검사로 구성되며, 유동추론능력을 측정한다. 시지각적 추론과 조직화, 시각적으로 사고하고 조작하는 능력, 빠르게 시각적 자료를 해석하고 조직화하는 능력, 비언어적 추론능력, 시지각적 변별능력 등을 측정한다.

높은 점수	낮은 점수
우수한 유동추론	저조한 유동추론
우수한 지각적 추론	저조한 지각적 추론
시각적 이미지로 사고하고 조작하는 능력이 우수함	시각적 이미지로 사고하고 조작하는 능력이 저조함
우수한 인지적 유연성	저조한 인지적 유연성
우수한 비언어적 능력	저조한 비언어적 능력
단어를 사용하지 않고 추상적 개념과 관계를 형성하는 능력이 우수함	단어를 사용하지 않고 추상적 개념과 관계를 형성하는 능력이 저조함
우수한 자기점검능력	저조한 자기점검능력
우수한 주의력과 집중력	저조한 주의력과 집중력

④ 작업기억 지표(WMI)

작업기억 지표는 숫자와 그림기억 소검사로 구성되며, 시각 및 청각 정보의 등록, 유지, 조작능력을 측정한다. 시각 및 청각 자극에 대한 주의폭, 작업기억, 주의력 및 집중력을 측정한다.

높은 점수	낮은 점수
우수한 청각적 단기기억	저조한 청각적 단기기억
우수한 작업기억	저조한 작업기억
우수한 단순 암기력	저조한 단순 암기력
주의와 집중 유지능력이 우수함	주의와 집중 유지능력이 저조함
우수한 부호화능력	저조한 부호화능력
우수한 시연 전략	저조한 시연 전략
우수한 자기점검능력	저조한 자기점검능력

⑤ 처리속도 지표(PSI)

처리속도 지표는 기호쓰기와 동형찾기 소검사로 구성된다. 시각적으로 지각된 비언어적 정보를 신속하게 처리하는 속도, 시각운동 협응 및 소근육 운동, 정신적 작업속도, 주사능력, 정신운동속도, 단기적 시지각 변별, 주의력 및 집중력을 측정한다.

높은 점수	낮은 점수
우수한 처리속도	저조한 처리속도
우수한 시지각 속도와 변별능력	저조한 시지각 속도와 변별능력
우수한 주의력과 집중력	저조한 주의력과 집중력
우수한 시각적 단기기억	저조한 시각적 단기기억
우수한 주사능력	저조한 주사능력
우수한 시각처리	저조한 시각처리
동기 부여와 인내력이 우수함	동기 부여와 인내력이 저조함
시간압력하 작업능력이 우수함	시간압력하 작업능력이 저조함

(2) 추가지표

① 양적추론 지표(QRI)

양적추론 지표는 무게비교와 산수 소검사로 구성된다. 양적 관계나 기본적인 수학 원리에 대한 이해능력, 정신적 수 조작능력을 측정한다. 추론 기술, 특히 수와 관련된 추론능력에 대한 추가적 정보를 제공한다.

높은 점수	낮은 점수
우수한 암산능력	저조한 암산능력
문제해결상황에서 산술 기술을 적용하는 능력이 우수함	문제해결상황에서 산술 기술을 적용하는 능력이 저조함
우수한 작업기억	저조한 작업기억
우수한 시지각 분석 추론	저조한 시지각 분석 추론
우수한 귀납적 논리	저조한 귀납적 논리
우수한 연역적 논리	저조한 연역적 논리
우수한 집중력	저조한 집중력

② 청각작업기억 지표(AWMI)

청각작업기억 지표는 숫자와 순차연결 소검사로 구성되며, 청각적 작업기억에 관한 추가정보를 제공한다. 작업기억 지표는 시각 및 청각 정보를 모두 다루지만, 청각작업기억 지표는 청각정보만으로 구성되어 있다.

높은 점수	낮은 점수
우수한 청각적 순차처리능력	저조한 청각적 순차처리능력
우수한 청각적 단기기억	저조한 청각적 단기기억
우수한 단순 암기력	저조한 단순 암기력
우수한 즉시회상능력	저조한 즉시회상능력
우수한 부호화능력	저조한 부호화능력

(계속)

높은 점수	낮은 점수
우수한 시연 전략	저조한 시연 전략
우수한 자기점검능력	저조한 자기점검능력
우수한 주의력	저조한 주의력
우수한 집중력	저조한 집중력

③ 비언어 지표(NVI)

비언어 지표는 토막짜기, 퍼즐, 행렬추리, 무게비교, 그림기억, 기호쓰기 소검사로 구성된다. 유동추론능력, 시지각적 추론능력, 시각적 처리속도, 단기기억, 정신적 작업속도, 주사능력, 주의력, 집중력을 측정한다. 비언어적 지표는 언어적 이해력이나 표현력에 대한 요구가 적은 지적 능력의 추정치이다.

높은 점수	낮은 점수
우수한 비언어적 추론능력	저조한 비언어적 추론능력
우수한 시공간적 추론능력	저조한 시공간적 추론능력
우수한 개념화, 분석, 통합능력	저조한 개념화, 분석, 통합능력
우수한 시공간 구성능력	저조한 시공간 구성능력
우수한 귀납적 논리	저조한 귀납적 논리
우수한 연역적 논리	저조한 연역적 논리
우수한 자기점검능력	저조한 자기점검능력
시간압력하 작업능력이 우수함	시간압력하 작업능력이 저조함
우수한 주의력과 집중력	저조한 주의력과 집중력

④ 일반능력 지표(GAI)

일반능력 지표는 공통성, 어휘, 토막짜기, 행렬추리, 무게비교 소검사로 구성된다. 일반능력 지표는 작업기억과 처리속도의 요구가 적은 인지능력의 추정치이다. 결정적 지식,

유동추론능력, 시지각적 추론능력, 언어발달, 단어 지식, 언어적 개념형성능력, 비언어적 추론능력, 시지각적 변별, 주의력 및 집중력을 측정한다.

높은 점수	낮은 점수
우수한 단어 지식	저조한 단어 지식
우수한 언어적 이해	저조한 언어적 이해
우수한 개념적 사고	저조한 개념적 사고
우수한 시각적 예민성	저조한 시각적 예민성
우수한 시지각적 추론	저조한 시지각적 추론
우수한 개념화, 분석, 통합능력	저조한 개념화, 분석, 통합능력
우수한 속도와 정확성	저조한 속도와 정확성
우수한 비언어적 추론	저조한 비언어적 추론
동기 부여와 인내력이 우수함	동기 부여와 인내력이 저조함
우수한 주의력과 집중력	저조한 주의력과 집중력

⑤ 인지효율 지표(CPI)

인지효율 지표는 숫자, 그림기억, 기호쓰기, 동형찾기 소검사로 구성된다. 정보를 빠르게 처리하고 조작하는 능력, 단기기억, 작업기억, 주의폭, 시각적 변별, 정신적 처리속도, 주사능력, 주의력, 집중력을 측정한다. 이러한 인지능력은 언어이해, 시공간 및 유동추론 기술에 덜 의존한다.

높은 점수	낮은 점수
우수한 청각적 순차처리	저조한 청각적 순차처리
우수한 청각적 단기기억	저조한 청각적 단기기억
우수한 시각적 단기기억	저조한 시각적 단기기억
우수한 시각적 예민성	저조한 시각적 예민성
우수한 처리속도	저조한 처리속도

(계속)

높은 점수	낮은 점수
우수한 시지각적 변별	저조한 시지각적 변별
우수한 자기점검능력	저조한 자기점검능력
시간압력하 작업능력이 우수함	시간압력하 작업능력이 저조함
우수한 주의력과 집중력	저조한 주의력과 집중력

2) 지표점수 차이비교

지표점수 간에 유의미한 점수차이가 나타나면, 이 점수차이를 야기한 이유가 무엇인지를 찾아야 한다. 즉, 어떤 특성들 때문에 두 지표점수의 차이가 생기게 되었는지에 대한 가설을 세울 수 있다. 다음은 Sattler 등(2016)이 두 지표 간 차이와 관련 있는 몇 가지 특성을 제시한 것이다.

- 흥미 유형
- 인지적 양식
- 정보처리에서의 결함이나 강점
- 표현 양식에서의 결함이나 강점
- 시간압력하 작업능력의 결함이나 강점 (예 : 처리속도 소검사에서 시간 제약)
- 신체적 제한, 신체적 장애 또는 기타 의학적 상태
- 뇌손상
- 행동 문제 혹은 정서 문제 (예 : 낮은 동기, 반항, 불안 등)
- 특정한 문화권에서 사용하는 언어와 다른 환경 요인
- 일시적인 비효율성

　두 지표점수 간 유의미한 차이를 설명하기 위해서 우선 전체 IQ의 수준을 확인하고 이를 바탕으로 개별 지표점수의 수준을 고려해서 가설을 세워야 한다. 예를 들어, A아동의 전체 IQ가 124, VCI 점수가 123, FRI 점수가 135로, VCI와 FRI의 점수차이가 유의미하다. 임상가는 유동추론능력에 비해 언어이해 기술에 결함이 있다고 가설을 세울 수 있지만, 전체 IQ는 124로 우수, VCI는 우수, FRI는 매우 우수 수준이기 때문에 VCI와 FRI

의 점수차이가 유의미하더라도 유동추론능력에 비해 언어이해 기술에 결함이 있다고 해석할 수 없다. 이런 경우에는 'VCI와 FRI로 측정된 두 능력이 모두 잘 발달되어 있고, 유동추론능력이 상대적 강점이며 언어이해 기술에 비해 더욱 우수하게 발달되어 있다'고 해석한다. 반면 B아동은 전체 IQ가 58, VCI 점수가 60, FRI 점수가 40으로, VCI와 FRI의 점수차이가 유의미하다. 언어이해가 상대적 강점이지만, VCI와 FRI가 모두 매우 낮음 수준으로 절대적 약점이기 때문에, 'VCI 점수가 FRI 점수보다 유의미하게 높지만 언어이해 기술과 유동추론능력이 모두 지연된 발달을 보이고 있다'고 해석한다. Sattler 등(2016)과 Wechsler(2014c)는 두 지표점수가 유의미한 차이가 있을 때 세울 수 있는 가설의 예를 다음과 같이 제안하였다.

(1) 기본지표점수 차이비교

① 언어이해 지표(VCI) 점수와 시공간 지표(VSI) 점수의 유의미한 차이

- VCI가 VSI보다 높을 때
  - 언어이해 기술이 시공간 기술보다 잘 발달되어 있다.
  - 청각적 음성처리가 시지각적 변별처리보다 잘 발달되어 있다.
  - 축적된 경험을 통해 획득된 지식이 비언어적 문제를 해결하기 위해 필요한 지식보다 잘 발달되어 있다.
  - 장기기억에서의 언어적 정보 인출이 비언어적 문제해결력보다 잘 발달되어 있다.
  - 결정적 지식이 시공간적 추론능력보다 잘 발달되어 있다.

- VSI가 VCI보다 높을 때
  - 시공간 기술이 언어이해 기술보다 잘 발달되어 있다.
  - 시지각적 변별처리가 청각적 음성처리보다 잘 발달되어 있다.
  - 비언어적 문제를 해결하기 위해 필요한 지식이 축적된 경험을 통해 획득된 지식보다 잘 발달되어 있다.
  - 비언어적 문제해결력이 장기기억에서의 언어적 정보 인출보다 잘 발달되어 있다.
  - 시공간적 추론능력이 결정적 지식보다 잘 발달되어 있다.

② 언어이해 지표(VCI) 점수와 유동추론 지표(FRI) 점수의 유의미한 차이

- VCI가 FRI보다 높을 때
  - 언어이해 기술이 유동추론 기술보다 잘 발달되어 있다.
  - 청각적 음성처리가 유동추론 기술보다 잘 발달되어 있다.
  - 장기기억에서의 언어적 정보 인출이 비언어적 문제해결력보다 잘 발달되어 있다.
  - 결정적 지식이 유동추론보다 잘 발달되어 있다.

- FRI가 VCI보다 높을 때
  - 유동추론 기술이 언어이해 기술보다 잘 발달되어 있다.
  - 유동추론 기술이 청각적 음성처리보다 잘 발달되어 있다.
  - 비언어적 문제해결력이 장기기억에서의 언어적 정보 인출보다 잘 발달되어 있다.
  - 유동추론이 결정적 지식보다 잘 발달되어 있다.

③ 언어이해 지표(VCI) 점수와 작업기억 지표(WMI) 점수의 유의미한 차이

- VCI가 WMI보다 높을 때
  - 언어이해 기술이 작업기억 기술보다 잘 발달되어 있다.
  - 언어적 처리가 단기기억보다 잘 발달되어 있다.
  - 청각적 음성처리가 부호화 전략 사용보다 잘 발달되어 있다.
  - 장기기억에서의 언어적 정보 인출이 단기기억에서의 정보 인출보다 잘 발달되어 있다.
  - 결정적 지식이 단기기억보다 잘 발달되어 있다.

- WMI가 VCI보다 높을 때
  - 작업기억 기술이 언어이해 기술보다 잘 발달되어 있다.
  - 단기기억이 언어적 처리보다 잘 발달되어 있다.
  - 부호화 전략 사용이 청각적 음성처리보다 잘 발달되어 있다.
  - 단기기억에서의 정보 인출이 장기기억에서의 언어적 정보 인출보다 잘 발달되어 있다.
  - 단기기억이 결정적 지식보다 잘 발달되어 있다.

④ 언어이해 지표(VCI) 점수와 처리속도 지표(PSI) 점수의 유의미한 차이

- VCI가 PSI보다 높을 때
  - 언어이해 기술이 처리속도보다 잘 발달되어 있다.
  - 언어적 처리가 정신적 조작속도보다 잘 발달되어 있다.
  - 청각적 음성처리가 시각운동 협응보다 잘 발달되어 있다.
  - 언어적 자극처리가 비언어적 자극처리보다 잘 발달되어 있다.
  - 언어적 장기기억이 시각적 단기기억보다 잘 발달되어 있다.
  - 결정적 지식이 처리속도보다 잘 발달되어 있다.

- PSI가 VCI보다 높을 때
  - 처리속도가 언어이해 기술보다 잘 발달되어 있다.
  - 정신적 조작속도가 언어적 처리보다 잘 발달되어 있다.
  - 시각운동 협응이 청각적 음성처리보다 잘 발달되어 있다.
  - 비언어적 자극처리가 언어적 자극처리보다 잘 발달되어 있다.
  - 시각적 단기기억이 언어적 장기기억보다 잘 발달되어 있다.
  - 처리속도가 결정적 지식보다 잘 발달되어 있다.

⑤ 시공간 지표(VSI) 점수와 유동추론 지표(FRI) 점수의 유의미한 차이

- VSI가 FRI보다 높을 때
  - 시공간 처리가 유동추론보다 잘 발달되어 있다.
  - 시공간 처리가 비언어적 문제해결력보다 잘 발달되어 있다.
  - 시공간 처리가 시지각적 추론과 조직화보다 잘 발달되어 있다.

- FRI가 VSI보다 높을 때
  - 유동추론이 시공간 처리보다 잘 발달되어 있다.
  - 비언어적 문제해결력이 시공간 처리보다 잘 발달되어 있다.
  - 시지각적 추론과 조직화가 시공간 처리보다 잘 발달되어 있다.

⑥ 시공간 지표(VSI) 점수와 작업기억 지표(WMI) 점수의 유의미한 차이

- VSI가 WMI보다 높을 때

- 시공간 기술이 작업기억보다 잘 발달되어 있다.

- 시공간 추론능력이 단기기억보다 잘 발달되어 있다.

- 시공간 문제해결력이 언어적, 시각적 정보에 대한 부호화 전략 사용보다 잘 발달되어 있다.

- 시각적으로 지각된 자료를 해석하거나 조직화하는 능력이 단기기억보다 잘 발달되어 있다.

- WMI가 VSI보다 높을 때

  - 작업기억이 시공간 기술보다 잘 발달되어 있다.

  - 단기기억이 시공간 추론능력보다 잘 발달되어 있다.

  - 언어적, 시각적 정보에 대한 부호화 전략 사용이 시공간 문제해결력보다 잘 발달되어 있다.

  - 단기기억이 시각적으로 지각된 자료를 해석하거나 조직화하는 능력보다 잘 발달되어 있다.

⑦ 시공간 지표(VSI) 점수와 처리속도 지표(PSI) 점수의 유의미한 차이

- VSI가 PSI보다 높을 때

  - 시공간 추론이 처리속도보다 잘 발달되어 있다.

  - 시공간 추론이 정신적 조작속도보다 잘 발달되어 있다.

  - 즉각적 문제해결력이 시각운동 협응보다 잘 발달되어 있다.

  - 시각적으로 지각된 자료를 해석하거나 조직화하는 능력이 비언어적 자극을 처리하는 속도보다 잘 발달되어 있다.

- PSI가 VSI보다 높을 때

  - 처리속도가 시공간 추론보다 잘 발달되어 있다.

  - 정신적 조작속도가 시공간 추론보다 잘 발달되어 있다.

  - 시각운동 협응이 즉각적 문제해결력보다 잘 발달되어 있다.

  - 비언어적 자극을 처리하는 속도가 시각적으로 지각된 자료를 해석하거나 조직화하는 능력보다 잘 발달되어 있다.

⑧ 유동추론 지표(FRI) 점수와 작업기억 지표(WMI) 점수의 유의미한 차이

- FRI가 WMI보다 높을 때
  - 유동추론이 작업기억보다 잘 발달되어 있다.
  - 시각 자극에 대한 추론이 시각 작업기억보다 잘 발달되어 있다.
  - 비언어적 추론이 단기기억보다 잘 발달되어 있다.
  - 문제해결력이 부호화와 기억 전략보다 잘 발달되어 있다.

- WMI가 FRI보다 높을 때
  - 작업기억이 유동추론보다 잘 발달되어 있다.
  - 시각 작업기억이 시각 자극에 대한 추론보다 잘 발달되어 있다.
  - 단기기억이 비언어적 추론보다 잘 발달되어 있다.
  - 부호화와 기억 전략이 문제해결력보다 잘 발달되어 있다.

⑨ 유동추론 지표(FRI) 점수와 처리속도 지표(PSI) 점수의 유의미한 차이

- FRI가 PSI보다 높을 때
  - 유동추론이 처리속도보다 잘 발달되어 있다.
  - 지각적 추론이 처리속도보다 잘 발달되어 있다.
  - 지각적 추론이 정신적 조작속도보다 잘 발달되어 있다.
  - 비언어적 추론능력이 시각운동 협응보다 잘 발달되어 있다.
  - 비언어적 추론능력이 처리속도보다 잘 발달되어 있다.

- PSI가 FRI보다 높을 때
  - 처리속도가 유동추론보다 잘 발달되어 있다.
  - 처리속도가 지각적 추론보다 잘 발달되어 있다.
  - 정신적 조작속도가 지각적 추론보다 잘 발달되어 있다.
  - 시각운동 협응이 비언어적 추론능력보다 잘 발달되어 있다.
  - 처리속도가 비언어적 추론능력보다 잘 발달되어 있다.

⑩ 작업기억 지표(WMI) 점수와 처리속도 지표(PSI) 점수의 유의미한 차이

- WMI가 PSI보다 높을 때

– 작업기억이 처리속도보다 잘 발달되어 있다.

– 단기기억이 정신적 조작속도보다 잘 발달되어 있다.

– 시연 전략 사용능력이 시각운동 협응능력보다 잘 발달되어 있다.

– 단기기억이 정신운동속도보다 잘 발달되어 있다.

- PSI가 WMI보다 높을 때

   – 처리속도가 작업기억보다 잘 발달되어 있다.

   – 정신적 조작속도가 단기기억보다 잘 발달되어 있다.

   – 시각운동 협응능력이 시연 전략 사용능력보다 잘 발달되어 있다.

   – 정신운동속도가 단기기억보다 잘 발달되어 있다.

(2) 추가지표점수 차이비교

① 일반능력 지표(GAI) 점수와 전체 IQ(FSIQ)의 유의미한 차이

- GAI가 FSIQ보다 높을 때

   – 작업기억이나 처리속도가 인지적 약점이거나, 작업기억과 처리속도를 제외한 지적 능력이 더 잘 발달되어 있다.

- FSIQ가 GAI보다 높을 때

   – 작업기억과 처리속도가 아동의 전반적인 지적 능력을 강화하는 강점이다.

② 일반능력 지표(GAI) 점수와 인지효율 지표(CPI) 점수의 유의미한 차이

- GAI가 CPI보다 높을 때

   – 습득된 지식과 문제해결 기술은 지속적 주의와 정신운동속도보다 잘 발달되어 있다.

   – 언어이해와 지각추론 기술은 작업기억과 처리속도 기술보다 잘 발달되어 있다.

   – 언어적 장기기억과 시공간 처리는 시각적 단기기억과 시각운동 협응보다 잘 발달되어 있다.

- CPI가 GAI보다 높을 때

   – 지속적 주의와 정신운동속도가 습득된 지식과 문제해결 기술보다 잘 발달되어 있다.

- 작업기억과 처리속도 기술이 언어이해와 지각추론 기술보다 잘 발달되어 있다.
- 시각적 단기기억과 시각운동 협응이 언어적 장기기억과 시공간 처리보다 잘 발달되어 있다.

③ 작업기억 지표(WMI) 점수와 청각작업기억 지표(AWMI) 점수의 유의미한 차이

- WMI가 AWMI보다 높을 때
  - 시각적으로 제시된 정보에 대한 작업기억이 청각적으로 제시된 정보에 대한 작업기억보다 잘 발달되어 있다.

- AWMI가 WMI보다 높을 때
  - 청각적으로 제시된 정보에 대한 작업기억이 시각적으로 제시된 정보에 대한 작업기억보다 잘 발달되어 있다.

2. 소검사수준의 해석

이 절의 내용은 제4장 K-WISC-V의 기본프로파일 분석 과정 중 4단계(소검사수준에서 강점 및 약점 평가), 5단계(소검사수준에서 차이비교)에 해당한다. 또한, K-WISC-V의 추가프로파일 분석 과정 중 3단계(추가지표 내 소검사수준에서 차이비교)에 해당한다. 실제 평가 장면에서 소검사수준의 해석은 유용한 정보를 제공해주기도 하지만, 지표점수와 다르게 특정 소검사의 결과만을 가지고 가설을 세우기 때문에 편협하거나 단편적인 정보만을 줄 수 있으므로 가설 설정 시 유의해야 한다. 만약 가설이 다른 검사 결과, 행동 관찰, 배경정보 등과 일치하지 않는다면, 이 가설은 수용될 수 없다.

1) K-WISC-V 결과지에 제시된 소검사 차이비교

K-WISC-V 결과지를 살펴보면, 기본분석과 추가분석에서 각각 소검사 간 차이비교에 대한 정보를 제공한다. 다음은 두 소검사 간 유의미한 차이가 있을 때 세울 수 있는 가설의 예로, Sattler 등(2016)이 제안한 내용이다.

(1) 기본지표 소검사 차이비교

① 공통성(SI) vs 어휘(VC)

공통성과 어휘 소검사의 비교는 개념적 사고와 관련된 능력(공통성)과 단어 의미에 대한 지식(어휘)을 비교하는 것이다.

- SI > VC : 개념적 추론능력이 개별 단어의 의미 지식보다 잘 발달되어 있다.
- VC > SI : 개별 단어의 의미 지식이 개념적 추론능력보다 잘 발달되어 있다.

② 토막짜기(BD) vs 퍼즐(VP)

토막짜기와 퍼즐은 모두 공간적 시각화, 비언어적 추론능력, 분석과 통합능력, 시간압력 하 작업능력을 측정한다. 토막짜기는 시각운동 기술이 요구되지만, 퍼즐은 정신적 전환 사용이 요구된다.

- BD > VP : 정신적 전환이 요구되는 과제보다 시각운동 기술이 요구되는 과제에서 공간적 시각화가 잘 발달되어 있다.
- VP > BD : 시각운동 기술이 요구되는 과제보다 정신적 전환이 요구되는 과제에서 공간적 시각화가 잘 발달되어 있다.

③ 행렬추리(MR) vs 무게비교(FW)

시지각적 유추능력(행렬추리)과 연역적, 귀납적 논리를 사용하여 양적 과제를 수행하는 능력(무게비교)을 비교하는 것이다.

- MR > FW : 시지각적 유추능력이 연역적, 귀납적 논리를 사용하여 양적 과제를 수행하는 능력보다 잘 발달되어 있다.
- FW > MR : 연역적, 귀납적 논리를 사용하여 양적 과제를 수행하는 능력이 시지각적 유추능력보다 잘 발달되어 있다.

④ 숫자(DS) vs 그림기억(PS)

숫자와 그림기억은 단기기억 과제로, 숫자는 청각 단기기억을 측정하고, 그림기억은 시각 단기기억을 측정한다.

- DS > PS : 청각 단기기억은 시각 단기기억보다 잘 발달되어 있다.
- PS > DS : 시각 단기기억은 청각 단기기억보다 잘 발달되어 있다.

⑤ 기호쓰기(CD) vs 동형찾기(SS)

기호쓰기와 동형찾기는 모두 주사능력, 시각정보 처리능력을 포함한다. 기호쓰기는 시지각적 상징 연합 기술을, 동형찾기는 시지각적 변별 기술을 더 요구한다.

- CD > SS : 시지각적 상징 연합 기술이 상징 연합능력을 포함하지 않는 시지각적 변별 기술보다 잘 발달되어 있다.
- SS > CD : 상징 연합능력을 포함하지 않는 시지각적 변별 기술이 시지각적 상징 연합 기술보다 잘 발달되어 있다.

(2) 추가지표 소검사 차이비교

① 무게비교(FW) vs 산수(AR)

무게비교는 시각적 추상 자극을 사용하고 언어적 반응을 요구하지 않는 반면, 산수는 언어적 자극을 사용하고 언어적 반응을 요구한다.

- FW > AR : 시각 과제에서의 양적추론능력이 언어적 자극과 반응으로 구성된 과제에서의 양적추론능력보다 잘 발달되어 있다.
- AR > FW : 언어적 자극과 반응으로 구성된 과제에서의 양적추론능력이 시각 과제에서의 양적추론능력보다 잘 발달되어 있다.

② 숫자(DS) vs 순차연결(LN)

숫자와 순차연결은 청각적 단기기억을 측정한다. 숫자 소검사는 숫자 자극만을 사용하지만, 순차연결 소검사는 숫자와 문자 자극을 사용한다. 숫자 바로 따라하기와 순차연결의 앞부분 문항은 단순 암기력을 요구한다. 숫자 거꾸로 따라하기, 숫자 순서대로 따라하기와 순차연결의 뒷부분 문항은 정신적 조작이나 변환(transformations)을 요구한다.

- DS > LN : 단순 암기력을 요구하는 과제에서의 청각적 단기기억이 순차적 정보처리를 요구하는 과제에서의 청각적 단기기억보다 잘 발달되어 있다.
- LN > DS : 순차적 정보처리를 요구하는 과제에서의 청각적 단기기억이 단순 암기력을 요구하는 과제에서의 청각적 단기기억보다 잘 발달되어 있다.

2) 이 외 소검사 차이비교

다음에 제시되는 소검사 간 차이비교는 K-WISC-V 결과지에서 제공하지 않는다. 그렇다 하더라도 소검사 간 차이가 유의미하다면, 이에 대한 가설을 세울 수 있을 것이다. Sattler 등(2016)이 소검사 간 유의미한 차이가 있을 때 세울 수 있는 가설의 예를 다음과 같이 제시하였다.

(1) 언어이해 소검사 간 비교

① 공통성(SI) vs 상식(IN)

공통성은 개념적 사고와 관련된 능력을, 상식은 보유한 상식의 양을 측정한다.

- SI>IN : 개념적 사고능력이 보유한 상식의 양보다 잘 발달되어 있다.
- IN>SI : 보유한 상식의 양이 개념적 사고능력보다 잘 발달되어 있다.

② 공통성(SI) vs 이해(CO)

공통성과 이해는 모두 개념화능력을 측정하는데, 공통성은 하나의 주요 개념을 언어적으로 표현하도록 하지만, 이해는 보다 긴 언어적 반응을 요구한다. 또한 공통성은 언어적 개념형성능력을 측정하고, 이해는 사회적 판단력과 실제적 추론능력을 측정한다.

- SI>CO : 언어적 개념형성능력이 사회적 판단력과 실제적 추론능력보다 잘 발달되어 있다.
- CO>SI : 사회적 판단력과 실제적 추론능력이 언어적 개념형성능력보다 잘 발달되어 있다.

③ 어휘(VC) vs 상식(IN)

어휘는 단어 의미에 대한 지식을, 상식은 보유한 상식의 양을 측정한다.

- VC>IN : 단어 의미에 대한 지식이 상식적 지식보다 잘 발달되어 있다.
- IN>VC : 상식적 지식이 단어 의미에 대한 지식보다 잘 발달되어 있다.

④ 어휘(VC) vs 이해(CO)

어휘는 단어 의미에 대한 지식을, 이해는 사회적 판단력과 실제적 추론능력을 측정한다.

- VC>CO : 단어 의미에 대한 지식이 사회적 판단력과 실제적 추론능력보다 잘 발달

되어 있다.

  – CO＞VC : 사회적 판단력과 실제적 추론능력이 단어 의미에 대한 지식보다 잘 발달
    되어 있다.

⑤ 상식(IN) vs 이해(CO)

상식은 보유한 상식의 양을, 이해는 정보를 사용하는 능력을 측정한다. 상식은 사실적 지
식을, 이해는 사회적 판단력과 실제적 추론능력을 요구한다.

  – IN＞CO : 상식적 지식이 사회적 판단력과 실제적 추론능력보다 잘 발달되어 있다.
  – CO＞IN : 사회적 판단력과 실제적 추론능력이 상식적 지식보다 잘 발달되어 있다.

⑥ 어휘(VC) vs 상식(IN) vs 이해(CO)

  – VC, IN＞CO : 언어적 능력과 보유한 상식의 양이 사회적 판단력과 실제적 추론능
    력보다 잘 발달되어 있다.
  – CO＞VC, IN : 사회적 판단력과 실제적 추론능력이 언어적 능력과 보유한 상식의
    양보다 잘 발달되어 있다.
  – VC, CO＞IN : 언어적 능력 및 사회적 판단력과 실제적 추론능력이 보유한 상식의
    양보다 잘 발달되어 있다.
  – IN＞VC, CO : 보유한 상식의 양이 언어적 능력 및 사회적 판단력과 실제적 추론능
    력보다 잘 발달되어 있다.

⑦ 공통성(SI), 이해(CO) vs 어휘(VC), 상식(IN)

  – SI, CO＞VC, IN : 개념적 사고와 실제적 추론능력이 언어적 능력과 보유한 상식의
    양보다 잘 발달되어 있다.
  – VC, IN＞SI, CO : 언어적 능력과 보유한 상식의 양이 개념적 사고와 실제적 추론능
    력보다 잘 발달되어 있다.

(2) 유동추론 소검사 간 비교

① 행렬추리(MR) vs 공통그림찾기(PC)

행렬추리와 공통그림찾기는 시지각적 추론능력과 세부적인 사항에 대한 시각적 주의력

을 측정한다. 행렬추리는 유추적 공간추론능력을, 공통그림찾기는 시지각적 재인과 처리를 측정한다.

- MR>PC : 유추적 공간추론능력이 시지각적 재인과 처리보다 잘 발달되어 있다.
- PC>MR : 시지각적 재인과 처리가 유추적 공간추론능력보다 잘 발달되어 있다.

② 행렬추리(MR) vs 산수(AR)

행렬추리와 산수는 시지각적 추론능력과 세부적인 사항에 대한 주의력을 측정한다. 행렬추리는 시지각적 유추능력을, 산수는 수와 관련된 추론능력을 측정한다.

- MR>AR : 시지각적 유추능력이 수와 관련된 추론능력보다 잘 발달되어 있다.
- AR>MR : 수와 관련된 추론능력이 시지각적 유추능력보다 잘 발달되어 있다.

③ 무게비교(FW) vs 공통그림찾기(PC)

무게비교와 공통그림찾기는 시지각적 추론능력과 세부적인 사항에 대한 시각적 주의력을 측정한다. 무게비교는 귀납적, 연역적 추리를 사용해서 양적 과제를 수행하는 능력을, 공통그림찾기는 시지각적 재인과 처리를 측정한다.

- FW>PC : 귀납적, 연역적 추리를 사용해서 양적 과제를 수행하는 능력이 시지각적 재인과 처리보다 잘 발달되어 있다.
- PC>FW : 시지각적 재인과 처리가 귀납적, 연역적 추리를 사용해서 양적 과제를 수행하는 능력보다 잘 발달되어 있다.

④ 무게비교(FW) vs 산수(AR)

무게비교와 산수는 시지각적 추론능력과 세부적인 사항에 대한 주의력을 측정한다. 무게비교는 귀납적, 연역적 추리를 사용해서 양적 과제를 수행하는 능력을, 산수는 수와 관련된 추론능력을 측정한다.

- FW>AR : 귀납적, 연역적 추리를 사용해서 양적 과제를 수행하는 능력이 수와 관련된 추론능력보다 잘 발달되어 있다.
- AR>FW : 수와 관련된 추론능력이 귀납적, 연역적 추리를 사용해서 양적 과제를 수행하는 능력보다 잘 발달되어 있다.

(3) 작업기억 소검사 간 비교

① 그림기억(PS) vs 순차연결(LN)

그림기억과 순차연결은 단기기억을 측정한다. 그림기억은 시각적 단기기억을, 순차연결은 청각적 단기기억을 측정한다.

- PS>LN : 시각적 단기기억이, 순차적 처리를 요구하는 과제에서의 청각적 단기기억보다 잘 발달되어 있다.
- LN>PS : 순차적 처리를 요구하는 과제에서의 청각적 단기기억이, 시각적 단기기억보다 잘 발달되어 있다.

(4) 처리속도 소검사 간 비교

① 기호쓰기(CD) vs 선택(CA)

기호쓰기와 선택은 정신운동속도와 시각적 변별 기술을 측정한다. 기호쓰기는 시지각 상징 연합 기술을, 선택은 색과 모양을 변별하는 능력을 요구한다.

- CD>CA : 시지각 상징 연합을 포함한 정신운동속도와 시각적 변별 기술이, 색과 모양의 변별을 포함한 정신운동속도와 시각적 변별 기술보다 잘 발달되어 있다.
- CA>CD : 색과 모양의 변별을 포함한 정신운동속도와 시각적 변별 기술이, 시지각 상징 연합을 포함한 정신운동속도와 시각적 변별 기술보다 잘 발달되어 있다.

② 동형찾기(SS) vs 선택(CA)

동형찾기와 선택은 정신운동속도와 시각적 변별 기술을 측정한다. 동형찾기는 추상적 상징물의 재인을, 선택은 평범한 대상들을 변별하는 능력을 요구한다.

- SS>CA : 추상적 상징물의 재인을 포함한 정신운동속도와 시각적 변별 기술이, 평범한 대상을 변별하는 능력을 포함한 정신운동속도와 시각적 변별 기술보다 잘 발달되어 있다.
- CA>SS : 평범한 대상을 변별하는 능력을 포함한 정신운동속도와 시각적 변별 기술이, 추상적 상징물의 재인을 포함한 정신운동속도와 시각적 변별 기술보다 잘 발달되어 있다.

(5) 언어이해 소검사와 시공간 소검사 간 비교

① 공통성(SI) vs 토막짜기(BD)

공통성과 토막짜기는 추상적 추론능력을 측정한다. 제시된 자극 간 관계에 대한 추상적 개념을 측정하는데, 공통성은 언어적 재료로 구성되고 언어적 반응을 요구하며, 토막짜기는 비언어적 재료로 구성되고 운동반응을 요구한다.

- SI>BD : 언어적 자극에 대한 추상적 추론능력이 비언어적 시각 자극에 대한 추상적 추론능력보다 잘 발달되어 있다.
- BD>SI : 비언어적 시각 자극에 대한 추상적 추론능력이 언어적 자극에 대한 추상적 추론능력보다 잘 발달되어 있다.

② 공통성(SI) vs 퍼즐(VP)

공통성과 퍼즐은 추상적 추론능력을 측정한다. 제시된 자극 간 관계에 대한 추상적 개념을 측정하는데, 공통성은 언어적 재료로 구성되고 언어적 반응을 하며, 퍼즐은 비언어적 시각 재료로 구성되고 반응 선택지에서 답을 가리키거나 언어적 반응을 한다.

- SI>VP : 언어적 자극에 대한 추상적 추론능력이 비언어적 시각 자극에 대한 추상적 추론능력보다 잘 발달되어 있다.
- VP>SI : 비언어적 시각 자극에 대한 추상적 추론능력이 언어적 자극에 대한 추상적 추론능력보다 잘 발달되어 있다.

(6) 언어이해 소검사와 유동추론 소검사 간 비교

① 공통성(SI) vs 행렬추리(MR)

공통성은 언어적 개념 추론능력을, 행렬추리는 비언어적 유추능력을 측정한다.

- SI>MR : 언어적 개념 추론능력이 비언어적 유추능력보다 잘 발달되어 있다.
- MR>SI : 비언어적 유추능력이 언어적 개념 추론능력보다 잘 발달되어 있다.

② 공통성(SI) vs 무게비교(FW)

공통성과 무게비교는 추론능력을 측정하는데, 공통성은 언어적 개념 추론능력을, 무게비교는 양적추론능력을 측정한다.

- SI>FW : 언어적 개념 추론능력이 양적추론능력보다 잘 발달되어 있다.

- FW＞SI : 양적추론능력이 언어적 개념 추론능력보다 잘 발달되어 있다.

③ 어휘(VC) vs 행렬추리(MR)

어휘는 개별 단어의 의미를 이해하거나 표현하는 능력을, 행렬추리는 비언어적 유추능력을 측정한다.

- VC＞MR : 개별 단어의 의미를 이해하거나 표현하는 능력이 비언어적 유추능력보다 잘 발달되어 있다.
- MR＞VC : 비언어적 유추능력이 개별 단어의 의미를 이해하거나 표현하는 능력보다 잘 발달되어 있다.

④ 어휘(VC) vs 무게비교(FW)

어휘는 개별 단어의 의미를 이해하거나 표현하는 능력을, 무게비교는 양적추론능력을 측정한다.

- VC＞FW : 개별 단어의 의미를 이해하거나 표현하는 능력이 양적추론능력보다 잘 발달되어 있다.
- FW＞VC : 양적추론능력이 개별 단어의 의미를 이해하거나 표현하는 능력보다 잘 발달되어 있다.

⑤ 이해(CO) vs 행렬추리(MR)

이해는 사회적 판단력과 실제적 추론능력을, 행렬추리는 비언어적 유추능력을 측정한다.

- CO＞MR : 사회적 판단력과 실제적 추론능력이 비언어적 유추능력보다 잘 발달되어 있다.
- MR＞CO : 비언어적 유추능력이 사회적 판단력과 실제적 추론능력보다 잘 발달되어 있다.

(7) 언어이해 소검사와 작업기억 소검사 간 비교

① 공통성(SI) vs 숫자(DS)

공통성은 개념적 사고를, 숫자는 청각적 작업기억을 측정한다.

- SI＞DS : 개념적 사고가 청각적 작업기억보다 잘 발달되어 있다.
- DS＞SI : 청각적 작업기억이 개념적 사고보다 잘 발달되어 있다.

② 공통성(SI) vs 그림기억(PS)

공통성은 개념적 사고를, 그림기억은 시각적 작업기억을 측정한다.

- SI>PS : 개념적 사고가 시각적 작업기억보다 잘 발달되어 있다.
- PS>SI : 시각적 작업기억이 개념적 사고보다 잘 발달되어 있다.

③ 어휘(VC) vs 숫자(DS)

어휘는 개별 단어의 의미를 이해하거나 표현하는 능력을, 숫자는 청각적 작업기억을 측정한다.

- VC>DS : 개별 단어의 의미를 이해하거나 표현하는 능력이 청각적 작업기억보다 잘 발달되어 있다.
- DS>VC : 청각적 작업기억이 개별 단어의 의미를 이해하거나 표현하는 능력보다 잘 발달되어 있다.

④ 어휘(VC) vs 그림기억(PS)

어휘는 단어 의미에 대한 지식을, 그림기억은 시각적 작업기억을 측정한다.

- VC>PS : 단어 의미에 대한 지식이 시각적 작업기억보다 잘 발달되어 있다.
- PS>VC : 시각적 작업기억이 단어 의미에 대한 지식보다 잘 발달되어 있다.

(8) 시공간 소검사와 유동추론 소검사 간 비교

① 토막짜기(BD) vs 행렬추리(MR)

토막짜기와 행렬추리는 공간적 시각화, 비언어적 추론능력, 분석과 통합 기술, 시간압력 하 작업능력을 측정한다. 토막짜기는 토막 배열 시 시각운동 기술을, 행렬추리는 정신적 변형을 사용하는 비언어적 유추능력을 요구한다.

- BD>MR : 시각운동 기술을 요구하는 과제에서의 공간적 시각화가, 정신적 변형을 사용하는 비언어적 유추능력을 요구하는 과제에서의 공간적 시각화보다 잘 발달되어 있다.
- MR>BD : 정신적 변형을 사용하는 비언어적 유추능력을 요구하는 과제에서의 공간적 시각화가, 시각운동 기술을 요구하는 과제에서의 공간적 시각화보다 잘 발달되어 있다.

② 퍼즐(VP) vs 무게비교(FW)

퍼즐과 무게비교는 시지각적 추론능력, 세부적인 사항에 대한 시각적 주의력, 시간압력 하 작업능력을 측정한다. 퍼즐은 정신적 변형을, 무게비교는 귀납적, 연역적 추론을 사용하여 양적 과제를 수행하는 능력을 요구한다.

- VP > FW : 정신적 변형을 요구하는 과제에서의 시지각적 추론능력이, 귀납적, 연역적 추론을 사용하여 양적 과제를 수행하는 능력을 요구하는 과제에서의 시지각적 추론능력보다 잘 발달되어 있다.
- FW > VP : 귀납적, 연역적 추론을 사용하여 양적 과제를 수행하는 능력을 요구하는 과제에서의 시지각적 추론능력이, 정신적 변형을 요구하는 과제에서의 시지각적 추론능력보다 잘 발달되어 있다.

(9) 시공간 소검사와 작업기억 소검사 간 비교

① 퍼즐(VP) vs 숫자(DS)

퍼즐은 유동추론능력을, 숫자는 단기기억을 요구한다.

- VP > DS : 유동추론능력이 단기기억보다 잘 발달되어 있다.
- DS > VP : 단기기억이 유동추론능력보다 잘 발달되어 있다.

(10) 시공간 소검사와 처리속도 소검사 간 비교

① 토막짜기(BD), 퍼즐(VP) vs 기호쓰기(CD), 동형찾기(SS)

토막짜기와 퍼즐은 동시적 시각처리(전체로써 자극을 지각)가, 기호쓰기와 동형찾기는 순차적 시각처리(순서대로 배열된 개별 자극을 지각)가 관여한다.

- BD, VP > CD, SS : 동시적 시각처리가 순차적 시각처리보다 잘 발달되어 있다.
- CD, SS > BD, VP : 순차적 시각처리가 동시적 시각처리보다 잘 발달되어 있다.

(11) 유동추론 소검사와 처리속도 소검사 간 비교

① 행렬추리(MR) vs 기호쓰기(CD)

행렬추리는 지각적 유추능력을, 기호쓰기는 시각운동 처리속도를 측정한다.

- MR > CD : 지각적 유추능력이 시각운동 처리속도보다 잘 발달되어 있다.
- CD > MR : 시각운동 처리속도가 지각적 유추능력보다 잘 발달되어 있다.

② 행렬추리(MR) vs 동형찾기(SS)

행렬추리는 지각적 유추능력을, 동형찾기는 시각적 처리속도를 측정한다.

- MR>SS : 지각적 유추능력이 시각적 처리속도보다 잘 발달되어 있다.
- SS>MR : 시각적 처리속도가 지각적 유추능력보다 잘 발달되어 있다.

③ 행렬추리(MR), 공통그림찾기(PC) vs 기호쓰기(CD), 동형찾기(SS)

행렬추리와 공통그림찾기는 동시적 시각처리(전체로써 자극을 지각)가, 기호쓰기와 동형찾기는 순차적 시각처리(순서대로 배열된 개별 자극을 지각)가 관여한다.

- MR, PC>CD, SS : 동시적 시각처리가 순차적 시각처리보다 잘 발달되어 있다.
- CD, SS>MR, PC : 순차적 시각처리가 동시적 시각처리보다 잘 발달되어 있다.

(12) 작업기억 소검사와 처리속도 소검사 간 비교

① 숫자(DS), 그림기억(PS) vs 기호쓰기(CD), 동형찾기(SS)

숫자, 그림기억, 기호쓰기, 동형찾기는 단기기억, 주의력, 집중력을 측정한다. 숫자와 그림기억은 의미 있는 자극으로 구성되고, 기호쓰기와 동형찾기는 추상적 시각 자극으로 구성된다.

- DS, PS>CD, SS : 의미 있는 자극에 대한 단기기억이 추상적 시각 자극에 대한 단기기억보다 잘 발달되어 있다.
- CD, SS>DS, PS : 추상적 시각 자극에 대한 단기기억이 의미 있는 자극에 대한 단기기억보다 잘 발달되어 있다.

(13) 언어이해, 시공간, 유동추론 소검사 간 비교

① 어휘(VC), 상식(IN) vs 토막짜기(BD), 행렬추리(MR)

어휘와 상식은 과거 학습하고 보유한 언어적 재료와 결정적 지식을 측정하고, 토막짜기와 행렬추리는 시각 자극을 추론하는 능력을 측정한다.

- VC, IN>BD, MR : 과거 학습하고 보유한 언어적 재료와 결정적 지식이 시각 자극을 추론하는 능력보다 잘 발달되어 있다.
- BD, MR>VC, IN : 시각 자극을 추론하는 능력이 과거 학습하고 보유한 언어적 재료와 결정적 지식보다 잘 발달되어 있다.

3. 처리점수 분석의 해석

이 절은 제4장의 K-WISC-V 프로파일 분석 과정 중 3단계 처리점수 분석에 해당하는 내용이다. 처리점수의 해석이나 비교와 관련된 연구를 거의 찾아보기 어려운바, 다음에 제시한 내용을 참고적으로 살펴보기 바란다. 다음은 Sattler 등(2016)과 Wechsler(2014c)가 제시한 처리점수 분석에 대한 내용이다.

1) 토막짜기

(1) 시간보너스가 없는 토막짜기(BDn)

토막짜기에서 과제를 빠른 속도로 완성했을 때 이에 따른 보너스 점수를 받는다. 그러나 시간보너스가 없는 토막짜기(BDn)는 수행속도에 따른 보너스 점수를 주지 않는 처리점수이다. 즉, 보너스 점수를 제외한 토막짜기 수행 결과이다. 이 처리점수는 아동이 신체적 제한(예 : 한쪽 손의 사용이 불편한 경우 등), 문제해결 전략, 성격 특성 등의 문제로 과제를 빠르게 수행하지 못할 경우, 수행속도의 영향을 배제한 채 아동의 토막짜기 수행 결과를 파악하고자 할 때 유용하다.

① 토막짜기 총점(BD) vs 시간보너스가 없는 토막짜기(BDn)

토막짜기 총점과 시간보너스가 없는 토막짜기 점수의 차이는 수행속도가 결과에 기여한 정도를 반영한다.

- BDn>BD : 신속한 시지각적 정보처리의 어려움, 운동실행(motor execution)의 어려움을 나타낸다.
- BD>BDn : 처리속도의 문제나 운동실행의 문제가 토막짜기 수행 결과에 영향을 미치지 않았음을 나타낸다.

(2) 토막짜기 부분점수(BDp)

토막짜기 부분점수는 제한시간 내 정확하게 수행한 토막의 수에 따라 채점한 처리점수이다. 제한시간 내에 과제를 완성하지 못하더라도 부분적으로 완성한 아동과 전혀 수행하지 못한 아동은 다르게 해석해야 하는데, 완성한 부분에 대해서는 점수를 주어야 할 것이다. 만약 어떤 아동이 실수로 토막 하나를 잘못 놓는 경우, 토막짜기 부분점수에서는 실수한 하나의 토막을 제외하고 나머지 완성한 토막에 대해 점수를 주기 때문에, 토막짜기 부분점수는 충동적이거나 부주의한 아동, 도안을 오지각한 아동의 수행에 대한 추정치로 유용하다.

① 토막짜기 총점(BD) vs 토막짜기 부분점수(BDp)

토막짜기 총점과 토막짜기 부분점수의 차이는 세부적인 사항에 대한 주의력과 수행속도를 반영한다.

- BDp > BD : 신속한 시지각 정보처리나 운동실행의 어려움, 세부적인 사항에 주의를 기울이기 어려운 점 등을 나타낸다.
- BD > BDp : 수행속도나 세부적인 사항에 대한 주의력 문제가 토막짜기 수행 결과에 영향을 미치지 않았음을 나타낸다.

2) 숫자

(1) 숫자 바로 따라하기(DSf), 숫자 거꾸로 따라하기(DSb), 숫자 순서대로 따라하기(DSs)

숫자 소검사 내 바로 따라하기, 거꾸로 따라하기, 순서대로 따라하기 과제는 모두 1부터 9까지 숫자라는 같은 자극을 사용하지만, 과제에 따라 반응 과정이 다르다. 숫자 바로 따라하기는 제시된 숫자를 그대로 따라 말하도록 하는데, 음향정보를 유지하고 조작하는 일에 관여하는 음운 고리(phonological loop)의 능력을 측정한다. 숫자 거꾸로 따라하기는 제시된 숫자를 거꾸로 말하도록 하는데, 반응 전에 정보의 조작이 필요하고 작업기억을 사용하게 된다. 숫자 순서대로 따라하기는 제시된 숫자를 순서대로 재배열해야 하는데, 작업기억과 함께 숫자 순서에 대한 지식이 필요하다.

① 숫자 바로 따라하기(DSf) vs 숫자 거꾸로 따라하기(DSb)와 숫자 바로 따라하기(DSf) vs 숫자 순서대로 따라하기(DSs)

인지적으로 단순한 과제(바로 따라하기) 대 인지적으로 더 복잡한 과제(거꾸로 따라하기, 순서대로 따라하기)로 나누어 살펴볼 때, 기억 용량 대 정신적 조작에 대한 정보를 준다.

- DSf > DSb, DSf > DSs : 이러한 결과는 인지적으로 더 복잡한 과제나 작업기억이 더 요구되는 과제 수행 시 어려움을 겪는 점을 반영한다. 거꾸로 따라하기나 순서대로 따라하기 과제에서는 '거꾸로 하라'거나 '순서대로 하라'는 등 지시사항이 추가되는

데, 아동이 이러한 과제의 요구 때문에 혼란스러워지거나 정신적 조작이 어려운 점을 반영할 수 있다.

- DSb>DSf, DSs>DSf : 이러한 결과는 여러 요인과 관련이 있다. 아동이 상대적으로 단순한 과제(바로 따라하기)보다 도전적인 과제(거꾸로 따라하기, 순서대로 따라하기)에 참여하는 것을 선호할 수 있다. 혹은 바로 따라하기를 시행하는 동안 주의력이나 동기가 저하된 점을 반영할 수 있다. 바로 따라하기는 거꾸로 따라하기와 순서대로 따라하기보다 먼저 실시하는 과제이기 때문에, 아동이 과제를 시행하는 동안 성공적인 전략을 사용하는 방법을 습득하거나 경험과 연습으로부터 배우게 된다면, 바로 따라하기보다 이후에 실시하는 거꾸로 따라하기나 순서대로 따라하기에서 수행능력이 향상될 수 있다.

② 숫자 바로 따라하기(DSf) vs 숫자 거꾸로 따라하기(DSb)

바로 따라하기와 거꾸로 따라하기는 청각적 단기기억과 주의력을 요구한다. 거꾸로 따라하기는 청각정보를 변환하는 것과 같이 더 복잡한 주의 과정을 요구한다.

- DSf>DSb : 정보 변환을 포함하지 않는 청각적 단기기억이 정보 변환을 포함하는 청각적 단기기억보다 잘 발달되어 있다.
- DSb>DSf : 정보 변환을 포함하는 청각적 단기기억이 정보 변환을 포함하지 않는 청각적 단기기억보다 잘 발달되어 있다.

③ 숫자 바로 따라하기(DSf) vs 숫자 순서대로 따라하기(DSs)

바로 따라하기와 순서대로 따라하기는 청각적 단기기억과 주의력을 요구한다. 순서대로 따라하기는 일련의 숫자를 순서대로 재배열하는 더 복잡한 주의 과정을 요구한다.

- DSf>DSs : 정보 변환을 포함하지 않는 청각적 단기기억이 정보 변환을 포함하는 청각적 단기기억보다 잘 발달되어 있다.
- DSs>DSf : 정보 변환을 포함하는 청각적 단기기억이 정보 변환을 포함하지 않는 청각적 단기기억보다 잘 발달되어 있다.

④ 숫자 거꾸로 따라하기(DSb) vs 숫자 순서대로 따라하기(DSs)

거꾸로 따라하기와 순서대로 따라하기는 청각적 단기기억, 주의력, 정보 변환을 측정한다. 결과는 여러 요인과 관련 있는데, 두 과제 중 더 낮은 점수를 보이는 과제 시행 시 주의력이나 동기가 저하되었을 수 있다. 혹은 순서대로 따라하기의 각 시행에서 같은 숫자가 여러 번 포함되는 경우 같은 숫자를 반복적으로 말해야 하는데, 이 지침에 따르는 것이 혼란스러웠을 수 있다.

- DSb > DSs : 숫자를 거꾸로 따라하는 능력을 포함하는 청각적 단기기억이 숫자를 오름차순으로 재배열하는 능력을 포함하는 청각적 단기기억보다 잘 발달되어 있다.
- DSs > DSb : 숫자를 오름차순으로 재배열하는 능력을 포함하는 청각적 단기기억이 숫자를 거꾸로 따라하는 능력을 포함하는 청각적 단기기억보다 잘 발달되어 있다.

(2) 가장 긴 숫자 바로 따라하기(LDSf), 가장 긴 숫자 거꾸로 따라하기(LDSb), 가장 긴 숫자 순서대로 따라하기(LDSs)

어떤 아동은 숫자 소검사의 각 시행에서 실패했다가 성공하는 등 비일관적인 반응 패턴을 보인다. 이러한 반응 패턴을 보이는 아동과 첫 문항부터 계속 성공반응을 보였지만 적은 문항만 성공한 아동의 점수가 비슷할 때, 이 두 아동은 모두 저조한 작업기억을 가진 것으로 해석될 수 있다. 그러나 이는 각 아동의 최대 주의폭을 고려하지 못한 채 해석한 것이다. 숫자 소검사 결과를 해석할 때, 아동의 최대 주의폭에 대한 정보를 제공해주는 이 세 처리점수를 고려해서, 주의폭 자체가 협소한 것인지 혹은 일관되게 주의력을 유지하지 못해 비일관적인 반응 패턴을 보이고 있는지 등을 해석하는 것이 중요하다.

3) 순차연결

(1) 순차연결 총점(LN)

① 순차연결 총점(LN) vs 숫자 순서대로 따라하기(DSs)

이 차이비교는 한 가지 자극(예 : 숫자)으로 구성된 작업기억 과제인 '숫자 순서대로 따라하기'와 두 가지 자극(예 : 숫자와 문자)으로 구성된 작업기억 과제인 '순차연결' 소검사의 수행을 비교하는 것이다. 숫자 순서대로 따라하기는 숫자를 오름차순으로 재배열하도록 하고, 순차연결에서는 숫자와 문자를 오름차순과 알파벳순으로 동시에 재배열하도록 한다.

- DSs > LN : 작업기억 과제 수행 시 두 가지 자극(숫자와 문자)을 처리하는 데 어려움

이 있을 수 있다. 아동이 아직 문자를 배우지 않았거나 청각적으로 제시되는 문자의 즉시 등록(immediate registration)에 어려움을 겪을 수 있다.

- LN > DSs : 순차연결은 숫자와 문자라는 두 가지 자극으로 나뉘기 때문에 재배열해 야 하는 숫자폭과 문자폭이 각각 길지 않을 수 있으나, 숫자 순서대로 따라하기는 숫자만으로 구성되어 있어 상대적으로 더 긴 숫자폭을 재배열해야 한다. 그렇기 때 문에 이러한 결과는 긴 숫자폭을 재배열하는 것의 어려움을 반영할 수 있다. 혹은 숫자 순서대로 따라하기의 각 시행에서 같은 숫자가 여러 번 포함되는 경우 같은 숫 자를 반복적으로 말해야 하는데, 이 지침에 따르는 것이 혼란스러웠을 수 있다. 또 한, 소검사 시행 순서에서 숫자 소검사를 실시한 이후에 순차연결 소검사를 실시하 는데, 만약 아동이 과제를 시행하는 동안에 성공적인 전략을 사용하는 방법을 습득 하거나 경험과 연습으로부터 배우게 된다면, 숫자 소검사 이후에 실시하는 순차연 결 소검사에서 수행능력이 향상될 수 있다.

(2) 가장 긴 순차연결(LLNs)

가장 긴 순차연결의 점수는 숫자와 문자의 최대 주의폭을 반영한다. 순차연결 소검사의 각 시행에서 실패했다가 성공하는 등 비일관적인 반응 패턴을 보이는 아동과 첫 시행부 터 계속 성공반응을 보이는 등 전형적인 반응 패턴을 보이는 아동이 비슷한 점수를 받을 수 있다. 그렇다 하더라도 이 둘을 유사하게 해석해서는 안 되는데, 주의폭 자체가 협소 한지 혹은 최대 주의폭은 적절하나 부주의하고 비일관적으로 반응했는지 등을 고려해서 해석해야 한다.

4) 그림기억

(1) 가장 긴 그림기억 자극(LPSs)과 가장 긴 그림기억 반응(LPSr)

그림기억 소검사에서도 총점이 비슷한 아동이 다른 반응 패턴을 보일 수 있다. 상대적으 로 쉬운 문항에서 실패했다가 어려운 문항에서 성공하는 아동, 같은 수의 자극과 반응을 사용하는 문항에서도 비일관적인 반응 패턴을 보이는 아동, 첫 문항부터 계속 성공반응 을 보이는 등 전형적인 반응 패턴을 보이는 아동 등이 있을 수 있고, 이와 같은 수행차이 에도 불구하고 그림기억 소검사 총점이 비슷할 수 있다. 그러나 총점이 비슷하다고 하더라도 각각의 아동을 유사하게 해석해서는 안 된다. 특히 그림기억 소검사는 각 문항마다 제시되는 자극의 길이나 반응의 길이가 달라지는 특성이 있으므로, 가장 긴 그림기억 자극과 가장 긴 그림기억 반응 처리점수를 고려해서 해석해야 한다.

5) 선택

(1) 선택(무선배열)(CAr)과 선택(일렬배열)(CAs)

선택(무선 배열)과 선택(일렬 배열)은 시각 자극의 배열이 다른 두 과제(무선 배열, 일렬 배열)에서 시각적 선택 주의력, 처리속도, 목표 자극인지를 결정하는 데 있어 시각 의미 연합(visual-semantic associations)의 사용을 측정한다. 이 차이비교는 읽기장애, 경도 지적 장애, 폐쇄성 뇌손상, 운동장애 아동과 규준집단 아동을 변별하는 데 유용한 것으로 나타났다(Zhu & Chen, 2013).

① 선택 (무선 배열)(CAr) vs 선택 (일렬 배열)(CAs)

- CAs > CAr : 일렬로 구조화된 배열에서 더 잘 수행한다.
- CAr > CAs : 일렬 배열보다 무선 배열에서 더 효과적인 전략을 사용했을 수 있다.

6) 회전 오류와 세트 오류

심적 회전(mental rotation)은 시각 심상을 회전시키는 것으로, 지능 및 작업기억과 관련된 영역이다. 소검사 중 토막짜기, 기호쓰기, 동형찾기에서 회전 오류점수를 산출하는데, 회전 오류는 드물게 나타나는 오류이다. 세 소검사에서 일관되게 회전 오류를 보이는지, 퍼즐 소검사 중 회전반응을 해야 하는 문항에서 어려움을 보이는지 등을 살펴보면서, 아동의 심적 회전 문제를 검토해야 한다. 드문 경우이지만, 회전 오류는 아동의 신경학적 문제를 시사할 수 있다.

동형찾기의 세트 오류는 표적 기호가 아닌 잘못된 기호를 선택한 반응으로, 충동성, 부주의함에 따른 실수, 시지각 문제 등과 관련 있다.

4. 검사 태도에 대한 질적 분석 해석

지능검사 중에 나타난 행동 관찰은 검사 참여도, 독특한 행동 패턴, 정서, 문제해결방식 등에 대한 정보를 제공한다. 검사 태도에 대한 분석은 해석 과정에 풍부한 정보를 제공하지만, 검사자의 지나친 주관적 판단이 개입된다면 편향되고 제한된 해석을 할 수 있으므로 유의해야 한다. 아동이 검사 수행에 영향을 미치는 검사 태도를 보인다면, 검사실 밖 상황에서도 이러한 모습을 보일 수 있고, 일상적인 기능의 문제를 반영할 수 있다. 검사 태도를 관찰할 때, 어떤 검사 태도가 검사 진행 과정 전반에 나타나는지, 특정 시간에 나타나는지 살펴볼 수 있다. 만약 어떤 검사 태도가 특정 소검사에서만 나타난다면, 그 태도는 특정 과제 요구나 내용과 관련 있을 것이다. 혹은 검사 전반부나 검사 후반부의 특징과 관련 있을 수 있다. 다음은 Wechsler(2014c)가 제시한 검사 태도에 대한 분석 내용을 요약 설명한 것이다.

1) 모르겠어요 반응

지능검사의 난이도는 다양하므로 '모르겠어요' 반응(Don't Know Response, DK)은 때로 적절할 수 있고, 틀린 반응을 하는 것을 막아준다. 아동이 답하는 것을 주저하는 것처럼 보이면서 "모르겠어요."라고 반응한다면, 검사자는 아동에게 답해보도록 격려할 수 있다. 만약 아동이 빈번하게 "모르겠어요."라고 반응한다면, 이는 지식이나 이해의 부족, 미숙한 탐색과 인출 전략, 동기나 인내심 문제, 불안 등을 반영할 수 있다.

2) 무반응

무반응(No Response, NR)은 평가 참여도를 알려주고, 사회적 기술의 부족, 자신감, 반항적 행동, 심한 불안, 손상된 사회적 관계와 같은 심리사회적 기능, 혹은 언어 기술에 대한 임상적 정보를 제공해준다. 만약 아동이 한 과제에서만 빈번하게 무반응을 한다면, 이는 측정영역의 내용과 관련된 문제일 수 있다. 만약 여러 과제에 걸쳐 빈번하게 무반응을 한다면, 이는 평가 참여도와 관련된 문제일 수 있다.

3) 문항반복과 반복 요청

가끔 아동이 검사 지시사항이나 검사 질문 등을 반복해서 말해달라고 요청하는데, 이러한 검사 태도는 평가 과정에 대한 좋은 참여도와 잘하고자 하는 욕구와 관련 있다. 그러나 문항반복(Item Repetition, IR)과 반복 요청(Requested Repetition, RR)이 빈번하다면, 주의력, 청각적 혹은 언어적 정보처리 과정에서 나타나는 문제의 신호일 수 있다. 매우 불안한 아동은 지시사항이나 내용을 정확하게 이해했는지에 대해서 검사자의 확인을 구하고자 반복해달라고 요청할 수 있다.

4) 하위발성

하위발성(Subvocalization, SV)이란, 말을 하지 않으면서 입술을 움직이거나 들릴 정도로 혼잣말을 하는 것으로, 과제 수행 시 인지적 부하를 감소시키기 위한 전략이다. 관찰 가능한 하위발성은 주어진 과제에 대한 정보처리 용량이 한계에 다다랐음을 보여주는 것이다. 또한, 작업기억 기제의 관여를 나타낸다. 하위발성 시연은 정보를 부호화하는 과정에 도움을 줄 것이다(Baddeley, 2012).

5) 자기교정

자기교정(Self-Corrections, SC)은 꼭 문제라고 하기는 어려우며, 성숙한 자기점검능력을 반영하는 것일 수 있다. 때로 충동적인 아동은 빠르게 반응하고 나서 다시 생각한 뒤 자기교정을 한다.

6

지능평가 보고서 작성

지능평가 보고서의 목적은 인지적 특성에 대한 정확한 정보, 임상적 가설에 대한 근거, 치료적/교육적 개입에 대한 의미 있는 제언을 제공하며 주호소 문제에 대한 답을 제시해주는 것이다. 이 장의 전반부에는 K-WISC-V와 여타 다른 정보들을 종합하여 심리평가 보고서를 작성하는 방법을 소개하고자 한다. 후반부에는 실제 K-WISC-V 사례를 분석하고 해석하는 과정에 대해 소개하고 지능평가 보고서를 견본으로 제시하였다.

1. 심리평가 보고서의 작성 지침

심리평가 보고서에는 검사에 의뢰한 이유가 무엇인지, 이전의 검사 결과와 어떻게 다른지 등이 설명되어야 하며, 검사 결과가 의뢰 사유에 대한 답이 될 수 있는 보고서를 작성하도록 노력해야 한다. 다음 절에는 Sattler 등(2016)이 제안한 심리평가 보고서 작성에 도움이 되는 일반적 원칙 중에 지능평가 보고서에 유용한 부분을 발췌하여 간략히 제시하고자 한다. 그 밖의 심리평가 보고서의 목적, 필수 구성요소, 유의사항, 작성 양식 등 보고서 작성에 대한 보다 자세한 내용은 Sattler 등(2016), Groth-Marnat(2009), 이우경과 이원혜(2012)를 참고할 수 있다.

1) 심리평가 보고서의 구성

- 개인정보 : 아동의 나이, 성별, 생년월일, 학년, 평가일자, 평가자의 이름 등이 포함된다.
- 평가 도구 : 평가에 사용된 검사 도구를 제시한다.
- 의뢰 사유 : 심리평가를 시행하게 된 이유를 언급한다.
- 배경정보 : 보호자와 교사, 아동의 면담 내용, 이전 심리보고서, 병력, 발달력, 교육력 등이 포함된다.
- 행동 관찰 : 평가 동안에 아동이 보인 행동을 신중히 기술한다.
- 평가 결과 및 임상적 인상(clinical impression) : 평가정보를 통합 정리하고, 결과에 대한 타당도와 신뢰도를 기술하여 평가에서 발견된 내용을 종합하며, 임상적이고 진단적인 인상을 제시한다.
- 요약 : 보고서에서 제시했던 정보들을 통합하여 간결하고 명확하게 요약한다.

- 제언 : 현실적이고 실제적인 개입 목표와 치료 전략을 제시한다.
- 서명 : 평가자의 이름, 전문가 자격, 학위를 포함한다.

2) 심리평가 보고서 작성 시 고려할 점

① 먼저 평가 결과 내에서 아동의 주호소 문제와 관련된 공통된 주제를 찾고 주된 결과들을 통합한다. 모순되는 결과가 있다면 이를 보고서에 제시하고 모순되는 결과가 나온 까닭에 대해 가능한 한 설명하도록 한다. 만약 불일치하는 결과를 설명할 수 없다면 모순되는 결과에 대한 명백한 설명을 하기 어렵다고 기술한다.

② 아동과 관련된 모든 정보(평가 결과, 행동 관찰, 아동과 검사자 사이의 상호작용 질, 발달력, 병력, 과거 평가 결과)를 고려하여 임상가는 가설을 세우고 해석할 수 있다. 임상가가 내린 결론을 지지하는 신뢰할 만하고 충분한 정보가 취합되었을 때, 가설, 추론, 진단을 내릴 수 있고 이런 정보들을 바탕으로 보고서에 평가 결과를 설명한다.

③ 제언은 교육적, 치료적으로 실질적인 도움이 되는 정보를 주는 것이므로 예감이나 추측이 아닌 평가 결과에서 밝혀진 증거에 기반하여 구체적으로 제시한다. 제안은 개입 및 치료, 학급 배정, 재활에 중점을 두며, 아동에게 필요한 개입 프로그램의 형태, 개입의 목적, 개입 시에 사용될 수 있는 아동의 강점, 치료 계획에서 가족의 구체적인 역할 등을 알려주는 것이 좋다.

④ 보고서는 간결하고 타당하게 작성한다. 장황한 문장, 불필요한 반복, 추상적인 단어, 오타 등은 피하고 결과를 명확하게 설명한다.

⑤ 보고서에는 적합한 자료만을 포함시킨다. 아무리 흥미로운 정보라 할지라도 아동에 대한 이해와 의뢰 사유에 대한 근거를 제공하지 않는다면 그 정보는 가치가 없는 것이므로 평가와 관련 없는 자료는 생략하는 것이 낫다. 자료의 정확성, 타당성, 공정성을 고려하여, 중요도에 따라 보고서에 기술한다.

3) 지능평가 보고서의 작성 지침

앞서 언급한 내용은 일반적으로 심리평가 보고서 작성 시 고려할 점이지만, 지능평가 보고서도 마찬가지로 이를 고려해야 한다. 명심해야 할 점은 보고서는 누구를 위한 것이며 아동에 대한 정보를 누구에게 제공하려 하는지 염두에 두고 작성해야 한다는 것이다. 또한 지능평가 보고서에는 일반적으로 아동의 강점과 약점을 기술해주고, 아동의 문제나 정신병리를 시사하는 증거를 제시할 수 있으며, 만약 학습장애, 정서적 성숙(emotional maturity), 영재와 같은 특이한 점(exceptionality)과 관련된 측면을 발견했을 때에도 이에 대한 증거를 기술할 수 있다.

① K-WISC-V 지능평가 보고서는 크게 기본프로파일 분석과 추가프로파일 분석으로 구분해서 제시할 수 있다. 기본프로파일 분석에서는 전체 IQ, 기본지표, 소검사 순으로 기술한다. 추가프로파일 분석에서는 추가지표, 각 추가지표에 해당하는 소검사 순으로 기술한다. 물론 기본프로파일 분석에 대한 결과를 설명하다가 이와 연관된 추가프로파일 분석 결과가 있는 경우에는 그 결과를 함께 제시할 수 있다고 저자들은 생각한다.

② 보고서에 단순히 검사명과 검사점수를 기술하기보다는 검사점수가 의미하는 바를 설명한다. 각 개인에 중점을 둔 해석을 하도록 하며 전체 IQ, 지표점수 등을 고려해서 아동이 지닌 고유한 인지능력을 설명한다. 전체 IQ를 참고하여 아동의 전반적 인지기능을 평가하도록 하며 원점수의 양상과 아동 수행의 질적인 특징, 하위검사나 척도에 의해 측정된 인지적 능력을 고려해서 설명한다.

③ 통계적 개념을 적절히 사용한다. 점수, 백분위, 신뢰구간, 진단분류(수준)를 보고하고, 검사의 신뢰도와 타당도도 함께 기술한다. 특히 아동의 점수를 백분위와 함께 사용해서 기술하면 보고서를 읽는 사람들이 쉽게 이해할 수 있다. 예를 들어 검사 중 주의가 산만하여 평가 결과의 신뢰도와 타당도가 낮다고 판단된 경우에 다음과 같이 기술할 수 있다. "K-WISC-V 평가 중에 아동은 주변 자극에 자주 주의분산 되어 평가자의 질문에 일관적으로 대답하지 않았고 아동 마음대로 검사책자를 넘겨 그다음 문항을 보는 충동적인 행동을 보여, K-WISC-V의 측정치가 신뢰할 만하고 타당한 자료로 간주되기 어려워 금번 지능평가로 아동의 지적 기능수준을 정확히 추정하기에는 제한이 있어 보인다."

④ 점수 프로파일은 정확하고 분명하게 기술한다. 지표점수나 소검사에서 두 점수차이가 유의미하다면, 두 점수들 간에 유의미한 차이와 차이의 방향에 대해서 먼저 보고한 뒤에 두 능력이 다르다고 보고한다. 예를 들어, FRI 점수보다 PSI 점수가 유

의수준 0.05에서 유의미하게 높았다면, "아동의 처리속도 지표는 유동추론 지표보다 유의하게 높아 시각적 정보를 처리하는 능력이 유동적 추론능력보다 잘 발달되어 있다."라고 기술할 수 있다. 하지만 지표점수와 소검사에는 서로 공통된 인지적 능력을 측정하고 있으니 임상가가 내린 해석이 모순되지 않도록 주의한다.

⑤ 지표점수나 소검사점수에 근거한 추론은 지표점수나 소검사에 의해 측정된 인지능력으로 제한하고, 일반화는 신중하게 한다. 지능검사는 모든 인지영역이 아닌 특정한 인지능력을 평가한 것이므로 지능검사 결과로는 측정된 인지능력에만 초점을 두어 추론하고, 분명하고 일관된 행동 패턴이 있을 때에만 일반화할 수 있다.

⑥ 필요한 경우 반응의 예를 들어 설명할 수 있다.

2. 사례분석

다음은 9세 4개월 아동의 K-WISC-V 결과를 토대로 분석한 내용이다. 이 아동은 3개월 전에 제일 친한 친구가 전학을 간 이후 기운이 없어 보이고 멍한 모습을 보였으며 체중도 2kg 정도 빠졌고 짜증이 늘었으며 매일 아침 학교에 가지 않겠다며 등교 거부를 하였다. 부모는 아동이 염려되어 심리상담센터에 방문하였고, 아동의 정서상태와 인지기능에 대한 평가가 필요하여 종합심리평가를 의뢰하였다. 이 사례의 K-WISC-V 결과는 누적비율 준거집단은 전체 표본이 아닌 전체 IQ가 유사한 아동과 비교하는 능력수준, 95% 신뢰구간, 임계값 유의수준은 0.05, 비교점수는 MIS와 MSS-P를 기준으로 산출되었다. 여기에 K-WISC-V의 프로파일 분석 결과와 함께 지능평가 보고서를 제시하였다.

1) K-WISC-V의 프로파일 및 분석 결과

(1) 기본분석

① 지표점수 및 소검사점수 분석

표 6-1 지표점수 분석

지표	환산점수 합	지표점수	백분위	신뢰구간(95%)	진단분류(수준)
언어이해(VCI)	19	97	43	90~105	평균
시공간(VSI)	19	97	43	89~106	평균
유동추론(FRI)	15	86	17	79~95	평균 하
작업기억(WMI)	20	100	50	92~108	평균
처리속도(PSI)	26	116	86	106~123	평균 상
전체 IQ(FSIQ)	65	95	37	89~101	평균

표 6-2 소검사점수 분석

지표	소검사	원점수	환산점수	백분위	추정연령
언어이해	공통성	23	9	37	9:2
	어휘	19	10	50	9:10
	(상식)	13	10	50	9:6
	(이해)	12	8	25	7:10
시공간	토막짜기	35	10	50	9:2
	퍼즐	17	9	37	8:2
유동추론	행렬추리	17	8	25	7:10
	무게비교	17	7	16	7:2
	(공통그림찾기)	19	16	98	>16:10
	(산수)	14	6	9	7:6

(계속)

표 6-2 소검사점수 분석 (계속)

지표	소검사	원점수	환산점수	백분위	추정연령
작업기억	숫자	24	8	25	8:2
	그림기억	34	12	25	12:2
	(순차연결)	10	6	9	<6:2
처리속도	기호쓰기	59	13	84	10:10
	동형찾기	34	13	84	11:6
	(선택)	60	9	37	8:6

② 강점/약점

표 6-3 지표점수 강점/약점

지표	지표점수	비교점수	차이	임계값	강점(S)/약점(W)	누적비율
언어이해	97	99.2	−2.2	8.61	−	>25%
시공간	97	99.2	−2.2	10.41	−	>25%
유동추론	86	99.2	−13.2	10.03	W	5~10%
작업기억	100	99.2	0.8	9.25	−	>25%
처리속도	116	99.2	16.8	10.92	S	5~10%

* MIS=(97+97+86+100+116)/5=99.2, 임계값의 유의수준은 0.05 수준, 누적비율의 준거집단은 능력수준.

표 6-4 소검사 강점/약점

소검사	환산점수	비교점수	차이	임계값	강점(S)/약점(W)	누적비율
공통성	9	9.9	−0.9	2.97	−	>25%
어휘	10	9.9	0.1	1.87	−	>25%
토막짜기	10	9.9	0.1	3.33	−	>25%
퍼즐	9	9.9	−0.9	2.82	−	>25%

표 6-4 소검사 강점/약점 (계속)

소검사	환산점수	비교점수	차이	임계값	강점(S)/약점(W)	누적비율
행렬추리	8	9.9	−1.9	3.42	–	15~25%
무게비교	7	9.9	−2.9	1.99	W	5~10%
숫자	8	9.9	−1.9	2.28	–	15~25%
그림기억	12	9.9	2.1	2.88	–	15~25%
기호쓰기	13	9.9	3.1	2.81	S	10~15%
동형찾기	13	9.9	3.1	3.51	–	10~15%

* MSS-P = (9+10+10+9+8+7+8+12+13+13)/10 = 9.9, 임계값의 유의수준은 0.05 수준.

③ 차이비교

표 6-5 지표점수 차이비교

지표 비교	점수1	점수2	차이	임계값	유의미한 차이	누적비율
VCI-VSI	97	97	0	11.39	N	–
VCI-FRI	97	86	11	11.06	N	27.2%
VCI-WMI	97	100	−3	10.38	N	44.9%
VCI-PSI	97	116	−19	11.84	Y	14.2%
VSI-FRI	97	86	11	12.47	N	27%
VSI-WMI	97	100	−3	11.87	N	42.8%
VSI-PSI	97	116	−19	13.17	Y	12.9%
FRI-WMI	86	100	−14	11.55	Y	19.4%
FRI-PSI	86	116	−30	12.88	Y	5.1%
WMI-PSI	100	116	−16	12.3	Y	18.1%

* 임계값의 유의수준은 0.05 수준, 누적비율의 준거집단은 능력수준.

표 6-6　소검사 차이비교

소검사 비교	점수1	점수2	차이	임계값	유의미한 차이	누적비율
공통성–어휘	9	10	−1	3.04	N	43.1%
토막짜기–퍼즐	10	9	1	3.52	N	40.4%
행렬추리–무게비교	8	7	1	2.82	N	43.6%
숫자–그림기억	8	12	−4	2.93	Y	13.2%
기호쓰기–동형찾기	13	13	0	3.36	N	—

* 임계값의 유의수준은 0.05 수준.

(2) 추가분석

① 추가지표점수 분석

표 6-7　추가지표점수 분석

추가지표	환산점수 합	지표점수	백분위	신뢰구간(95%)	진단분류(수준)
양적추론(QRI)	13	81	10	75~89	평균 하
청각작업기억(AWMI)	14	84	14	78~92	평균 하
비언어(NVI)	59	99	47	93~105	평균
일반능력(GAI)	44	92	30	86~99	평균
인지효율(CPI)	46	110	74	102~116	평균 상

② 차이비교

표 6-8　추가지표점수 차이비교

추가지표 비교	점수1	점수2	차이	임계값	유의미한 차이	누적비율
GAI-FSIQ	92	95	−3	3.06	N	30.7%
GAI-CPI	92	110	−18	9.49	Y	9.2%
WMI-AWMI	100	84	16	8.72	Y	4.3%

* 임계값의 유의수준은 0.05 수준, 누적비율의 준거집단은 능력수준.

표 6-9 추가지표점수의 소검사 차이비교

소검사 비교	점수1	점수2	차이	임계값	유의미한 차이	누적비율
무게비교-산수	7	6	1	2.59	N	43.6%
숫자-순차연결	8	6	2	2.78	N	26.6%

* 임계값의 유의수준은 0.05 수준.

(3) 처리점수 분석

① 처리점수의 환산점수

표 6-10 처리점수의 환산점수

처리점수	원점수	환산점수
시간보너스가 없는 토막짜기(BDn)	34	9
토막짜기 부분점수(BDp)	53	10
숫자 바로 따라하기(DSf)	7	7
숫자 거꾸로 따라하기(DSb)	11	12
숫자 순서대로 따라하기(DSs)	6	8
선택(무선 배열)(CAr)	31	10
선택(일렬 배열)(CAs)	29	8

② 처리점수의 차이비교

표 6-11 처리점수의 차이비교

처리점수 비교	점수1	점수2	차이	임계값	유의미한 차이	누적비율
BD-BDn	10	9	1	3.95	N	14.6%
BD-BDp	10	10	0	3.67	N	–
DSf-DSb	7	12	−5	3.35	Y	5.7%
DSf-DSs	7	8	−1	3.45	N	44%

(계속)

표 6-11   처리점수의 차이비교 (계속)

처리점수 비교	점수1	점수2	차이	임계값	유의미한 차이	누적비율
DSb-DSs	12	8	4	3.55	Y	9.2%
LN-DSs	6	8	−2	3.38	N	31.5%
CAr-CAs	10	8	2	4.17	N	23.8%

* 임계값의 유의수준은 0.05 수준.

③ 처리점수의 누적비율

표 6-12   처리점수의 누적비율

처리점수	원점수	누적비율
가장 긴 숫자 바로 따라하기(LDSf)	5	92.39%
가장 긴 숫자 거꾸로 따라하기(LDSb)	5	48.22%
가장 긴 숫자 순서대로 따라하기(LDSs)	4	92.89%
가장 긴 그림기억 자극(LPSs)	5	38.58%
가장 긴 그림기억 반응(LPSr)	10	37.56%
가장 긴 순차연결(LLNs)	3	98.48%
토막짜기 공간크기 오류(BDde)	0	25%
토막짜기 회전 오류(BDre)	0	15%
기호쓰기 회전 오류(CDre)	0	10%
동형찾기 세트 오류(SSse)	0	15%
동형찾기 회전 오류(SSre)	0	10%

④ 처리점수의 차이비교

표 6-13 처리점수의 차이비교

처리점수 비교	점수1	점수2	차이	누적비율
LDSf-LDSb	5	5	0	97%
LDSf-LDSs	5	4	1	72.6%
LDSb-LDSs	5	4	1	19.8%

2) 사례의 프로파일 분석 및 해석

(1) 기본프로파일 분석

① 1단계: 전체 IQ 및 기본지표점수, 소검사점수 확인

〈표 6-1〉을 보면, 전체 IQ와 5개의 기본지표점수, 백분위, 신뢰구간, 진단분류(수준)를 알 수 있다. 아동의 전체 IQ는 95로 [평균] 수준이며 백분위는 37로 100명 중 상위 63등에 하위 37등이고, 전체 IQ의 진점수는 95% 신뢰구간에서 89~101 사이에 위치한다.

다음으로 기본지표점수를 확인하면, 아동의 언어이해 지표(VCI) 점수는 97로 [평균] 수준이고 백분위는 43으로 100명 중 상위 57등에 하위 43이며, VCI 진점수는 95% 신뢰구간에서 90~105 사이에 위치한다. 아동의 시공간 지표(VSI) 점수는 97로 [평균] 수준이고 백분위는 43으로 100명 중 상위 57등, 하위 43등이며, VSI 진점수는 95% 신뢰구간에서 89~106 사이에 위치한다. 아동의 FRI 점수는 86으로 [평균 하] 수준이고 백분위는 17로 100명 중 상위 83등, 하위 17등이며, FRI 진점수는 95% 신뢰구간에서 79~95 사이에 위치한다. 아동의 작업기억 지표(WMI) 점수는 100으로 [평균] 수준이며 백분위는 50으로 100명 중 상위 50등, 하위 50등이고, WMI 진점수는 95% 신뢰구간에서 92~108 사이에 위치한다. 아동의 처리속도 지표(PSI) 점수는 116으로 [평균 상] 수준이고 백분위는 86으로 100명 중 상위 14등, 하위 86등이며, PSI 진점수는 95% 신뢰구간에서 106~123 사이에 위치한다.

소검사의 점수를 살펴보면, 〈공통그림찾기〉는 연령대에 비해 우수한 수행을, 〈기호쓰

기〉와 〈동형찾기〉는 동일 연령대에 비해 양호한 수행을 보였으며, 〈산수〉와 〈순차연결〉은 또래에 비해 부진한 수행을 보였다. 그 외 소검사는 동일 연령대에 해당하는 수행을 나타냈다.

아동의 전반적인 인지기능은 동일 연령대에 알맞게 발달되어 있다. 언어이해능력, 시공간적 능력, 작업기억력은 아동의 연령대에 적절하며, 유동추론능력은 또래에 비해 다소 낮으며, 처리속도는 아동의 연령대에 비해 잘 발달되어 있다.

② 2단계 : 지표수준에서 강점 및 약점 평가

지표수준에서 강점과 약점을 평가한 결과는 〈표 6-3〉에 제시되어 있다. 비교점수는 5개 기본지표점수의 평균인 MIS로 하였다. 개별 기본지표점수와 MIS를 비교했더니, PSI 점수와 MIS 간의 차이가 16.8로 유의수준 0.05에서 임계값 10.92보다 유의하게 크고, 누적비율이 5~10%로 [90≤FSIQ≤109]인 집단에서 5~10% 정도만이 이 점수차이를 보일 수 있다. 따라서 PSI가 아동의 인지적 강점이라고 볼 수 있다. 반면 FRI 점수와 MIS 간의 차이가 −13.2로 유의수준 0.05에서 임계값 10.03보다 유의하게 큰 것으로 나타났다. 누적비율이 5~10%로 [90≤FSIQ≤109]인 집단에서 이 점수차이는 5~10%만이 보일 수 있는 정도로 나타나, FRI가 인지적 약점으로 평가되었다. 그 외 VCI, VSI, WMI와 MIS 간 차이는 유의미하지 않는 것으로 나타났다.

즉, 전반적 능력(MIS)과 기본지표점수를 비교했을 때, 이 아동의 인지적 강점은 처리속도이고 인지적 약점은 유동추론능력으로 나타났다.

③ 3단계 : 지표수준에서 차이비교

지표수준에서 기본지표점수들 간의 차이를 비교한 결과는 〈표 6-5〉에 제시되어 있다. 아동의 기본지표점수들 간 차이를 살펴보면, [VCI-PSI], [VSI-PSI], [FRI-WMI], [FRI-PSI], [WMI-PSI]가 유의하게 나타났다. VCI 점수와 PSI 점수 간 차이는 −19점으로 유의수준 0.05에서 임계값 11.84보다 크며, 이 점수차이를 [90≤FSIQ≤109]인 집단에서 14.2% 정도 보일 수 있다. VSI 점수와 PSI 점수 간 차이는 −19점이고 그 절대값이 유의수준 0.05에서 임계값 13.17보다 크고, 이 점수차이를 [90≤FSIQ≤109]인 집단에서 12.9% 정도 보일 수 있다. FRI 점수와 WMI 점수 간 차이는 −14점으로 유의수준 0.05에서 임계값 11.55보다 크며, 이 점수차이는 [90≤FSIQ≤109]인 집단에서 19.4% 정도 나타날 수 있다. FRI 점수와 PSI 점수 간 차이는 −30점으로 유의수준 0.05에서 임계값 12.88보다 크고, 이 점수차이는 [90≤FSIQ≤109]인 집단에서 5.1% 정도 보일 수 있다. WMI 점수와 PSI 점수 간 차이는 −16점으로 유의수준 0.05에서 임계값 12.3보다 크고, 이 점수차이를 [90≤FSIQ≤109]인 집단에서 18.1% 정도 보일 수 있다. 그러나 [FRI-WMI]와 [WMI-PSI]는 점수차이는 유의미하지만 누적비율이 15%보다 높게 나타나, 두 점수차이가 임상적으로 유의미한지에 대한 여부는 호소 문제와 다른 검사 결과를 함께 고려해서 판단하는 것이 타당하겠다. 그 외 기본지표점수들 간의 차이는 유의미하지 않았다.

아동의 처리속도가 요구되는 수행은 언어적 능력 및 시공간적 능력을 요구하는 수행, 규칙과 원리를 추론하는 능력보다 상대적으로 뛰어난 것으로 나타났다.

④ 4단계 : 소검사수준에서 강점 및 약점 평가

소검사수준에서 강점 및 약점 평가는 〈표 6-4〉에 제시되어 있다. 비교점수는 10개 기본 소검사 환산점수의 평균인 MSS-P로 하였다. 〈기호쓰기〉 환산점수는 13이고, MSS-P와의 차이는 3.1로 유의수준 0.05에서 임계값 2.81보다 유의하게 높으며, 누적비율은 10~15%로 이 같은 점수의 차이는 표본의 10~15%에서 나타날 수 있다. 따라서 〈기호쓰기〉가 소검사수준에서 강점으로 평가되었다. 〈무게비교〉의 경우, 무게비교 환산점수 7과 MSS-P 간의 차이는 −2.9점으로 유의수준 0.05에서 임계값 1.99보다 유의하게 크며, 누적비율은 5~10%로 이 점수차이는 표본의 5~10%만이 보일 수 있다. 따라서 〈무게비교〉가 소검사수준에서 약점으로 평가되었다. 그 외 소검사는 MSS-P와 비교했을 때 유의한 차이를 보이지 않았다.

2단계 지표수준의 강약점 평가에서 PSI는 인지적 강점으로, FRI는 인지적 약점으로 나타났는데, 3단계 소검사수준의 강약점 평가에서도 PSI에 해당하는 〈기호쓰기〉가 인지적 강점으로, FRI에 해당하는 〈무게비교〉가 인지적 약점으로 나타났다.

⑤ 5단계 : 소검사수준에서 차이비교

소검사수준에서 차이비교한 결과가 〈표 6-6〉에 제시되어 있다. 아동의 소검사 간 점수차이는 [숫자-그림기억]에서 유의미하게 나타났다. 〈숫자〉와 〈그림기억〉의 점수차이는 −4점으로 유의수준 0.05에서 임계값 2.93보다 높으며, 누적비율은 13.2%로 이러한 점수차이는 표본에서 13.2% 정도 보일 수 있다. 그 외 소검사들 간의 차이는 유의미하지 않았다.

WMI에 해당하는 〈숫자〉와 〈그림기억〉이 유의미한 차이를 보여 청각적 작업기억 과제인 〈숫자〉가 시각적 작업기억 과제인 〈그림기억〉보다 유의하게 낮은 것으로 나타났다. 이와 같은 결과는 청각 작업기억과 시각 작업기억 간의 유의한 차이를 보일 가능성을 시사하므로 추가지표인 AWMI와 WMI 간의 차이를 유심히 살펴보는 것이 중요하다.

(2) 추가프로파일 분석

① 1단계 : 추가지표점수 확인

이 아동의 인지적 능력을 보다 자세하게 살펴보기 위해 추가프로파일 분석을 진행하였다. 〈표 6-7〉에 5개의 추가지표점수에 대한 분석 결과가 제시되어 있다. 양적추론(QRI), 청각작업기억(AWMI), 비언어(NVI), 일반능력(GAI), 인지효율(CPI)에 대한 지표점수, 백분위, 신뢰구간, 진단분류(수준)를 확인할 수 있다.

아동의 QRI 점수는 81로 [평균 하] 수준이고, 백분위는 10으로 100명 중 상위 90등, 하위 10등이며, QRI 진점수는 95% 신뢰구간에서 75~89 사이에 위치한다. 아동의 AWMI 점수는 84로 [평균 하] 수준이고 백분위는 14로 100명 중 상위 86등, 하위 14등이며, AWMI 진점수는 95% 신뢰구간에서 78~92 사이에 위치한다. 아동의 NVI 점수는 99로 [평균] 수준이고 백분위는 47로 100명 중 상위 53등, 하위 47등이며, NVI 진점수는 95% 신뢰구간에서 93~105 사이에 위치한다. 아동의 GAI 점수는 92로 [평균] 수준이며 백분위는 30으로 100명 중 상위 70등, 하위 30등이고, GAI 진점수는 95% 신뢰구간에서 86~99 사이에 위치한다. 아동의 CPI 점수는 110으로 [평균 상] 수준이고 백분위는 74로 100명 중 상위 26등, 하위 74등이며, CPI 진점수는 95% 신뢰구간에서 102~116 사이에 위치한다.

아동의 인지적 효율은 또래에 비해 양호하며, 일반적 능력과 비언어적 능력은 연령대에 알맞게 발달되어 있다. 반면 양적추론능력과 청각작업기억력은 동일 연령대에 비해 부진한 발달을 보이고 있다.

② 2단계 : 추가지표수준에서 차이비교

추가지표수준에서 차이비교한 결과는 〈표 6-8〉에 제시되어 있다. 아동의 추가지표점수 간 차이를 살펴보면, [GAI-CPI]와 [WMI-AWMI]가 유의하게 나타났다. GAI 점수와 CPI 점수 간 차이는 −18점으로, 유의수준 0.05에서 임계값 9.49보다 유의하게 크며, 이 점수 차이는 [90≤FSIQ≤109]인 집단에서 9.2% 정도 보일 수 있다. WMI 점수와 AWMI 점수 간 차이는 16점으로, 유의수준 0.05에서 임계값 8.72보다 크며, [90≤FSIQ≤109]인 집단 에서 4.3%만이 이러한 점수차이를 보일 수 있다. 한편 [GAI-FSIQ]는 유의하지 않았다.

아동의 일반능력은 인지효율에 비해 유의하게 낮게 나타나므로 고차원적 능력이 과 제를 효율적으로 처리하는 능력보다 유의하게 부진한 것으로 나타났다. 또한 청각작업 기억이 작업기억에 비해 유의하게 저조하여, 시청각적 작업기억까지 포함하는 전반적인 작업기억에 비해 청각적으로 제시되는 정보에 주의집중하여 처리하는 능력이 유의하게 부진해 보인다.

③ 3단계 : 추가지표 내 소검사수준에서 차이비교

추가지표 내 소검사수준에서의 차이비교는 〈표 6-9〉를 참고한다. QRI의 산출에 필요한 〈산수〉와 AWMI의 산출에 필요한 〈순차연결〉 소검사의 수행을 확인하였더니, 〈산수〉와 〈순차연결〉 환산점수는 6으로 또래에 비해 부진하였다. [무게비교-산수]와 [숫자-순차 연결]은 유의한 차이를 보이지 않았다. 따라서 무게비교와 산수는 유사한 수행수준을 보 이며, 숫자와 순차연결도 비슷한 수행수준을 보이고 있다.

(3) 처리점수 분석

① 1단계 : 처리점수 확인

아동의 처리점수를 환산점수로 산출한 결과는 〈표 6-10〉에, '가장 긴 폭'에 해당하는 처 리점수는 〈표 6-12〉의 상단에 제시되어 있다. 아동의 시간보너스가 없는 토막짜기 환산 점수는 9, 토막짜기 부분점수의 환산점수는 10이다. 숫자 바로 따라하기 환산점수는 7, 숫자 거꾸로 따라하기 환산점수는 12, 숫자 순서대로 따라하기 환산점수는 8이다. 선택 (무선 배열) 환산점수는 10이고, 선택(일렬 배열) 환산점수는 8이다.

가장 긴 숫자 바로 따라하기(LDSf) 원점수는 5점이고 5점 이상은 규준집단에서

92.39% 정도 보일 수 있으며 LDSf 원점수 5점 미만은 규준집단에서 7.61%에서 드물게 일어날 수 있어서 아동의 LDSf는 협소한 편이다. 가장 긴 숫자 거꾸로 따라하기(LDSb) 원점수는 5점이고 규준집단에서 5점 이상은 48.22% 정도 보일 수 있다. 가장 긴 숫자 순서대로 따라하기(LDSs) 원점수는 4점이고 규준집단에서 4점 이상은 92.89% 정도 보일 수 있고, LDSs 원점수 4점 미만은 7.11% 정도로 드물게 나타날 수 있어서 LDSs도 협소한 편이다. 가장 긴 그림기억 자극(LPSs) 원점수는 5점이고 규준집단에서 5점 이상은 38.58% 정도 보일 수 있다. 가장 긴 그림기억 반응(LPSr) 원점수는 10점이고 규준집단에서 10점 이상은 37.56% 정도 보일 수 있다. 가장 긴 순차연결(LLNs) 원점수는 3점이고 규준집단에서 3점 이상은 98.48% 정도 보일 수 있으며, LLNs 원점수 3점 미만은 규준집단에서 1.52% 정도로 상당히 드물게 발생할 수 있어서, 아동의 LLNs는 매우 협소하다고 평가된다.

숫자 바로 따라하기가 동일 연령대에 비해 부진한 편으로, 청각적 정보를 바로 처리하는 주의폭과 순서대로 처리하는 주의폭이 협소한 것으로 나타났다. 또한 청각적으로 이중(dual) 자극을 처리하는 주의폭도 상당히 협소해 보인다.

② 2단계 : 처리점수의 차이비교

처리분석의 차이비교는 〈표 6-11〉과 〈표 6-13〉을 참고한다. 먼저 토막짜기, 숫자, 순차연결, 선택 소검사 관련 처리점수 간 비교를 살펴보면, [DSf-DSb]와 [DSb-DSs]가 유의하게 나타났다. 숫자 바로 따라하기(DSf) 환산점수는 7점, 숫자 거꾸로 따라하기(DSb) 환산점수는 12점으로, 두 점수 간 차이는 −5점으로 유의수준 0.05에서 임계값 3.35보다 높으며 누적비율은 5.7%로 이 점수차이는 규준집단에서 5.7% 정도 나타날 수 있다. 숫자 거꾸로 따라하기 환산점수는 12점, 숫자 순서대로 따라하기(DSs) 환산점수는 8점으로, 두 점수 간 차이는 4점으로 유의수준 0.05에서 임계값 3.55보다 높으며 누적비율은 9.2%로 이 점수차이는 규준집단에서 9.2% 정도 보일 수 있다.

다음으로 LDSf와 LDSb 점수 간 차이는 0점인데 규준집단에서 [LDSf-LDSb]가 0점 이상은 97% 정도 나타날 수 있고, 0점 미만은 3% 정도로 일어날 수 있다. 아동의 [LDSf-LDSb] 0점은 드문 경우라 볼 수 있다.

숫자 거꾸로 따라하기가 숫자 바로 따라하기와 숫자 순서대로 따라하기보다 유의하게 양호한 수행을 보였다. 가장 긴 숫자 순서대로 따라하기와 가장 긴 숫자 거꾸로 따라하기 간의 차이는 나타나지 않았다.

③ 3단계 : 회전 및 세트 오류

토막짜기, 기호쓰기, 동형찾기 소검사의 오류에 대한 결과는 〈표 6-12〉의 하단에 제시되어 있다. 이 아동은 토막짜기 공간크기 오류와 회전 오류를 범하지 않았다. 기호쓰기에서도 회전 오류를 보이지 않았고, 동형찾기 세트 및 회전 오류도 관찰되지 않았다.

④ 4단계 : 검사 태도에 대한 질적 분석

아동은 K-WISC-V 검사 내내 위축되고 자신감이 없어 보였다. 평가자의 질문에 바로 대답하지 않고 한숨을 쉰 후에 작은 목소리로 짧게 대답하였다. 언어이해에 해당하는 소검사에서는 "선생님, 맞아요?", "이거 아니에요?" 등을 여러 차례 물어보아 자신이 정답을 맞혔는지에 대해 상당히 신경 쓰는 양상이었다. 〈숫자〉에서는 어려워지자, 갑자기 눈물을 글썽거리는 모습이 관찰되었다. 〈무게비교〉에서는 문항의 난이도가 높아지자 고개를 까우뚱하며 자신 없는 목소리로 대답하였다. 또한 〈산수〉에서는 문항을 다시 불러달라는 요청을 수차례 하였고, 문항이 길어지자 "아, 잘 모르겠어요."라며 시무룩해졌으며 연필을 사용해도 되는지 물어보는 모습을 보였다.

〈무게비교〉와 〈산수〉 소검사에서 관찰된 검사 태도를 고려했을 때, 수검 아동이 사칙연산의 개념을 적용하는 과제에서 문제를 푸는 것을 어려워한 것으로 보이며, 이 아동은 수학 관련 과목의 학업적 성취가 빈약할 것으로 보인다. 이 가설을 뒷받침하기 위해서 발달력과 부모면담, 다른 검사 결과를 함께 고려해서 가설을 채택할지 또는 기각할지를 결정하도록 한다. 아동의 발달력상에서 유치원과 학교에서 산수 수업 중에는 과제에 집중하지 못한다는 말을 여러 차례 들었다고 한다. 가정에서도 글쓰기나 읽기 과제는 잘했으나 수 세기와 덧셈과 뺄셈 등 문제집을 풀 때 수검 아동이 문제를 잘 이해하지 못하는 모습을 보였다고 한다. 이 점을 감안했을 때, 아동이 수를 다루는 능력이 부진할 수 있다는 평가자의 가설을 채택할 수 있다.

⑤ 5단계 : 반응에 대한 질적 분석

K-WISC-V의 기록지를 확인한다. 〈숫자〉와 〈순차연결〉에서 쉬운 문항에서는 틀리고 난

이도가 높은 문항에서는 성공하는 등 수행 기복이 관찰되었다. 이에 〈숫자 바로 따라하기〉와 〈숫자 순서대로 따라하기〉, 〈순차연결〉에서 아동이 보인 오류를 자세하게 분석하였다. 그 결과, 아동은 평가자가 불러준 숫자를 정확히 입력하나 순서가 틀린 '순서 오류'를 주로 범하였다. 이처럼 아동이 순서 오류를 반복적으로 보인 점을 감안했을 때, 아동이 주의를 안정적으로 유지하지 못하고 인지적 실수를 보였을 수 있다. 이와 같은 결과는 주의력 자체의 문제이기보다는 아동의 정서나 동기, 흥미 패턴과 같은 다른 측면이 수행에 영향을 주어 나타난 결과일 수 있다는 가설을 수립할 수 있다. 이 가설을 검증하기 위해서 아동의 주호소와 문제, 행동 관찰, 다른 검사 결과 등을 종합적으로 검토하였다. 이 아동의 주문제는 흥미 저하와 우울한 모습이며, 검사 내내 자신감이 부족하고 위축되어 보였다. 또한 아동 · 청소년 행동평가척도 부모용(CBCL 6-18)에서도 〈내재화 문제〉, 〈불안/우울〉과 〈위축/우울〉 소척도가 유의하게 상승되어 있으며 로르샤흐 검사에서도 우울과 관련된 결과가 두드러지게 나타난바, 우울과 같은 정서적 요인이 주의집중을 방해하고 있을 가능성을 고려해볼 수 있겠다.

3) 지능평가 보고서 작성

이 름 :	이 ○○	나 이 :	9세 4개월
성 별 :	여 자	생년월일 :	2010년 3월 11일
학 년 :	초등학교 3학년	평가일자 :	2019년 7월 29일
평가기관 :	○○상담센터	평가자 :	○○○

기본프로파일 분석

	지표점수	백분위	95% 신뢰구간	진단분류(수준)
언어이해 지표(VCI)	97	43	90~105	평균
시공간 지표(VSI)	97	43	89~106	평균
유동추론 지표(FRI)	86	17	79~95	평균 하
작업기억 지표(WMI)	100	50	92~108	평균
처리속도 지표(PSI)	116	86	106~123	평균 상
전체 IQ(FSIQ)	95	37	89~101	평균

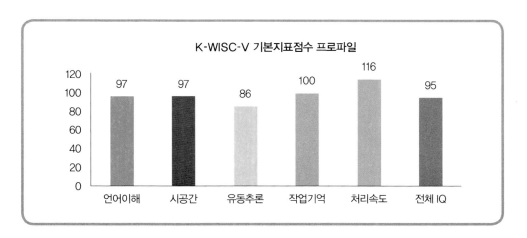

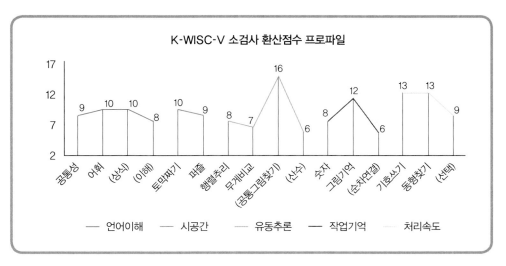

추가프로파일 분석

	지표점수	백분위	95% 신뢰구간	진단분류(수준)
양적추론 지표(QRI)	81	10	75~89	평균 하
청각작업기억 지표(AWMI)	84	14	78~92	평균 하
비언어 지표(NVI)	99	47	93~105	평균
일반능력 지표(GAI)	92	30	86~99	평균
인지효율 지표(CPI)	110	74	102~116	평균 상

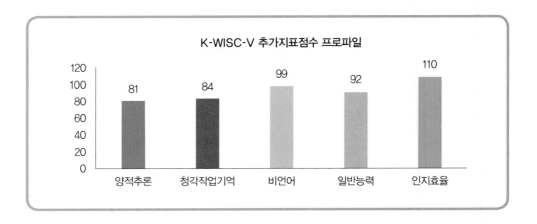

한국 웩슬러 아동지능검사(K-WISC-V) 결과, 전체 IQ는 95로서 또래 아동과 비교했을 때 전반적인 인지능력은 [평균] 수준으로, 백분위 37에 해당한다(95% 신뢰구간 89~101). K-WISC-V의 검사 결과 해석은 크게 기본지표점수와 추가지표점수로 구분될 수 있다. 기본지표점수에 대한 결과를 살펴보면, 언어이해 지표와 시공간 지표는 [평균] 수준, 유동추론 지표는 [평균 하], 작업기억 지표는 [평균], 처리속도 지표는 [평균 상] 수준으로 나타났다. 추가지표점수의 경우, 양적추론 지표와 청각작업기억 지표는 [평균 하], 비언어 지표와 일반능력 지표는 [평균], 인지효율 지표는 [평균 상] 수준에 해당한다.

우선 기본지표점수를 구체적으로 분석하였다. 언어이해 지표(VCI)는 97로 [평균] 수준이며 언어적 추론 체계, 언어적 이해력 및 표현력, 언어적 문제를 해결하는 능력은 연령대에 알맞게 발달되어 있다(백분위=43, 95% 신뢰구간 90~105). 소검사들의 수행을 살펴보면, 두 개념의 공통점을 추론하는 능력과 언어적 추론 기술이 또래 수준에 해당한다. 또한 후천적 경험을 통해 습득되는 어휘력과 일반상식도 연령대에 알맞게 지니고 있어서 새로운 정보를 기억하고 인출하는 능력은 또래와 비슷한 수준으로 나타났다. 관습적 지식의 정도와 사회적 판단력도 [평균] 수준에 해당하여 사회적 현상을 이해하는 능력도 또래와 비슷하게 발달되어 있다. 따라서 수검 아동은 학업 장면에서 흥미를 가지고 필요한 지식을 적절히 습득하고 활용할 수 있을 것으로 기대되며, 일상생활에서도 자신의 의사를 논리정연하게 전달할 수 있을 것이다.

시공간 지표(VSI)는 97로 [평균] 수준이며 시공간적 관계를 이해하는 능력과 시각적 분석능력은 연령대에 알맞게 발휘되고 있다(백분위＝43, 95% 신뢰구간 89~106). 제한 시간 내에 시공간적 정보를 재조직화하는 능력과 정신적으로 퍼즐을 완성하는 능력은 균형적으로 발달되어 있다(토막짜기＝10, 퍼즐＝9). 아동은 시공간적 자극을 정신적으로 회전시켜 목표 자극으로 통합시킬 수 있으며, 시행착오적 학습 과정을 통해 시공간적 정보를 체계적으로 분석할 수 있는바, 복잡한 시각적 정보를 과제의 목적에 맞게 적절히 다룰 수 있겠다.

유동추론 지표(FRI)는 86으로 [평균 하] 수준이며 시각적 자극에 논리적 추론 기술을 적용하는 능력은 동일 연령대에 비해 부진한 발달을 보이고 있다(백분위＝17, 95% 신뢰구간 79~95). 전반적인 지적 능력과 비교했을 때, 유동추론능력이 아동의 개인적 약점으로 나타났다(FRI＜MIS, 누적비율＝5~10%). 또한 정보처리속도에 비해 유동추론능력이 유의하게 저조한바(FRI＜PSI, 누적비율＝5.1%), 시각적 자극을 단순히 빠르게 처리할 수 있지만 이런 시각적 자극에서 규칙을 찾고 인과관계를 추론하는 데 미흡한 것으로 나타났다. 귀납적 추론능력과 양적추론능력은 비슷한 수준으로 발달되어 있으나(행렬추리＝8, 무게비교＝7) 양적추론 기술이 소검사수준에서 인지적 약점으로 나타나(무게비교＜MSS-P, 누적비율＝5~10%), 수검 아동은 제시된 시공간 자극에 수리적 개념을 적용하고 추론하는 것을 더욱 어려워할 수 있다. 이에 더해 수리적 계산력도 [평균 하] 수준으로 또래에 비해 낮은 편이어서 사칙연산에 대한 개념과 정신적으로 수를 조작하는 능력이 부진해 보인다(산수＝6). 이를 반영하듯이 양적추론 지표(QRI) 또한 81로 [평균 하] 수준에 속해 추상적 관계를 이해하고 정신적으로 수학적 연산(math operation)을 실행하는 능력은 동일 연령대에 미치지 못하는 것으로 나타났다(백분위＝10, 95% 신뢰구간

75~89). 이는 수검 아동이 자신의 연령에 해당하는 정규 수학 교과목에 제시된 내용을 정확하게 이해하고 학습하는 데 곤란을 경험할 가능성을 시사한다. 이에 더해 아동의 유동적 추론능력을 종합적으로 평가하기 위해 추가적으로 실시된 공통그림찾기에서는 매우 뛰어난 수행을 보여(공통그림찾기=16), 시각적 자극에서 공통된 속성을 찾는 능력과 시각적·범주적 추론 기술은 매우 잘 발달되어 있다.

작업기억 지표(WMI)가 100으로 [평균] 수준이며 작업기억능력은 또래와 비슷한 수준을 보였다(백분위=50, 95% 신뢰구간 92~108). 그러나 작업기억 지표에 해당하는 숫자와 그림기억에서 유의한 차이를 보인바(숫자<그림기억, 누적비율=13.2%), 두 소검사의 수행이 불균형적인 것으로 나타났다. 즉, 제시된 그림을 순서대로 기억하는 능력은 양호한 데 반해 숫자를 계열적으로 처리하고 회상하는 능력은 이에 미치지 못하였다. 더불어 청각작업기억 지표(AWMI)가 84, [평균 하] 수준으로 또래에 비해 부진하며(백분위=14, 95% 신뢰구간 78~92), 작업기억 지표에 비해서도 유의하게 저조한바(AWMI<WMI, 누적비율=4.3%), 수검 아동은 단기기억에서 청각적 정보를 인식하고 등록하는 능력이 동일 연령대에 비해 저조해 보인다. 청각작업기억 지표에 해당하는 숫자 소검사의 수행을 구체적으로 살펴보았더니, 숫자 거꾸로 따라하기가 숫자 바로 따라하기와 숫자 순서대로 따라하기에 비해 유의하게 높은바, 수검 아동의 주의폭 내에서 청각적 정보를 정신적으로 조작하는 능력은 잘 발휘되고 있다(숫자 거꾸로 따라하기=12). 그러나 숫자 바로 따라하기가 [평균 하] 수준으로 또래에 비해 부진해(숫자 바로 따라하기=7), 단순 과제상황에서 주의력을 안정적으로 유지하는 능력은 저조해 보인다. 이에 더해 청각적으로 제시되는 이중 자극을 처리하는 능력이 [평균 하] 수준으로 부진하게 나타났다(순차연결=6). 현재 청각작업기억이 비효율적으로 발휘되고 있으며, 수검 아동의 우울감이 불안정한 주의력에 일정 부분 영향을 미쳤을 가능성이 있어 보인다. 따라서 정서적 불편감이 상승되어 있어서 청각적 주의와 집중이 필요한 상황에서 머릿속에서 청각적 정보를 유지하고 조작해서 순서대로 처리하는 것을 더욱 어려워하여 인지적 실수를 보일 수 있겠다.

처리속도 지표(PSI)가 116으로 [평균 상] 수준이며 시각적 자극을 정확하게 탐지하는 능력, 정신운동속도는 동일 연령대에 비해 양호하게 발휘되고 있다(백분위=86, 95% 신뢰구간 106~123). 전반적 능력과 비교했을 때 시각적 정보를 빠르게 평가하는 능력은 개인적 강점으로 나타나, 단순한 의사결정의 속도가 빠르고 시각적 정보를 신속하게 확인하고 등록하고 실행하는 능력은 잘 발달되어 있다. 또한 처리속도가 언어적 이해력(PSI > VCI, 누적비율=14.2%), 시공간적 능력(PSI > VSI, 누적비율=12.9%), 유동추론능력(PSI > FRI, 누적비율=5.1%)에 비해 유의하게 양호한바, 단기기억에서 등록된 시각적 자극을 기민하게 처리하는 능력은 언어 기반 문제를 해결하는 능력, 기하학적 도안을 조직화하기 위해 시공간적 관계를 이해하는 능력, 추상적 사고력 및 추론능력에 비해 상대적으로 유능하게 발휘되고 있다. 따라서 단순한 과제를 빠르게 처리하는 상황에서는 양호한 성과를 나타낼 수 있겠다. 또한 기호쓰기가 인지적 강점으로 나타나 연합 기억과 글쓰기속도는 아동에게 있어서 강점인 영역으로 시사된다(기호쓰기 > MSS-P, 누적비율=10~15%). 시각적 변별력과 시각적 정확성도 양호하게 발휘되고 있다. 더불어 아동의 처리속도를 종합적으로 평가하기 위해 추가적으로 선택 소검사를 실시하였고, 제한시간 내에 목표 자극을 정확하게 찾아내는 과제에서 [평균] 수준을 보여, 시각적 주사 및 표적 자극과 비표적 자극을 구분하는 능력은 또래와 비슷한 정도로 발달되어 있다.

수검 아동의 인지적 기능에 대한 부가적인 정보를 확인하기 위해 추가지표를 분석하였다. 양적추론 지표(QRI)는 81로 [평균 하] 수준이며 정신적 수 조작능력과 양적 관계를 추론하는 능력이 또래에 비해 부진한 것으로 나타났다(백분위=10, 95% 신뢰구간 75~89).

청각작업기억 지표(AWMI)가 84로 [평균 하] 수준이며 언어적/청각적 자극을 입력하고 저장하고 조작하는 능력은 또래에 비해 부진해 보인다(백분위=14, 95% 신뢰구간 78~92).

비언어적 지표(NVI)는 99로 [평균] 수준이며 전반적인 비언어적 인지능력은 연령대에 알맞게 발달되어 있다(백분위=47, 95% 신뢰구간 93~105).

일반능력 지표(GAI)는 92로 [평균] 수준이며 언어적 문제해결력과 시지각적 및 공간적 정보를 처리하는 능력은 연령대에 해당한다(백분위=30, 95% 신뢰구간 86~99). 반면 인지효율 지표(CPI)는 110으로 [평균 상] 수준이며 정보를 신속하고 효율적으로 처리하는 능력은 또래에 비해 잘 발달되어 있다. 이에 더해 일반능력 지표와 인지효율 지표 간의 차이가 유의하게 나타난바(GAI < CPI, 누적비율=9.2%), 추상적이고 개념적인 추론과 같은 고차원적 인지능력이 인지적 처리 효율성에 비해 부진해 보인다. 따라서 수검 아동

이 주어진 과제를 단순하고 빠르게 처리하는 결과에 양호한 데 반해 논리적 사고력을 요구하는 보다 복잡한 인지적 과정에 참여할 때에는 이에 미치지 못하는 미흡한 학업적 성취와 빈약한 문제해결책을 보일 수 있겠다.

요약

- 한국 웩슬러 아동지능검사(K-WISC-V) 결과, 수검 아동의 전반적 인지기능은 [평균] 수준으로 연령대에 알맞으며(FSIQ=95), 처리속도는 [평균 상] 수준에(PSI=116), 언어적 능력, 시각적 처리능력, 작업기억력은 [평균] 수준에(VCI=97, VSI=97, WMI=100), 유동추론능력은 [평균 하] 수준에 해당한다(FRI=86). 인지적 효율성은 [평균 상] 수준에(CPI=110), 비언어적 능력과 일반적 능력은 [평균] 수준에(NVI=99, GAI=92), 청각작업기억과 양적추론능력은 [평균 하] 수준에 속한다(AWMI=84, QRI=81).

- 처리속도는 인지적 강점이고, 유동추론능력은 인지적 약점으로, 수검 아동은 논리적 추론 적용 및 복잡한 개념의 이해를 상대적으로 어려워할 수 있겠다.

- 소검사수준에서 무게비교가 약점이며 양적추론 지표가 [평균 하] 수준으로 또래에 비해 부진한바, 수리적 개념형성과 수 조작을 어려워할 수 있고 기대에 미치지 못하는 수학적 성취를 보일 수 있겠다. 따라서 아동의 수학능력을 자세하게 평가하기 위해서 학업능력검사를 추가적으로 진행할 것을 권한다.

- 청각적 작업기억력의 효율성이 저하되어 있는데, 이는 수검 아동의 주의집중력 자체의 문제이기보다는 우울감과 같은 정서적 요인이 불안정한 주의력에 어느 정도 영향을 미치고 있을 가능성을 시사한다. 이로 인해 수검 아동이 많은 양의 정보에 주의를 유지하고 집중하는 것을 곤란해하며, 이는 학교 학업에도 부정적인 영향을 미칠 수 있다. 청각작업기억력을 높이기 위해서는 우선적으로 우울감에 대한 심리적 개입을 권고한다.

교육적 제언

- 아동의 유동추론능력을 강화시키기 위해 다음과 같은 연습이 도움될 수 있다. 시각적 패턴이나 순서를 이해하고 원리를 찾아내고 그 근거를 설명하기, 논리적 사고력

을 키우기 위한 다양한 과학 실험을 해보고 그 속에서 원리 발견하기, 먼저 가설을 세우고 가설이 옳은지 아닌지 확인하는 실험하기 등이다. 또한 논리적으로 생각하기를 꾸준히 할 수 있도록 아동의 아이디어나 생각에 대해 긍정적인 피드백을 해준다.

- 청각작업기억력을 높이기 위해 수검 아동의 우울감에 대한 심리적 개입을 우선적으로 권유한다. 아동의 주의폭 내에서 청각적 자극(예 : 전화번호, 자동차 번호 등)을 들려주고 이를 그대로 기억하기, 숫자 순서대로 기억하기, 서로 다른 두 종류 이상의 자극을 동시에 처리하기, 새로운 정보를 덩어리화(chunk)하는 방법을 알려주기 등의 활동을 활용하면, 청각 주의력을 향상시키는 데 유용할 것으로 사료된다.

- 처리속도는 인지적 강점이고 다른 인지능력에 비해 상대적으로 잘 발달되어 있다. 따라서 처리속도를 유지하고 강화하는 것은 아동의 인지적 약점인 추론능력을 발휘하는 데에 도움이 될 것으로 사료된다. 다시 말해 시각적 정보를 빠르게 스캔하고 구별하는 능력은 학업에 있어서 중요한 요소로, 시각적 정보에 대한 자동성(automaticity)을 키워 고차원적이고 복잡한 과제상황에서 인지적 자원을 효율적으로 동원할 수 있도록 도우면 추상적 사고력을 보다 원활하게 발휘할 수 있을 것이라 기대한다. 처리속도를 강화하기 위한 과제로는 간단한 수학 문제를 빠르게 풀기, 속도와 정확성을 높이기 등의 활동이 있다. 마지막으로, 상대적으로 빠르게 처리하는 아동 중에서 속도를 늦추고 자신이 하고 있는 작업을 좀 더 깊이 생각하는 것을 꺼리는 아동이 있을 수 있다. 그러므로 신속하게 과제를 완료하는 것뿐만 아니라 사고하는 것 또한 중요하다는 것을 익힐 수 있는 활동을 함께 제공하는 것도 아동의 인지발달에 유익할 것이다.

치료적 제언

다음과 같은 치료적 개입이 필요한 것으로 사료된다.

- 아동이 자신의 부정적 감정을 자연스럽게 표현하고 스트레스 대처능력을 키울 수 있도록 돕는 놀이치료
- 아동의 정서발달을 촉진하는 양육 태도 습득, 건설적인 부모-자녀 관계형성, 부모의 양육 스트레스 관리 등을 도와주는 부모교육

장애별
지능평가 보고서

1. 주의력결핍 과잉행동장애

1) 의뢰 사유

나래는 초등학교 2학년에 재학 중인 여자 아동으로, 학교 수업시간에 가만히 앉아있지 못하고 수업 분위기를 흐리는 등 행동 문제를 보인다. 또한, 지속적인 노력이 필요한 숙제나 수업에 집중하지 못하고, 단순한 계산 문제에서 실수하는 등 부주의한 모습을 보인다. 친구들을 좋아하지만 자기 뜻대로 하려고 해서 친구들과 잘 어울리지 못한다. 현재 나래의 심리적 상태 및 주의력에 대해 파악하고 학업 및 또래 관계 등에서 적절한 개입을 해주기 위해 어머니가 심리평가를 의뢰하였다.

2) 배경정보

나래는 2녀 중 첫째 아이로, 신체발달이나 언어발달은 연령에 적절한 편이었다. 그러나 영아기 때 잠을 잘 자지 않았고 작은 소리에도 쉽게 깼으며 낮잠을 잘 자지 않는 편이었다. 안아주지 않으면 울거나 보채는 일이 많았다. 10개월경부터 걷기 시작했는데, 어머니의 표현에 따르면 '날아다닐 정도'로 활동량이 많은 편이었다. 의자, 식탁, 소파 등 가구 위로 올라가고 물건을 깨트리거나 방 안을 어지럽히는 등 어느 장소에 가나 흔적이 남고 산만하며 시끄러웠다.

만 3세경부터 나래는 부모가 직장에 있는 동안 어린이집에서 지냈는데, 선생님들의 지시에 따르지 않고 자기가 하고 싶은 활동을 했다. 유치원 수업시간에 수업과 관련 없는 활동을 하고 종종 수업에 방해가 되는 행동도 해서, 선생님은 나래에게 다른 방에 가 있으라고 하거나 교실 한쪽에서 다른 활동을 하라고 했다. 한편 나래는 책을 좋아하고 학습에 호기심을 보였으며 열심히 하려는 모습도 보여, 어머니는 나래의 문제에 대해 심각하게 생각하지 않았다.

초등학교에 입학한 후 나래는 수업시간에 가만히 앉아있지 못하고 계속 움직였고, 때로 자리에서 일어나 교실에 있는 물건을 만지거나 다른 아이들을 건드리고 다녔다. 이에 선생님이 나래의 행동에 대해 지적하는 일이 많았다. 나래는 수업시간에 자리에 앉아있어야 한다는 것을 알고 있었다. 그러나 궁금한 것이 있으면 당장 확인해야 했고, 자신이 하고 싶은 것이 있으면 당장 해야 하는 등 참지 못하는 모습을 보였다. 수업이나 숙제 등에 집중을 잘하지 못했으나 공부에 관심을 보였고, 또래와 비교하면 학업이 뒤처지지는 않았으며 때로 열심히 공부하는 모습도 보여 보호자는 크게 걱정하지 않았다. 나래는 수업시간에 발표 시 자신의 자리가 아닌 교탁 앞으로 나가 발표했는데, 이러한 모습에 대해서 보호자는 수업에 적극적으로 참여한다고 생각하며 안심했다.

초등학교 2학년이 되면서, 스스로 풀 수 있는 문제인데도 틀리는 경우가 종종 있었다. 문제를 정확하게 읽지 않아 잘못된 답을 선택하기도 하고, 단순한 계산에서 실수하기도 했다. 또한, 알림장은 일부만 작성해왔고, 자신의 물건을 챙기지 못했으며, 준비물은 어머니가 챙겨주었다. 어머니는 나래의 나이답지 않은 모습에 염려했다. 집에서는 가족들을 건드리고 다닌다거나 가만히 TV를 보지 못하고 리모컨을 계속 누르는 등 한 가지 활동을 지속하지 못해 정신없어 보였다. 또한, 말이 상당히 많고 가족들의 대화에 불쑥 끼어들며, 나래에게 질문을 하면 끝까지 듣지 않고 대답해버린다거나 상대방의 말을 자르는 경우가 많았다. 나래가 원하지 않는 일을 가족들이 요구하거나 재촉하면, 듣지 못한 척하면서 자신이 하고 싶은 일만 했다. 어머니가 잔소리를 해도 한 귀로 듣고 한 귀로 흘리는 식의 반응을 보였다. 나래는 잘못을 한 뒤 자신의 잘못에 대해 인정하고 앞으로 그렇게 하지 않겠다고 약속하지만, 이후에 별다른 행동 변화가 없었다.

나래는 친구들을 좋아하며, 참을성이 많은 친구들과는 원만하게 잘 지낸다. 그러나 친구들은 나래가 양보하지 않고 자기 하고 싶은 대로만 하려고 해서 같이 노는 것을 좋아하지 않았다. 친구들과 크게 싸우지는 않았지만, 간혹 장난을 치면서 다투기는 했으며, 친구들과 다툰 이유를 물어보면 '그냥'이라고 답할 때가 많았다. 어머니가 보기에 아무런 이유가 없는데도 불구하고 나래는 친구를 밀거나 갑작스럽게 화내는 일이 있었고, 이러한 행동에 대해서 '몸이 말을 안 들어서 그랬다'고 설명했다. 최근에는 친구가 자신의 말을 들어주지 않는다면서 갑자기 친구의 안경을 벗겨서 던져버린 일이 있었고, 이 일로 상대방 부모에게 혼나는 일이 있었다.

3) 행동 관찰

수검 아동은 약속 시각보다 일찍 도착해서 대기실에 앉아있었는데, 평가자를 보자 큰 소리로 "왜 검사를 시작하지 않아요?", "언제 시작해요?"라고 반복적으로 물어 질문에 대해 자세하게 설명해주었다. 그러나 수검 아동은 같은 질문을 반복하며 대기실을 왔다 갔다 했고 기다리는 것이 힘들어 보였다. 검사시간이 되어 수검 아동을 부르자 밝은 표정으로 검사실에 들어왔고, 자리에 앉자마자 평가자 앞에 있는 검사 도구를 불쑥 만지면서 흥미를 보였으며 검사 도구와 관련된 여러 가지 질문을 하였다. 검사 초반부에는 검사 지시사항에 잘 따르고 열심히 수행하는 모습을 보였다. K-WISC-V의 숫자, 순차연결, 퍼즐 소검사에서는 문제가 제시되자마자 즉각적으로 답을 한 뒤에 곧바로 답을 수정하였다. 순차연결 소검사에서는 검사 지시에 따라서 잘 수행하다가 중간부터 갑자기 '숫자 소검사의 거꾸로 따라하기'처럼 자극을 거꾸로 따라 하였다. 수검 아동은 검사 질문에 대한 답을 알거나 빠른 속도로 수행했을 때 활짝 웃으며 즐거워하는 모습을 보였다. 그러나 잘 모르는 문항이 나오면 아무 말도 하지 않았고, 평가자가 격려해주면 작은 목소리로 대답하거나 "잘 모르겠어요.", "들어보긴 한 것 같은데….."라고 하였다. 또한, 검사 중반부부터 의자에 가만히 앉아있지 못하고 엉덩이를 들썩거렸으며, 검사실을 서성이고 책상 밑으로 들어가 보는 등 충동적이고 산만한 모습을 보였다. 검사 후반부에 다소 피곤해 보여서 쉬는 시간을 갖도록 권유했으나 "괜찮아요."라며 쉬지 않았고, "선생님, 열심히 할게요."라고 말하며 열의를 보였다. 하지만 이내 질문에 집중하지 못한 채 "다시 이야기해주세요."라는 요청을 자주 하였다.

4) K-WISC-V의 프로파일 및 분석 결과

(1) 기본분석

① 지표점수 및 소검사점수 분석

표 7-1 지표점수 분석

지표	환산점수 합	지표점수	백분위	신뢰구간(95%)	진단분류(수준)
언어이해(VCI)	24	111	77	102~118	평균 상
시공간(VSI)	22	105	64	96~114	평균
유동추론(FRI)	18	94	35	87~102	평균
작업기억(WMI)	11	75	5	69~85	낮음
처리속도(PSI)	17	92	30	84~101	평균
전체 IQ(FSIQ)	68	98	45	92~104	평균

표 7-2 소검사점수 분석

지표	소검사	원점수	환산점수	백분위	추정연령
언어이해	공통성	22	11	63	8:10
	어휘	18	13	84	9:6
	(상식)	15	14	91	10:10
	(이해)	8	6	9	<6:2
시공간	토막짜기	35	11	63	9:2
	퍼즐	18	11	63	9:2
유동추론	행렬추리	18	10	50	8:6
	무게비교	17	8	25	7:2
	(공통그림찾기)	12	11	63	8:10
	(산수)	13	8	25	7:2
작업기억	숫자	16	5	5	<6:2
	그림기억	15	6	9	<6:2
	(순차연결)	9	7	16	<6:2
처리속도	기호쓰기	38	10	50	8:2
	동형찾기	18	7	16	<8:2
	(선택)	50	9	37	6:10

② 강점/약점

표 7-3 지표점수 강점/약점

지표	지표점수	비교점수	차이	임계값	강점(S)/약점(W)	누적비율
언어이해	111	95.4	15.6	10.11	S	5~10%
시공간	105	95.4	9.6	10.55	–	15~25%
유동추론	94	95.4	−1.4	9.53	–	>25%
작업기억	75	95.4	−20.4	8.95	W	2~5%
처리속도	92	95.4	−3.4	11.03	–	>25%

* MIS=(111+105+94+75+92)/5=95.4, 임계값의 유의수준은 0.05 수준, 누적비율의 준거집단은 능력수준.

표 7-4 소검사 강점/약점

소검사	환산점수	비교점수	차이	임계값	강점(S)/약점(W)	누적비율
공통성	11	9.2	1.8	2.96	–	15~25%
어휘	13	9.2	3.8	2.79	S	5~10%
토막짜기	11	9.2	1.8	3.4	–	15~25%
퍼즐	11	9.2	1.8	2.87	–	15~25%
행렬추리	10	9.2	0.8	3.13	–	>25%
무게비교	8	9.2	−1.2	1.89	–	>25%
숫자	5	9.2	−4.2	2.3	W	2~5%
그림기억	6	9.2	−3.2	2.76	W	5~10%
기호쓰기	10	9.2	0.8	2.81	–	>25%
동형찾기	7	9.2	−2.2	3.51	–	15~25%

* MSS-P=(11+13+11+11+10+8+5+6+10+7)/10=9.2, 임계값의 유의수준은 0.05 수준.

③ 차이비교

표 7-5 지표점수 차이비교

지표 비교	점수1	점수2	차이	임계값	유의미한 차이	누적비율
VCI-VSI	111	105	6	12.57	N	36.9%
VCI-FRI	111	94	17	11.75	Y	15.1%
VCI-WMI	111	75	36	11.3	Y	1.4%
VCI-PSI	111	92	19	12.96	Y	16.1%
VSI-FRI	105	94	11	12.12	N	27%
VSI-WMI	105	75	30	11.69	Y	3.3%
VSI-PSI	105	92	13	13.3	N	24.6%
FRI-WMI	94	75	19	10.8	Y	10%
FRI-PSI	94	92	2	12.53	N	46.2%
WMI-PSI	75	92	−17	12.11	Y	15.8%

* 임계값의 유의수준은 0.05 수준, 누적비율의 준거집단은 능력수준.

표 7-6 소검사 차이비교

소검사 비교	점수1	점수2	차이	임계값	유의미한 차이	누적비율
공통성–어휘	11	13	−2	3.04	N	30.7%
토막짜기–퍼즐	11	11	0	3.52	N	–
행렬추리–무게비교	10	8	2	2.82	N	31.1%
숫자–그림기억	5	6	−1	2.93	N	46.3%
기호쓰기–동형찾기	10	7	3	3.36	N	18.7%

* 임계값의 유의수준은 0.05 수준.

(2) 추가분석

① 추가지표점수 분석

표 7-7 추가지표점수 분석

추가지표	환산점수 합	지표점수	백분위	신뢰구간(95%)	진단분류(수준)
양적추론(QRI)	16	89	23	83~96	평균 하
청각작업기억(AWMI)	12	78	8	73~87	낮음
비언어(NVI)	56	95	38	89~102	평균
일반능력(GAI)	53	104	61	97~110	평균
인지효율(CPI)	28	80	9	74~89	평균 하

② 차이비교

표 7-8 추가지표점수 차이비교

추가지표 비교	점수1	점수2	차이	임계값	유의미한 차이	누적비율
GAI-FSIQ	104	98	6	3.19	Y	9.3%
GAI-CPI	104	80	24	9.63	Y	3%
WMI-AWMI	75	78	−3	7.56	N	41.4%

* 임계값의 유의수준은 0.05 수준, 누적비율의 준거집단은 능력수준.

표 7-9 추가지표점수의 소검사 차이비교

소검사 비교	점수1	점수2	차이	임계값	유의미한 차이	누적비율
무게비교–산수	8	8	0	2.59	N	–
숫자–순차연결	5	7	−2	2.78	N	29.3%

* 임계값의 유의수준은 0.05 수준.

(3) 처리점수 분석

① 처리점수의 환산점수

표 7-10 처리점수의 환산점수

처리점수	원점수	환산점수
시간보너스가 없는 토막짜기(BDn)	37	12
토막짜기 부분점수(BDp)	46	10
숫자 바로 따라하기(DSf)	6	7
숫자 거꾸로 따라하기(DSb)	6	7
숫자 순서대로 따라하기(DSs)	4	7
선택(무선 배열)(CAr)	25	9
선택(일렬 배열)(CAs)	25	8

② 처리점수의 차이비교

표 7-11 처리점수의 차이비교

처리점수 비교	점수1	점수2	차이	임계값	유의미한 차이	누적비율
BD-BDn	11	12	−1	3.95	N	31.8%
BD-BDp	11	10	1	3.67	N	30.1%
DSf-DSb	7	7	0	3.35	N	−
DSf-DSs	7	7	0	3.45	N	−
DSb-DSs	7	7	0	3.55	N	−
LN-DSs	7	7	0	3.38	N	−
CAr-CAs	9	8	1	4.17	N	40.9%

* 임계값의 유의수준은 0.05 수준.

③ 처리점수의 누적비율

표 7-12 처리점수의 누적비율

처리점수	원점수	누적비율
가장 긴 숫자 바로 따라하기(LDSf)	4	99.52%
가장 긴 숫자 거꾸로 따라하기(LDSb)	3	94.2%
가장 긴 숫자 순서대로 따라하기(LDSs)	3	97.1%
가장 긴 그림기억 자극(LPSs)	3	99.52%
가장 긴 그림기억 반응(LPSr)	6	96.62%
가장 긴 순차연결(LLNs)	3	94.2%
토막짜기 공간크기 오류(BDde)	0	25%
토막짜기 회전 오류(BDre)	0	25%
기호쓰기 회전 오류(CDre)	0	10%
동형찾기 세트 오류(SSse)	0	10%
동형찾기 회전 오류(SSre)	0	10%

④ 처리점수의 차이비교

표 7-13 처리점수의 차이비교

처리점수 비교	점수1	점수2	차이	누적비율
LDSf-LDSb	4	3	1	87%
LDSf-LDSs	4	3	1	72.9%
LDSb-LDSs	3	3	0	48.8%

5) 지능평가 보고서 작성

이 름 :	이 나 래	나 이 :	8세 3개월
성 별 :	여 자	생년월일 :	2012년 3월 9일
학 년 :	초등학교 2학년	평가일자 :	2020년 6월 9일
평가기관 :	○○상담센터	평가자 :	○○○

기본프로파일 분석

	지표점수	백분위	95% 신뢰구간	진단분류(수준)
언어이해 지표(VCI)	111	77	102~118	평균 상
시공간 지표(VSI)	105	64	96~114	평균
유동추론 지표(FRI)	94	35	87~102	평균
작업기억 지표(WMI)	75	5	69~85	낮음
처리속도 지표(PSI)	92	30	84~101	평균
전체 IQ(FSIQ)	98	45	92~104	평균

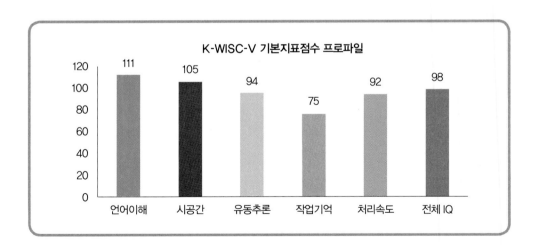

K-WISC-V 기본지표점수 프로파일

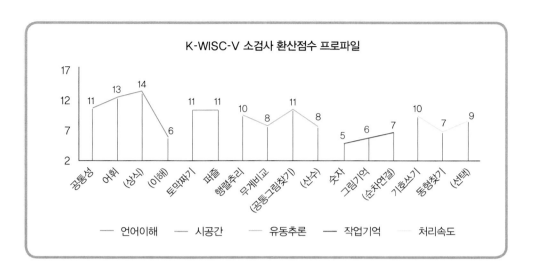

추가프로파일 분석

	지표점수	백분위	95% 신뢰구간	진단분류(수준)
양적추론 지표(QRI)	89	23	83~96	평균 하
청각작업기억 지표(AWMI)	78	8	73~87	낮음
비언어 지표(NVI)	95	38	89~102	평균
일반능력 지표(GAI)	104	61	97~110	평균
인지효율 지표(CPI)	80	9	74~89	평균 하

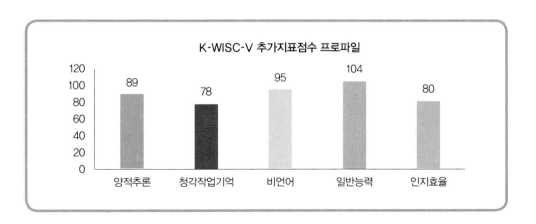

한국 웩슬러 아동지능검사(K-WISC-V)로 측정한 결과, 전체 IQ는 98이며 또래 아동과 비교했을 때 전반적인 인지능력은 [평균] 수준으로 백분위 45에 해당한다(95% 신뢰구간 92~104). K-WISC-V의 검사 결과 해석은 크게 기본지표점수와 추가지표점수로 구분될 수 있다. 기본지표점수에 대한 결과를 살펴보면, 언어이해 지표는 [평균 상] 수준이고, 시공간 지표는 [평균] 수준, 유동추론 지표는 [평균] 수준, 작업기억 지표는 [낮음] 수준, 처리속도 지표는 [평균] 수준에 해당한다. 추가지표점수에 대한 결과를 살펴보면, 양적 추론 지표는 [평균 하] 수준이고, 청각작업기억 지표는 [낮음] 수준, 비언어 지표는 [평균] 수준, 일반능력 지표는 [평균] 수준, 인지효율 지표는 [평균 하] 수준에 해당한다.

기본지표점수를 구체적으로 분석하였다. 아동의 언어이해 지표(VCI)는 111로 [평균 상] 수준에 해당하는데, 어휘력이나 언어적 개념형성능력, 언어적 추론능력이 양호하게 발달되어 있다(백분위=77, 95% 신뢰구간 102~118). 언어이해 지표는 유동추론 지표(VCI>FRI, 누적비율=15.1%), 작업기억 지표(VCI>WMI, 누적비율=1.4%), 처리속도 지표(VCI>PSI, 누적비율=16.1%)보다 점수가 유의미하게 더 높았고, 인지적 강점이다(VCI>MIS, 누적비율=5~10%). 즉 언어능력이 유동추론능력, 작업기억력, 처리속도보다 더 잘 발달되어 있고, 언어를 기반으로 사고하고, 개념을 언어로 이해하고 표현하며, 언어적으로 추론하고 문제를 해결하는 능력이 강점이다. 수검 아동은 지적 호기심이 많고 학습 동기가 높아, 다양한 책이나 교육 및 문화를 접하면서 언어 자원을 발달시켜온 것으로 여겨진다. 소검사 결과를 구체적으로 살펴보면, 소검사수준에서 어휘력이 인지적 강점으로 나타나는데(어휘>MSS-P, 누적비율=5~10%), 단어 의미에 대한 지식이 풍부하고, 다양한 어휘를 사용하여 자기 생각이나 경험을 표현할 것으로 보인다. 또한, 두 사물이나 개념의 유사성을 추론하는 능력, 언어적 추론능력이 [평균] 수준으로 연령대에 적절하게 발달되어 있다(공통성=11). 보유한 상식이나 사실적 지식은 풍부하나(상식=14), 사회적 상황에서 정보를 활용하는 능력이나 실제적 추론능력은 빈약한 것으로 나타났다(이해=6). 즉, 사회적 관습이나 규범에 대한 습득 및 그 원리에 대한 이해는 빈약하게 발달되어 있다. 수검 아동이 또래 관계에서 어려움을 겪는 점은 우선 부주의, 과잉행동, 충동성과 관련해 이해할 필요가 있겠으나, 이뿐만 아니라 관습적 행동 기준에 대한 이해나 사회적 판단력의 부족도 영향을 미치는 것으로 보인다.

시공간 지표(VSI)가 105로 [평균] 수준에 해당하는데, 시각정보를 해석하고 조직화하

는 능력, 시공간적 관계를 이해하는 능력이 고른 발달을 보이고 있다(백분위=64, 95%
신뢰구간 96~114). 시각적 이미지로 사고하고 조작하는 능력이나 공간적 시각화에 있
어, 시각운동 기술이 포함된 과제와 정신적 전환이 포함된 과제 모두에서 연령에 적합한
발달을 보였다(토막짜기=11, 퍼즐=11).

유동추론 지표(FRI)가 94로 [평균] 수준에 해당하는데, 시각적 대상 간 개념적 관계를
찾고 논리적 추론을 적용하며 문제를 해결하는 능력이 연령대에 적합하게 발달되어 있
다(백분위=35, 95% 신뢰구간 87~102). 시지각적 유추능력이나 비언어적 개념형성능력
은 [평균] 수준에 해당한다(행렬추리=10, 공통그림찾기=11). 그러나 추가지표 중 양적
추론 지표(QRI)가 89, [평균 하] 수준으로 또래보다 저조하다(백분위=23, 95% 신뢰구간
83~96). 즉, 양적 과제 수행 시 연역적 논리와 귀납적 논리를 사용한 문제해결능력, 기본
적인 수학 원리에 대한 이해능력, 정신적 수 조작능력이 저조하다(산수=8, 무게비교=
8). 저조한 수행은 복잡한 시각 및 청각 자극 과제에 접근하는 방식이 부주의하고 체계적
이지 못한 점 및 저조한 작업기억력과 관련 있을 것으로 여겨진다. 그러나 기본적인 수학
원리에 대한 이해능력, 양적추론능력이 저조한바, 나래의 수리능력을 구체적으로 평가
하기 위한 학습능력검사가 필요해 보인다.

작업기억 지표(WMI)가 75로 [낮음] 수준에 해당하는데, 지속적이고 안정적인 주의
력 발휘 및 정신적 조작능력이 동일 연령에 비해 부진하다(백분위=5, 95% 신뢰구간
69~85). 추가지표에서 청각작업기억 지표(AWMI)도 78, [낮음] 수준으로 부진하다(백
분위=8, 95% 신뢰구간 73~87). 작업기억 지표는 언어이해 지표(WMI<VCI, 누적비율
=1.4%), 시공간 지표(WMI<VSI, 누적비율=3.3%), 유동추론 지표(WMI<FRI, 누적
비율=10%), 처리속도 지표(WMI<PSI, 누적비율=15.8%)보다 점수가 유의미하게 더
낮았고, 인지적 약점으로 시사된다(WMI<MIS, 누적비율=2~5%). 즉 언어능력, 시공
간적 능력, 유동추론능력, 처리속도보다 시각정보와 청각정보를 입력하고 유지하며 조
작하여 결과를 산출하고 반응하는 능력이 저조하고, 또래보다 부진하다. 소검사수준에
서 숫자 소검사와 그림기억 소검사는 모두 인지적 약점이다(숫자<MSS-P, 누적비율=
2~5%; 그림기억<MSS-P, 누적비율=5~10%). 구체적으로 살펴보면, 청각적 자극에 대
한 단순 암기력, 청각정보를 유지하면서 정신적으로 조작하는 능력이 저조하다(숫자 바
로 따라하기=7, 숫자 거꾸로 따라하기=7, 숫자 순서대로 따라하기=7). 숫자와 문자가

동시에 제시되는 과제에서 순차적 처리능력도 저조하다(순차연결＝7). 문항 내용을 살펴보면, 세 자리 이상의 자극이 제시되는 문항에서 정보를 가역적으로 혹은 순차적으로 처리하는 데 실패하는 양상이 관찰되는데, 청각적 주의폭이 협소할 뿐만 아니라 협소한 주의폭 내에서 청각정보에 대한 정신적 조작능력도 저조한 것으로 보인다. 청각적 작업기억뿐만 아니라 시각적 작업기억도 또래보다 부진하다(그림기억＝6). 즉, 제시된 그림을 순서대로 부호화하고 기억하여 재인하는 과제에서 시각 단기기억에 어려움을 보이고 있다. 종합해보면, 시각 및 청각 과제상황이 비교적 단순하고 단시간의 집중을 요구하는 경우에도 수행이 저조하다. 학교 수업이나 다른 활동을 할 때 부주의해서 실수하거나, 과제나 활동을 체계적으로 하기 어렵고, 지속적인 정신적 노력이 필요한 일이나 활동에서 어려움을 겪을 것으로 보인다. 주의력과 작업기억력이 저조해서, 학습과 일상생활에서 새로운 정보를 받아들이고 유지하면서 이 정보를 조작하고 이전에 습득한 다른 정보와 연결하기 어렵고, 습득한 정보를 적절하게 사용하기 어려울 수 있겠다.

처리속도 지표(PSI)는 92로 [평균] 수준에 해당한다(백분위＝30, 95% 신뢰구간 84~101). 시지각 상징 연합 기술과 시각운동 협응능력을 포함한 과제에서 정신운동속도가 [평균] 수준에 해당한다(기호쓰기＝10). 단순한 시각적 비교 과정을 통해 시각 자극을 변별하는 속도에 있어, 추상적 상징물의 재인을 포함한 정신운동속도와 시각적 변별 기술은 또래보다 저조하게 발휘되고 있다(동형찾기＝7). 그러나 평범한 대상들을 변별하는 능력을 포함한 정신운동속도와 시각적 변별 기술은 [평균] 수준에 해당한다(선택＝9).

추가지표는 인지기능에 대한 부가적인 정보를 제공해주고 있다. 우선 양적추론 지표(QRI)는 89로 [평균 하] 수준에 해당하는데, 양적 관계나 기본적인 수학 원리에 대해 이해하는 능력, 정신적인 수 조작능력이 저조한 것으로 나타났다(백분위＝23, 95% 신뢰구간 83~96).

청각작업기억 지표(AWMI)는 78로 [낮음] 수준에 해당하는데, 청각적으로 제시된 정보를 저장, 파지, 조작하는 능력이 부진한 것으로 나타났다(백분위＝8, 95% 신뢰구간 73~87).

비언어 지표(NVI)는 95로 [평균] 수준에 해당하는데, 언어표현이 최소한으로 요구되는 일반 지적 기능은 동일 연령과 비슷한 발달을 보이고 있다(백분위＝38, 95% 신뢰구간 89~102).

일반능력 지표(GAI)는 전체 IQ와 다르게 작업기억과 처리속도의 영향이 적은 일반지능의 측정치인데, 104로 [평균] 수준에 해당한다(백분위=61, 95% 신뢰구간 97~110).

인지효율 지표(CPI)는 80으로 [평균 하] 수준에 해당하는데, 정보를 처리하는 효율성이 저하되어 있다(백분위=9, 95% 신뢰구간 74~89).

전체 IQ보다 일반능력 지표가 유의미하게 높고(FSIQ<GAI, 누적비율=9.3%), 인지효율 지표보다 일반능력 지표가 유의미하게 높게 나타났다(GAI>CPI, 누적비율=3%). 작업기억력이 인지적 약점이기에 작업기억과 처리속도를 제외한 인지능력이 더 잘 발달되어 있고, 습득된 지식과 문제해결 기술이 지속적 주의와 정신운동속도보다 잘 발달되어 있다. 고차적 인지능력이 상대적으로 잘 발달되어 있으나, 새로운 학습상황에서 작업기억 용량의 부족과 처리속도의 저하로 정보를 효율적으로 처리하기 어렵다 보니, 학습상황에서는 인지적 부담을 겪게 되면서 아동의 인지능력보다 저조한 학업성취를 보일 수 있겠다.

요약

- 한국 웩슬러 아동지능검사(K-WISC-V) 결과, 수검 아동의 전반적 인지기능은 [평균] 수준에 해당한다(FSIQ=98). 언어이해 지표는 [평균 상] 수준이고, 시공간 지표, 유동추론 지표, 처리속도 지표는 [평균] 수준, 작업기억 지표는 [낮음] 수준에 해당한다(VCI=111, VSI=105, FRI=94, WMI=75, PSI=92). 또한, 추가지표에서 비언어 지표와 일반능력 지표는 [평균] 수준, 양적추론 지표와 인지효율 지표는 [평균 하] 수준, 청각작업기억 지표는 [낮음] 수준에 해당한다(QRI=89, AWMI=78, NVI=95, GAI=104, CPI=80).

- 지표수준에서 언어이해 지표가 인지적 강점이고, 소검사수준에서 어휘력이 강점이다. 즉, 언어를 기반으로 사고하고 표현하며 추론하고 문제를 해결하는 능력이 강점이다. 인지적 약점은 지표수준에서 작업기억 지표이고, 소검사수준에서 숫자와 그림기억이다. 청각 및 시각정보에 주의를 기울여 정보를 받아들이는 과정에서 한 번에 처리할 수 있는 정보의 양이 적고, 정보를 유지하면서 조작하고 다른 정보와 연결하는 작업기억력이 저조해서, 새로운 정보를 학습할 때 어려움을 겪을 수 있겠다. 학교 학습 시 교사의 언어적 설명을 듣고 이해하며 언어적 문제를 해결하는 등 언어

능력을 활용한 학습이 원활할 수 있겠으나, 주의력이나 작업기억력의 저하로 인지 능력보다 학업성취가 저조할 수 있겠다.

- 추가지표에서 양적추론 지표가 [평균 하] 수준으로 저조하다. 즉, 수학적 과제나 양적 과제를 수행할 때 기본적인 수학 원리에 대해서 이해하고 연역적 논리나 귀납적 논리를 사용하면서 수리적으로 사고하고 추론하는 능력이 또래에 비해 저조하다. 수의 기초 개념과 내용을 이해하고 산술 기술을 적용하는 수학적 과제에서 수학적 문제해결력이 저조한바, 아동의 수리능력을 구체적으로 평가하기 위해 학습능력검사를 추가로 시행할 것을 권고한다.

- 소검사수준에서 살펴보면, 사회적 상황에서의 판단력과 추론능력이 또래에 비해 저조하다. 또래 관계에서 사회적 규칙이나 규범 및 그 원리에 대해 이해하지 못하거나, 상황을 추론하여 적절히 대응하기 어려울 수 있겠다. 이와 더불어 주호소 문제에서 보고한 바와 같이 부주의, 과잉행동, 충동성으로 인해 사회적 상황에서 자신의 행동을 통제하지 못해서 또래에게 거부당하거나 원활한 관계를 맺는 데 어려움을 겪을 수 있겠다.

- 그러므로 주의력, 작업기억력 등 1차적 증상뿐만 아니라 학습, 또래 관계, 자존감, 정서적 문제 등 2차적 증상과 심리사회적 기능을 포함한 종합적인 평가를 시행하여 적절한 치료 계획을 세우는 것이 필요해 보인다.

교육적 제언

- 청각자극에 대한 주의력 향상을 위해 짧은 이야기를 읽고 세부사항을 회상하는 연습을 한다거나, 연속되는 활동을 이용해서 듣기 기술을 강화하는 연습을 할 수 있을 것이다. 또한, 시각 자극에 대한 주의력 향상을 위해 그림을 보여준 후 세부사항을 회상하도록 해서 시각화 기술을 발달시킨다거나 연속적으로 배열된 사물을 보고 특정 사물을 찾는 활동 등을 통해 주사 연습을 할 수 있을 것이다. 아동의 주의폭을 확장할 수 있도록 비교적 짧은 청각 및 시각 자극으로 구성된 과제에서부터 점차 자극을 늘려가며 연습하는 것도 도움이 될 것이다.

- 작업기억의 용량에 한계가 있더라도, 새로운 정보를 덩어리화(chunk)하는 방법, 정보를 재배열하거나 기존 정보와 새로운 정보를 연결하는 방법, 언어정보와 시각정

보를 함께 처리하는 방법 등과 같은 인지 전략을 습득하여 작업기억력을 효율적으로 활용하도록 도울 수 있겠다. 또한 연구를 통해서 검증된 작업기억 훈련 프로그램에 지속해서 참여한다면, 작업기억의 처리 효율성을 증가시킬 수 있을 것으로 기대된다.

- 구체적인 학습전략 측면에서, 공부하기 전 주변 환경을 점검하고 방해요소를 제거하기, 구체적인 계획을 세우고 계획대로 수행하기, 과제 수행 후 자기가 수행한 것을 점검하기, 과제의 분량을 늘려가며 수행하고 칭찬해주기 등이 도움이 될 것이다. 또한, 학습속도가 느리거나 학습 시 좌절을 견디기 어려워하더라도 충분한 시간을 주고 정서적으로 지지해주면서 좌절에 대한 인내력이나 끈기를 기를 수 있도록 돕는 것이 중요하겠다.

- 수학적 사고력과 추론능력 향상을 위해, 양적 논리와 추론이 포함된 연습하기, 귀납 및 연역 논리 과정이 포함된 활동에 집중하기, 문장제 산수 문제를 분석하는 연습하기, 산수 기술 개발하기와 같은 활동이 도움이 될 것이다. 이를 통해 수학에 대한 불안감을 감소시켜주고 산수 기술에 대한 자신감을 높이는 것도 중요할 것이다.

- 사회적 판단력 및 추론능력과 관련해서, 사회적 관습이나 규칙을 습득하고 그 원리를 이해하기, 역할놀이, 타인의 행동을 주제로 토론하면서 사회적 관계와 타인의 기대에 대한 인식 돕기, 타인의 관점을 수용하도록 격려하기와 같은 활동이 도움이 될 것이다.

- 아동은 언어능력이 인지적 강점이고, 언어능력에 비해 유동추론능력이 상대적으로 덜 발달되었다. 시각적으로 받아들인 정보를 가지고 논리적으로 사고하는 데 어려움이 있을 수 있으므로, 시각적 패턴이나 개념을 언어적으로 설명하면서 문제를 해결하는 방식을 배운다면 도움이 될 것이다. 예를 들어, 시각 패턴을 보면서 "앞의 빨간 원이 파란 사각형과 초록 삼각형 사이에 있으므로, 빈칸에서 빨간 원은 여기 파란 사각형과 초록 삼각형 사이에 놓인다."와 같이 언어적으로 표현하면서 문제를 푸는 것도 도움이 될 것이다.

- 수검 아동은 학습에 흥미와 관심이 있고 학습 동기가 높다. 특히 학교 학습에 중요한 요소로 작용하는 언어능력이 인지적 강점이므로, 이를 강화할 기회를 지속해서 제공하는 것이 중요하다. 사용어휘 발달시키기, 활동기록 및 일기쓰기, 단어게임 등

언어 강화 활동뿐만 아니라 다양한 교육이나 문화적 기회를 제공하는 것도 도움이 될 것이다.

치료적 제언

다음과 같은 치료적 개입이 필요할 것으로 사료된다.

- 주의력 및 자기조절능력의 향상, 충동성 및 과잉행동의 감소, 적절한 대처행동 습득 등을 돕는 인지행동치료
- 사회적 판단력과 실제적 추론능력, 또래 관계에서의 문제 등을 돕는 놀이치료
- 약물치료에 대한 고려
- ADHD 증상에 대한 이해, 부모의 스트레스 관리, 자녀의 행동수정 등에 대한 부모교육

부록

주의력결핍 과잉행동장애(ADHD) 핵심 특징

① 부주의

외부 자극의 세부적인 부분에 주의를 기울이지 못하고 실수를 하는 모습을 보이는데, 예를 들어 학습 시 문제를 정확하게 읽지 않아서 틀린다거나 대화 중 다른 사람의 이야기를 제대로 듣지 않아 잘못 이해할 수 있다. 오랜 시간 동안 지속적이고 꾸준하게 해야 하는 활동을 할 때 어려움을 겪는데, 한 가지 활동을 하다가 금세 다른 활동을 한다거나 오랜 시간 지속해야 하는 활동을 싫어한다. 체계적이고 계획적으로 수행하기 어려우며 어떤 과제를 끝까지 해서 마무리하기 어렵다. 또한, 외부에서 어떤 소리가 들린다거나 다른 자극이 있을 때 쉽게 산만해지고, 물건을 잘 정리하지 못하고 쉽게 잃어버린다.

② 과잉행동과 충동성

수업시간이나 어떤 활동을 할 때 가만히 앉아있기 어려워하고, 몸을 움직이거나 자리에서 일어나거나 쉬지 않고 움직인다. 정적인 놀이나 활동에 참여하기 어려워하고, 차례를 기다린 뒤에 하는 활동을 견디기 힘들어한다. 쉬지 않고 말을 하기도 하고, 다른 사람이 말을 하는 중에 끼어들어 말한다거나 참견하고, 질문을 끝까지 듣지 않고 답하기도 한다.

이와 같은 특성은 학교생활, 가정생활, 사회생활 등 삶의 여러 측면에 영향을 미친다. 대개 초등학교에 입학하기 전에 증상이 시작되는데, 연령이 증가하면서 이런 행동이 다소 개선되기도 하지만, 10대나 그 이후 성인기에도 지속될 수 있다.

2. 지적장애

1) 의뢰 사유

지유는 초등학교 3학년 여자 아동으로 주의집중의 어려움, 학교 학습 및 적응의 어려움 등으로 2학년 6월부터 도움학습과 치료놀이를 포함한 개입이 이루어지고 있다. 개입 이후 부산한 행동은 많이 개선되었으나 학습능력은 큰 변화가 없다고 보고되어, 현재 지유의 인지적 상태를 정확히 파악하기 위해 지역아동센터 교사에 의해 지능평가가 의뢰되었다.

2) 배경정보

지유는 어머니가 10대 후반에 출산한 아동으로 현재 한부모 자녀이다. 임신 시 아버지가 아동을 책임질 수 있으며 키우고 싶다고 하였으나, 출산 후 결별하게 되어 현재 어머니와 함께 생활하고 있다. 출산 시 어머니의 자궁상태가 좋지 않아 제왕절개로 태어났고, 출생 직후 인큐베이터에서 하루 정도 보내었다. 영아기에 어머니의 모유량이 적어 지유는 주로 분유를 먹었고 수면량이 적었으며 영유아 검진 시 영양상태와 발육상태가 좋지 못하다는 소견을 들었다. 지유는 낯가림이 거의 없었고, 사회적 미소도 적절하였다. 옹알이는 5개월경에 처음 나타났으나 다소 적은 편이었으며 첫 단어는 20개월에야 시작되었고, 그 이후에도 언어발달이 더딘 편이었지만 어머니 역시 어려서 언어발달이 느린 편이었기에 큰 걱정은 하지 않았다고 한다. 신체발달의 경우 목 가누기, 앉기 등은 적절한 시기에 하였으나 걷기는 15개월경으로 약간 느린 편이었다. 대소변 가리기는 40개월 이후에 가능하였다.

어머니가 지유를 혼자 양육하고 생계를 꾸려나가야 하는 상황으로, 지유는 생후 6개월부터 보육기관에 맡겨졌고 돌 무렵부터 2세 6개월까지는 24시간 어린이집에서 생활하였다. 그 후 초등학교 입학 전까지 이른 아침부터 늦은 저녁까지 어린이집, 이후에는 유치원을 다녔다. 또래들과는 큰 어려움 없이 어울리는 편이었으며 체험 중심의 활동을 좋아하였다. 그러나 초등학교 입학 후 학습을 무척 어려워하면서 학교를 가기 싫어하였으며 수업시간에는 주로 책상에 엎드려 있는 등 거의 수업에 참여하지 않았다. 또한 초등학교 입학 후 등록한 방과 후 지역아동센터에서도 학습을 중심으로 돌봄을 제공하자 지유는 지역아동센터에 가지 않고 주로 집에서 혼자 핸드폰으로 동영상만 보는 경우가 많았다. 지유 어머니는 지유의 학습이나 학교 적응에 큰 관심을 보이지 않으며, 때로는 아동을 밤 늦게까지 혼자 집에 두는 등의 방임을 하는 경우도 있어, 학교와 지역아동센터에서 집중적인 관찰을 하고 있는 상황이다. 학교와 지역아동센터에서의 또래 관계는, 유순한 여자 아이들에게 주로 돌봄을 받는 편이다.

3) 행동 관찰

지유는 또래보다 약간 작은 키에 통통한 체격, 가무잡잡한 피부를 가진 귀여운 인상으로 지역아동센터의 교사와 함께 센터에 내소하였으며 위생상태는 양호하였다. 검사자가 지유에게 인사를 건네자 힐끗 보고는 "안녕하세요."라고 반응한 뒤, 검사자의 안내에 따라 검사실로 입실하였다. 검사 시 눈 맞춤은 대체로 적절하였으나 착석한 상태에서 부산하게 손장난을 하거나 간혹 멍하게 있기도 하는 등 집중하지 못하여 검사자의 지속적인 촉구 및 격려가 요구되었다. K-WISC-V 수행 시 "몇 개 남았어요?", "언제 쉬어요?"라고 여러 차례 묻는 등 지속적인 과제 집중의 어려움을 보여 두 차례의 휴식이 필요하였다. 언어이해 지표에 포함되는 소검사의 여러 문항들에서 곧바로 "몰라요."라고 반응하여 여러 차례의 촉구가 필요했던 것에 비해 시공간 지표에 포함되는 소검사에서는 관심을 가지고 성실하게 참여하는 모습이 나타났다. 검사 도중 잘 모르는 문항이 나오는 경우 쉽게 짜증 내는 모습을 보이며 산수 소검사 시 문항 지시를 한 번에 이해하지 못하여 검사 문항을 반복해주기를 자주 요청하였다. 또한 〈기호쓰기〉 소검사 시 "힘들어…. 언제까지 해야 돼요?"라고 말하거나 〈동형찾기〉 소검사 시 한 페이지만 수행한 뒤 검사자에게 용지를 돌려주는 모습을 보여, 일정 시간 동안 과제를 지속하는 능력과 지시를 귀담아 듣고 수행하는 능력을 적절히 갖추지 못한 것으로 여겨진다.

4) K-WISC-V의 프로파일 및 분석 결과

(1) 기본분석

① 지표점수 및 소검사점수 분석

표 7-14 지표점수 분석

지표	환산점수 합	지표점수	백분위	신뢰구간(95%)	진단분류(수준)
언어이해(VCI)	8	67	1	62~78	매우 낮음
시공간(VSI)	9	70	2	65~82	낮음
유동추론(FRI)	7	63	1	58~74	매우 낮음
작업기억(WMI)	9	69	2	64~80	매우 낮음
처리속도(PSI)	7	65	1	60~77	매우 낮음
전체 IQ(FSIQ)	25	53	<0.1	50~61	매우 낮음

표 7-15 소검사점수 분석

지표	소검사	원점수	환산점수	백분위	추정연령
언어이해	공통성	5	2	0.4	<6:2
	어휘	10	6	9	6:6
	(상식)	8	3	1	<6:2
	(이해)	10	7	16	6:6
시공간	토막짜기	14	4	2	<6:2
	퍼즐	10	5	5	<6:2
유동추론	행렬추리	9	3	1	<6:2
	무게비교	11	4	2	<6:2
	(공통그림찾기)	4	3	1	<6:2
	(산수)	8	4	2	<6:2
작업기억	숫자	12	3	1	<6:2
	그림기억	17	6	9	<6:2
	(순차연결)	6	4	2	<6:2

(계속)

표 7-15 소검사점수 분석 (계속)

지표	소검사	원점수	환산점수	백분위	추정연령
처리속도	기호쓰기	20	3	1	<8:2
	동형찾기	12	4	2	<8:2
	(선택)	29	3	1	<6:2

② 강점/약점

표 7-16 지표점수 강점/약점

지표	지표점수	비교점수	차이	임계값	강점(S)/약점(W)	누적비율
언어이해	67	66.8	0.2	10.11	-	>25%
시공간	70	66.8	3.2	10.55	-	>25%
유동추론	63	66.8	−3.8	9.53	-	>25%
작업기억	69	66.8	2.2	8.95	-	>25%
처리속도	65	66.8	−1.8	11.03	-	25%

* MIS = (67+70+63+69+65)/5 = 66.8, 임계값의 유의수준은 0.05 수준, 누적비율의 준거집단은 능력수준.

표 7-17 소검사 강점/약점

소검사	환산점수	비교점수	차이	임계값	강점(S)/약점(W)	누적비율
공통성	2	4	−2.0	2.96	-	15~25%
어휘	6	4	2.0	2.79	-	15~25%
토막짜기	4	4	0.0	3.4	-	-
퍼즐	5	4	1.0	2.87	-	>25%
행렬추리	3	4	−1.0	3.13	-	>25%
무게비교	4	4	0.0	1.89	-	-
숫자	3	4	−1.0	2.3	-	>25%
그림기억	6	4	2.0	2.76	-	15~25%
기호쓰기	3	4	−1.0	2.81	-	>25%
동형찾기	4	4	0.0	3.51	-	-

* MSS-P = (2+6+4+5+3+4+3+6+3+4)/10 = 4, 임계값의 유의수준은 0.05 수준.

③ 차이비교

표 7-18 지표점수 차이비교

지표 비교	점수1	점수2	차이	임계값	유의미한 차이	누적비율
VCI-VSI	67	70	−3	12.57	N	48.1%
VCI-FRI	67	63	4	11.75	N	37%
VCI-WMI	67	69	−2	11.3	N	51.9%
VCI-PSI	67	65	2	12.96	N	30.4%
VSI-FRI	70	63	7	12.12	N	26%
VSI-WMI	70	69	1	11.69	N	45.3%
VSI-PSI	70	65	5	13.3	N	24.9%
FRI-WMI	63	69	−6	10.8	N	42.5%
FRI-PSI	63	65	−2	12.53	N	60.8%
WMI-PSI	69	65	4	12.11	N	29.3%

* 임계값의 유의수준은 0.05 수준, 누적비율의 준거집단은 능력수준.

표 7-19 소검사 차이비교

소검사 비교	점수1	점수2	차이	임계값	유의미한 차이	누적비율
공통성-어휘	2	6	−4	3.04	Y	10.9%
토막짜기-퍼즐	4	5	−1	3.52	N	44.5%
행렬추리-무게비교	3	4	−1	2.82	N	44.3%
숫자-그림기억	3	6	−3	2.93	Y	21.6%
기호쓰기-동형찾기	3	4	−1	3.36	N	43.8%

* 임계값의 유의수준은 0.05 수준.

(2) 추가분석

① 추가지표점수 분석

표 7-20 추가지표점수 분석

추가지표	환산점수 합	지표점수	백분위	신뢰구간(95%)	진단분류(수준)
양적추론(QRI)	8	67	1	62~76	매우 낮음
청각작업기억(AWMI)	7	65	1	60~74	매우 낮음
비언어(NVI)	25	59	0.3	54~67	매우 낮음
일반능력(GAI)	19	58	0.3	54~67	매우 낮음
인지효율(CPI)	16	61	0.4	56~70	매우 낮음

② 차이비교

표 7-21 추가지표점수 차이비교

추가지표 비교	점수1	점수2	차이	임계값	유의미한 차이	누적비율
GAI-FSIQ	58	53	5	3.19	Y	11%
GAI-CPI	58	61	−3	9.63	N	72.9%
WMI-AWMI	69	65	4	7.56	N	44.2%

* 임계값의 유의수준은 0.05 수준, 누적비율의 준거집단은 능력수준.

표 7-22 추가지표점수의 소검사 차이비교

소검사 비교	점수1	점수2	차이	임계값	유의미한 차이	누적비율
무게비교-산수	4	4	0	2.59	N	–
숫자-순차연결	3	4	−1	2.78	N	43.2%

* 임계값의 유의수준은 0.05 수준.

(3) 처리점수 분석

① 처리점수의 환산점수

표 7-23 처리점수의 환산점수

처리점수	원점수	환산점수
시간보너스가 없는 토막짜기(BDn)	14	4
토막짜기 부분점수(BDp)	22	4
숫자 바로 따라하기(DSf)	5	4
숫자 거꾸로 따라하기(DSb)	4	4
숫자 순서대로 따라하기(DSs)	3	4
선택(무선 배열)(CAr)	15	4
선택(일렬 배열)(CAs)	14	3

② 처리점수의 차이비교

표 7-24 처리점수의 차이비교

처리점수 비교	점수1	점수2	차이	임계값	유의미한 차이	누적비율
BD-BDn	4	4	0	3.95	N	–
BD-BDp	4	4	0	3.67	N	–
DSf-DSb	4	4	0	3.35	N	–
DSf-DSs	4	4	0	3.45	N	–
DSb-DSs	4	4	0	3.55	N	–
LN-DSs	4	4	0	3.38	N	–
CAr-CAs	4	3	1	4.17	N	40.9%

* 임계값의 유의수준은 0.05 수준.

③ 처리점수의 누적비율

표 7-25 처리점수의 누적비율

처리점수	원점수	누적비율
가장 긴 숫자 바로 따라하기(LDSf)	3	100%
가장 긴 숫자 거꾸로 따라하기(LDSb)	2	99.52%
가장 긴 숫자 순서대로 따라하기(LDSs)	3	97.1%
가장 긴 그림기억 자극(LPSs)	3	99.52%
가장 긴 그림기억 반응(LPSr)	3	–
가장 긴 순차연결(LLNs)	3	94.2%
토막짜기 공간크기 오류(BDde)	0	25%
토막짜기 회전 오류(BDre)	0	25%
기호쓰기 회전 오류(CDre)	0	10%
동형찾기 세트 오류(SSse)	0	10%
동형찾기 회전 오류(SSre)	0	10%

④ 처리점수의 차이비교

표 7-26 처리점수의 차이비교

처리점수 비교	점수1	점수2	차이	누적비율
LDSf-LDSb	3	2	1	87%
LDSf-LDSs	3	3	0	95.2%
LDSb-LDSs	2	3	−1	85.5%

5) 지능평가 보고서 작성

이 름 :	최 지 유	나 이 :	8세 11개월
성 별 :	여 자	생년월일 :	2011년 7월 29일
학 년 :	초등학교 3학년	평가일자 :	2020년 7월 14일
평가기관 :	○○상담센터	평가자 :	○○○

기본프로파일 분석

	지표점수	백분위	95% 신뢰구간	진단분류(수준)
언어이해 지표(VCI)	67	1	62~78	매우 낮음
시공간 지표(VSI)	70	2	65~82	낮음
유동추론 지표(FRI)	63	1	58~74	매우 낮음
작업기억 지표(WMI)	69	2	64~80	매우 낮음
처리속도 지표(PSI)	65	1	60~77	매우 낮음
전체 IQ(FSIQ)	53	<0.1	50~61	매우 낮음

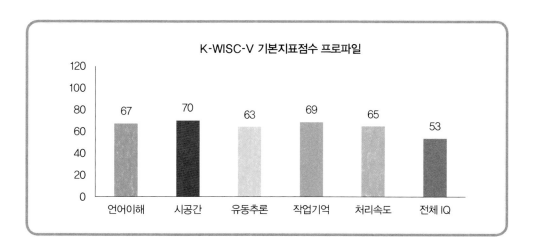

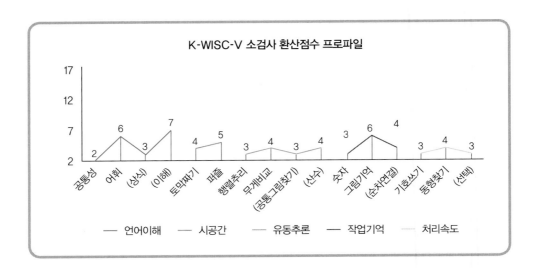

추가프로파일 분석

	지표점수	백분위	95% 신뢰구간	진단분류(수준)
양적추론 지표(QRI)	67	1	62~76	매우 낮음
청각작업기억 지표(AWMI)	65	1	60~74	매우 낮음
비언어 지표(NVI)	59	0.3	54~67	매우 낮음
일반능력 지표(GAI)	58	0.3	54~67	매우 낮음
인지효율 지표(CPI)	61	0.4	56~70	매우 낮음

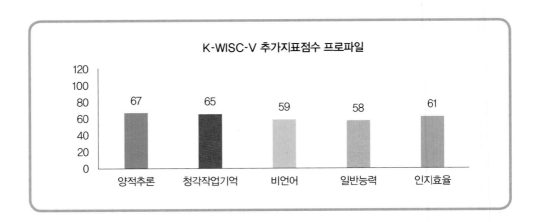

한국 웩슬러 아동지능검사(K-WISC-V) 결과, 전체 IQ는 53점으로 전반적인 인지능력은 [매우 낮음] 수준에 해당한다(백분위＝0.1, 95% 신뢰구간 50~61). K-WISC-V 결과는 기본지표 분석과 추가지표 분석으로 구성되어 있는데, 기본지표인 언어이해 지표, 시공간 지표, 유동추론 지표, 작업기억 지표, 처리속도 지표 모두 [낮음~매우 낮음] 수준에 해당하여 제반 인지능력은 또래 아동에 비해 상당히 저조한 상태이다. 추가지표인 양적추론 지표, 청각작업기억 지표, 비언어 지표, 일반능력 지표, 인지효율 지표 역시 모두 [매우 낮음] 수준으로 인지기능의 다양한 측면을 통해 검토하였을 때 아동이 보유한 인지적 자원이 상당히 빈약한 것으로 평가된다.

우선 기본지표 결과를 자세히 분석하자면, 수검 아동의 언어이해 지표(VCI)는 67, 즉 [매우 낮음] 수준으로 언어적 추론능력, 개념형성능력과 단어 지식 등 언어적 문제를 해결하는 능력의 발달이 매우 지연되어 있다(백분위＝1, 95% 신뢰구간 62~78). 특히 보편적 속성이나 일반적인 개념을 기반으로 공통점을 추론하는 능력이 매우 저하되어 있는데, 실제 〈공통성〉 소검사의 원점수가 5점(환산점수 2점)으로 '나비와 벌'의 공통점에 대해 "나비는 꽃만 먹는데 벌은 다른 사람 쏘잖아요."라고 반응하는 등 두 단어의 공통점을 유추하지 못하고 개념적 사고보다는 구체적 사고에 머물러 있는 수준으로 파악된다. 또한 후천적 학습을 통해 습득되는 일반적인 상식의 양이 또래에 비해 상당히 빈약하여(상식＝3), 현재 수검 아동의 학년에 제공되는 학교 교육 과정을 이행하는 데 상당한 어려움이 예상된다. 일상생활에서 자주 접하는 '시계', '소'와 같은 간단한 단어는 설명할 수 있어, 단순한 수준의 언어적 의사소통은 어느 정도 가능한 것으로 파악된다(어휘＝6). 그러나 보다 추상적인 단어 혹은 동사 및 형용사의 의미를 표현하는 것은 어려워하는 등 언어적 이해력과 표현력의 발달은 또래에 비해 상당히 미흡하다. 한편 사회적 상황에서 알아야 하는 규칙이나 규범에 대한 지식은 [평균 하] 수준으로(이해＝7), 또래에 비해 부진하지만 다른 제반 인지기능에 비해서 상대적으로 나은 발달수준을 보이는바, 아동이 학교나 가정과 같은 친숙한 환경에서는 일상적인 규범을 이해하고 눈치껏 행동함으로써 빈약한 인지기능을 보완해왔던 것으로 추정된다.

시공간 지표(VSI)는 70, 즉 [낮음] 수준으로 시공간 조직화능력, 시공간적 관계를 이해하는 능력은 연령에 비해 저조한 발달을 보이고 있다(백분위＝2, 95% 신뢰구간 65~82). 제한된 시간 내에 시공간 자극을 분석하고 통합하여 조직화하는 능력, 그리고 심상을 활용하여 조작하는 능력의 발달이 상당히 지연되어 있다(토막짜기=4, 퍼즐=5).

유동추론 지표(FRI)는 63, 즉 [매우 낮음] 수준으로 논리적 추론을 적용하여 시지각적 과제를 해결하는 능력도 아동의 연령에 비해 매우 부진하다(백분위=1, 95% 신뢰구간 58~74). 시지각 과제에서 규칙 및 관계성을 추론해내는 능력, 수량적인 유추와 수리적 계산능력 모두 동일 연령에 비해 매우 저조한 발달을 보이고 있다(행렬추리=3, 무게비교=4, 공통그림찾기=3, 산수=4). 실제 단순하고 직관적인 수 조작만 가능할 뿐 사칙연산에 대한 개념이 미흡하고 수 조작능력도 부진한 것으로 파악되어, 아동 학년의 교과 과정을 이행하는 것이 어려우므로 아동의 인지발달수준을 고려한 개별적 교육 과정을 제공하는 것이 필요하겠다.

작업기억 지표(WMI)도 69, 즉 [매우 낮음] 수준으로 주의력 및 집중력이 연령에 비해 매우 저조한 것으로 나타났다(백분위=2, 95% 신뢰구간 64~80). 청각적 자극에 대한 단기기억능력과 정신적 조작능력은 상당히 부진하여 학업적 성취에 많은 제한이 따르겠다(숫자=3, 순차연결=4). 아동은 〈숫자 거꾸로 따라하기〉 수행 시 두 자리 숫자를 소리 내어 천천히 암송하는 수준으로, 세 자리 이상의 숫자 조합을 조작하는 것은 어려운 수준이다. 그 외 청각적 자극으로 제시되는 다른 과제에서도 검사 지시를 제대로 듣지 못하여 문항반복을 요구하는 경우가 많아 아동의 주의력 문제는 학업성취뿐만 아니라 일상적인 적응의 어려움을 초래할 것으로 예상된다. 한편 시각적 자극에 대한 주의력은 청각적 주의력에 비해 상대적으로 나은 수행을 보이는바(숫자－그림기억=3－6), 아동의 학습 및 인지교육 과정에서 청각적 자극보다 시각적 자극을 활용하는 것이 유익할 것으로 보인다.

처리속도 지표(PSI)도 65, 즉 [매우 낮음] 수준으로 정보처리속도가 또래에 비해 매우 저조한 것으로 나타났다(백분위=1, 95% 신뢰구간 60~77). 시각적 주사 및 변별 능력과 시각－운동 협응능력을 기반으로 시각적 자극을 정확하고 신속하게 처리하는 능력은 [매우 낮음] 수준으로, 매우 부진한 발달을 보이고 있다(기호쓰기=3, 동형찾기=4). 한편, 〈기호쓰기〉 소검사 시 1회의 오류를 보이고 자발적으로 수정할 수 있었으나, 〈동형찾기〉 소검사에서는 4회에 걸친 반복적인 오류가 나타나고 있어, 아동은 보다 복잡한 시각적 자극을 동시에 처리해야 할 때 더욱 어려움을 경험하는 것으로 보인다.

추가지표를 통해 인지기능의 다른 측면을 부가적으로 검토하자면, 양적추론 지표(QRI)는 67로 [매우 낮음] 수준이며, 양적 관계나 기본적인 수학 원리에 대해 이해하는 능력, 수 조작능력이 매우 저조한 것으로 나타났다(백분위＝1, 95% 신뢰구간 62~76).

청각작업기억 지표(AWMI)는 65로 [매우 낮음] 수준이며, 청각적으로 제시된 정보를 저장, 파지, 조작하는 능력 역시 연령에 비해 상당히 부진한 것으로 나타났다(백분위＝1, 95% 신뢰구간 60~74).

비언어 지표(NVI)는 59로 [매우 낮음] 수준에 해당하여, 언어적 기능의 요구가 거의 없는 지적 기능 역시 매우 저조한 발달을 보이고 있다(백분위＝0.3, 95% 신뢰구간 54~67).

일반능력 지표(GAI)는 58(백분위＝0.3, 95% 신뢰구간 54~67), 인지효율 지표(CPI)는 61(백분위＝0.4, 95% 신뢰구간 56~70)로 모두 [매우 낮음] 수준에 해당하여, 일반지능과 정보처리 효율성 모두 상당히 부진한 발달을 보이고 있다.

요약

- 아동의 전반적 인지기능은 [매우 낮음] 수준으로(FSIQ＝53), 언어이해 지표, 시공간 지표, 유동추론 지표, 작업기억 지표, 처리속도 지표 모두 [낮음~매우 낮음] 수준에 해당한다(VCI＝67, VSI＝70, FRI＝63, WMI＝69, PSI＝65). 또한 추가지표인 양 적추론 지표, 청각작업기억 지표, 비언어 지표, 일반능력 지표, 인지효율 지표 역시 모두 [매우 낮음] 수준으로, 아동이 보유한 인지적 자원이 상당히 빈약한 것으로 평 가된다.

교육적 제언

- 아동의 언어적 능력, 공간적 시각화능력, 시각적 추론능력, 주의집중력, 정신운동 속도 모두 동일 연령에 비해 발달이 지연된 상태로, 현재 학년의 교과 과정을 적절 히 이행하기 어려운 수준으로 평가된다. 따라서 아동의 인지발달수준에 적합한 개 별적 교육 과정을 제공하고 집중적인 인지학습적 개입이 요구된다. 새로운 내용이 나 영역을 학습할 때 청각적, 언어적 자극보다는 시각적이고 실물로 조작 가능한 자 극을 활용하는 것이 도움이 될 수 있겠다. 또한 부진한 언어적 이해력을 고려하여 지시사항은 짧고 명료하게 전달해야 하며, 동일한 내용도 반복적으로 제시하고 습 득할 수 있도록 충분한 시간을 제공하며 기다려주는 부모나 교수자의 태도 역시 중 요하다.

또한 아동이 그동안 사회적 상호작용이 제한되고, 교육 및 문화적 자극이 빈약한 환경에서 성장해왔던 점을 고려할 때, 정서적 지지를 기반으로 하여 다양한 학습 및 체험 경험을 통해 인지능력의 발달을 촉진할 수 있는 환경적 재구성이 요구된다.

치료적 제언

다음과 같은 치료적 개입이 필요할 것으로 사료된다.

- 다양한 사회적 상황과 관련된 적절한 행동을 학습하도록 돕는 사회성 기술증진 프로그램
- 아동의 인지기능에 대한 정확한 이해, 발달촉진을 위한 양육 기술 습득, 부모의 스트레스 관리 등을 목적으로 하는 부모교육
- 아동의 인지발달수준에 적합한 개별화된 인지학습치료

부록

지적장애(Intellectual Disability) 핵심 특징

① 지적 기능의 저하

지적 기능으로는 논리, 문제해결능력, 계획, 추상적 사고, 판단, 학업성취도, 그리고 경험을 통한 학습 등이 포함되며, 이러한 영역에서의 기능이 저하되어 있다. 지적 기능의 저하는 임상적 평가 및 표준화된 지능검사로 확인되어야 한다.

② 적응능력의 저하

적응능력의 저하로 개인적 독립 및 사회적 책임과 관련된 발달적 기준과 사회문화적 기준을 만족시키지 못하는 경우이다. 즉 일상생활의 한 가지 이상의 영역(가정, 학교, 직장, 사회 등 여러 환경에서 의사소통, 사회적 참여 및 독립적 생활 영위 등)에서 적응능력의 저하로 인해 기능이 제한되어 있으므로 주변의 지속적인 도움이 필요한 수준이다.

③ 발달시기의 발현

이러한 지적 기능 및 적응능력의 저하는 발달시기에 시작되어야 한다.

특정성 : 현재 심각도 수준에 따라 경도, 중등도, 고도, 최고도로 분류된다.

〈유사 진단 범주와의 비교〉

* 전반적 발달지체(Global Developmental Delay)

5세 이하의 아동에서 발달상 지체가 확인되나, 아동이 너무 어려 표준화된 검사 도구를 통해 임상적

심각성을 정확하게 판단하기 어려운 경우에 내려진다. 이 경우 일정 시간이 지난 후 재평가가 요구된다.

* 비특정 지적장애(Unspecified Intellectual Disability)
5세 이상의 아동 또는 성인에서, 시각장애 혹은 청각장애와 같은 감각장애나 신체장애, 운동장애 혹은 심각한 행동장애나 동반된 정신질환 등의 이유로 인해 지적장애의 정도를 정확하게 평가하기 어려울 때 사용된다. 이 진단은 특수한 경우에만 사용되어야 하며, 일정 시간이 지난 후 재평가되어야 한다.

* 경계성 인지기능(Borderline Intellectual Functioning)
전체 IQ(FSIQ)가 70~84의 범위에 해당하는 경우로, 전체 인구의 6~7%를 차지한다. 이들은 적응능력이 부족하여 사회적, 직업적 기능을 수행하기 어려우며, 두드러진 정신장애 원인이 없더라도 좌절감이나 정서적 고통감을 경험할 수 있다.

3. 자폐스펙트럼장애

1) 의뢰 사유

윤서는 인도네시아에서 영국계 국제학교 초등 과정 2학년에 재학 중인 아동으로, 생후 30개월에 국내 대학병원에서 자폐장애 진단을 받은 바 있다. 최근 그간 큰 문제 없이 참여해왔던 수업시간에 소리치며 울고 참여를 거부하는 등의 문제를 보여 어머니가 아동에 대한 이해를 위해 검사를 의뢰하였다.

2) 배경정보

윤서는 원하던 임신으로 건강하게 출산하였고, 외동 아동이다. 아버지의 직장 때문에 생후 12개월부터 인도네시아에 거주하였다. 신생아 때부터 매우 예민하여 깊은 잠을 자지 못하고 작은 소리에도 쉽게 깨며 심하게 우는 수면 문제를 보였다. 이유식을 시작할 무렵에는 액체 이외의 음식 삼키기를 거부하여 양육자가 돌보는 데 어려움이 있었으며 최근까지도 편식 문제가 심한 편이다. 생후 6개월 무렵 눈 맞춤이 잘 되지 않았고, 사회적 미소도 보이지 않아 어머니는 윤서가 다른 아이들과 조금 다르다고 느꼈다. 걷기는 14개월, 말은 18개월에 시작하였으며 발화량이 매우 적었고 다른 사람들과의 상호작용에 어려움을 보였다. 한인교회 유아원에서 다른 유아들이 함께 놀자고 다가와도 별다른 반응이 없었고, 소꿉놀이나 병원놀이를 해도 함께 놀지 않고 혼자 놀았다. 이처럼 또래에 관심을 보이지 않고 선생님 말에도 주의를 기울이지 않아 이런 윤서의 모습이 염려되어 30개월에 국내 종합병원 소아정신과에 내원하였고, 자폐장애 진단을 받은 바 있다.

이후 약 1년간 한국에 거주하면서 일주일에 1회 언어치료를 받았고 어린이집에 등원하였다. 언어치료 후 점차 언어적인 발화량과 어휘량이 증가하였고 문장 사용이 가능하였으나 질문에 상관없는 동문서답의 모습을 빈번히 보였으며 어린이집에서는 규칙이나 지시따르기가 원활하지 않았다.

5세부터 초등학교 입학 전까지 인도네시아 한인교회 부속 유치원을 다녔으며 초등학교 입학을 위해 영어 교육을 시작하였는데, 영어를 습득하는 데 어려움이 많았다. 현재 영국계 국제학교에 다니고 있는 윤서는 학교에서는 영어, 가정에서는 한국어를 주로 사용하고 있다. 영어는 간단한 지시따르기와 짧고 간단한 의사소통 정도가 가능하며 한국어는 영어에 비해 의사소통이 나은 편이지만 전반적인 언어발달은 지체되어 있다. 학교에서는 영국 선생님들과 한국 선생님이 윤서를 이해하고 도움을 주면서 수업에는 모두 참여하고 있으나 동일 학년의 학업성취는 어려운 수준으로 보고되었다. 수업 이외의 시간에는 친절한 한국계 고학년 소녀들이 윤서를 보살펴주며 비교적 잘 지내지만 또래 관계는 어려운 편이다. 여전히 혼자 노는 것을 즐기며 집에서는 주로 〈뽀로로〉 등 한국 어린이 프로그램을 시청한 후 극의 내용을 외워 상황극을 하면서 혼자 노는 것을 즐기는 편이다. 최근 윤서가 음악실 입실을 거부하며 울면서 음악 수업에 참여하지 않겠다고 하는 일이 수차례 발생하였고, 학교 선생님들이 윤서의 문제를 이해하고 발달수준에 적합한 교육을 제공하기 위해 평가를 요청한바 어머니가 아동과 함께 귀국 후 심리평가를 의뢰하였다.

3) 행동 관찰

윤서는 평가자나 평가상황에 대한 거부감 없이 어머니와 선선히 분리되어 검사실로 입실하였다. 검사실에 입실한 윤서는 착석은 하였으나 검사와 무관한 이야기를 반복해서 한다거나 검사 도구나 주변 자극들로 인해 쉽게 주의가 분산되는 등 산만하였다. 지능검사 실시 시 윤서는 언어이해 영역의 소검사를 제외한 여타의 과제들에 대해 흥미를 보이며 빠르게 과제를 수행하였다. 그러나 언어이해 영역의 검사들에서는 지시를 쉽게 이해하지 못했고, 과제에 흥미를 보이지 않았으며 쉽게 주의가 산만해지곤 하였다. 한편, 윤서는 자신이 잘 모르는 과제나 수행하지 못한 과제를 끝낸 후 "괜찮다고 해봐."라고 말하며 평가자에게 똑같이 말하도록 요구하곤 하였다. 전반적인 어투는 단조롭고, 반향어나 상황에 맞지 않는 표현 등이 빈번히 관찰되었으며 코를 파기도 하는 등 연령에 비해 미성숙한 행동이 관찰되었다.

4) K-WISC-V의 프로파일 및 분석 결과

(1) 기본분석

① 지표점수 및 소검사 점수 분석

표 7-27 지표점수 분석

지표	환산점수 합	지표점수	백분위	신뢰구간(95%)	진단분류(수준)
언어이해(VCI)	7	65	1	60~75	매우 낮음
시공간(VSI)	17	92	29	84~101	평균
유동추론(FRI)	15	86	17	79~95	평균 하
작업기억(WMI)	19	97	43	90~105	평균
처리속도(PSI)	16	89	24	82~99	평균 하
전체 IQ(FSIQ)	46	75	5	70~82	낮음

표 7-28 소검사점수 분석

지표	소검사	원점수	환산점수	백분위	추정연령
언어이해	공통성	6	4	2	<6:2
	어휘	3	3	1	<6:2
	(상식)	6	3	1	<6:2
	(이해)	4	3	1	<6:2

(계속)

표 7-28 소검사점수 분석 (계속)

지표	소검사	원점수	환산점수	백분위	추정연령
시공간	토막짜기	24	8	25	6:2
	퍼즐	15	9	37	7:2
유동추론	행렬추리	17	10	50	7:10
	무게비교	11	5	5	<6:2
	(공통그림찾기)	9	9	37	6:6
	(산수)	6	3	1	<6:2
작업기억	숫자	21	9	37	7:2
	그림기억	24	10	50	7:10
	(순차연결)	9	7	16	<6:2
처리속도	기호쓰기	32	7	16	6:2
	동형찾기	34	9	37	7:6
	(선택)	34	5	5	<6:2

② 강점/약점

표 7-29 지표점수 강점/약점

지표	지표점수	비교점수	차이	임계값	강점(S)/약점(W)	누적비율
언어이해	65	85.8	−20.8	12.48	W	<2%
시공간	92	85.8	6.2	11.71	−	>25%
유동추론	86	85.8	0.2	9.59	−	>25%
작업기억	97	85.8	11.2	10.35	S	10~15%
처리속도	89	85.8	3.2	11.6	−	>25%

* MIS=(65+92+86+97+89)/5=85.8, 임계값의 유의수준은 0.05 수준, 누적비율의 준거집단은 능력수준.

표 7-30 소검사 강점/약점

소검사	환산점수	비교점수	차이	임계값	강점(S)/약점(W)	누적비율
공통성	4	7.4	−3.4	3.14	W	5~10%
어휘	3	7.4	−4.4	4.13	W	2~5%
토막짜기	8	7.4	0.6	3.92	−	>25%
퍼즐	9	7.4	1.6	3.02	−	25%
행렬추리	10	7.4	2.6	3.21	−	10~15%
무게비교	5	7.4	−2.4	2.11	W	10~15%
숫자	9	7.4	1.6	2.5	−	15~25%
그림기억	10	7.4	2.6	3.23	−	15%
기호쓰기	7	7.4	−0.4	2.85	−	>25%
동형찾기	9	7.4	1.6	3.54	−	>25%

* MSS-P = (4+3+8+9+10+5+9+10+7+9)/10 = 7.4, 임계값의 유의수준은 0.05 수준.

③ 차이비교

표 7-31 지표점수 차이비교

지표 비교	점수1	점수2	차이	임계값	유의미한 차이	누적비율
VCI-VSI	65	92	−27	14.94	Y	5.8%
VCI-FRI	65	86	−21	13.4	Y	9.3%
VCI-WMI	65	97	−32	13.94	Y	1.9%
VCI-PSI	65	89	−24	14.87	Y	10.2%
VSI-FRI	92	86	6	12.7	N	33.8%
VSI-WMI	92	97	−5	13.27	N	39.7%
VSI-PSI	92	89	3	14.24	N	44.6%
FRI-WMI	86	97	−11	11.5	N	24%
FRI-PSI	86	89	−3	12.61	N	44.6%
WMI-PSI	97	89	8	13.18	N	32.7%

* 임계값의 유의수준은 0.05 수준, 누적비율의 준거집단은 능력수준.

표 7-32 소검사 차이비교

소검사 비교	점수1	점수2	차이	임계값	유의미한 차이	누적비율
공통성-어휘	4	3	1	3.04	N	41.9%
토막짜기-퍼즐	8	9	−1	3.52	N	44.5%
행렬추리-무게비교	10	5	5	2.82	Y	7.8%
숫자-그림기억	9	10	−1	2.93	N	46.3%
기호쓰기-동형찾기	7	9	−2	3.36	N	30.6%

* 임계값의 유의수준은 0.05 수준.

(2) 추가분석

① 추가지표점수 분석

표 7-33 추가지표점수 분석

추가지표	환산점수 합	지표점수	백분위	신뢰구간(95%)	진단분류(수준)
양적추론(QRI)	8	67	1	62~76	매우 낮음
청각작업기억(AWMI)	16	89	24	83~97	평균 하
비언어(NVI)	49	87	19	81~94	평균 하
일반능력(GAI)	30	73	4	68~81	낮음
인지효율(CPI)	35	92	29	85~100	평균

② 차이비교

표 7-34 추가지표점수 차이비교

추가지표 비교	점수1	점수2	차이	임계값	유의미한 차이	누적비율
GAI-FSIQ	73	75	−2	3.36	N	35.4%
GAI-CPI	73	92	−19	11.15	Y	9.2%
WMI-AWMI	97	89	8	8.37	N	35.4%

* 임계값의 유의수준은 0.05 수준, 누적비율의 준거집단은 능력수준.

표 7-35 추가지표점수의 소검사 차이비교

소검사 비교	점수1	점수2	차이	임계값	유의미한 차이	누적비율
무게비교-산수	5	3	2	2.59	N	31.1%
숫자-순차연결	9	7	2	2.78	N	26.6%

* 임계값의 유의수준은 0.05 수준.

(3) 처리점수 분석

① 처리점수의 환산점수

표 7-36 처리점수의 환산점수

처리점수	원점수	환산점수
시간보너스가 없는 토막짜기(BDn)	22	7
토막짜기 부분점수(BDp)	26	6
숫자 바로 따라하기(DSf)	8	10
숫자 거꾸로 따라하기(DSb)	9	11
숫자 순서대로 따라하기(DSs)	4	7
선택(무선 배열)(CAr)	15	5
선택(일렬 배열)(CAs)	19	6

② 처리점수의 차이비교

표 7-37 처리점수의 차이비교

처리점수 비교	점수1	점수2	차이	임계값	유의미한 차이	누적비율
BD-BDn	8	7	1	3.95	N	14.6%
BD-BDp	8	6	2	3.67	N	2.7%
DSf-DSb	10	11	−1	3.35	N	45%
DSf-DSs	10	7	3	3.45	N	21%

(계속)

표 7-37   처리점수의 차이비교 (계속)

처리점수 비교	점수1	점수2	차이	임계값	유의미한 차이	누적비율
DSb-DSs	11	7	4	3.55	Y	9.2%
LN-DSs	7	7	0	3.38	N	–
CAr-CAs	5	6	−1	4.17	N	40.3%

* 임계값의 유의수준은 0.05 수준.

③ 처리점수의 누적비율

표 7-38   처리점수의 누적비율

처리점수	원점수	누적비율
가장 긴 숫자 바로 따라하기(LDSf)	5	92.78%
가장 긴 숫자 거꾸로 따라하기(LDSb)	3	96.28%
가장 긴 숫자 순서대로 따라하기(LDSs)	3	98.14%
가장 긴 그림기억 자극(LPSs)	4	86.84%
가장 긴 그림기억 반응(LPSr)	6	97.92%
가장 긴 순차연결(LLNs)	2	99.38%
토막짜기 공간크기 오류(BDde)	1	5%
토막짜기 회전 오류(BDre)	0	10%
기호쓰기 회전 오류(CDre)	0	5%
동형찾기 세트 오류(SSse)	0	15%
동형찾기 회전 오류(SSre)	0	10%

④ 처리점수의 차이비교

표 7-39 처리점수의 차이비교

처리점수 비교	점수1	점수2	차이	누적비율
LDSf-LDSb	5	3	2	60.7%
LDSf-LDSs	5	3	2	51.6%
LDSb-LDSs	3	3	0	55.5%

5) 지능평가 보고서 작성

이 름 :	이 윤 서	나 이 :	7세 10개월
성 별 :	여 자	생년월일 :	2011년 7월 9일
학 년 :	초등학교 2학년	평가일자 :	2019년 5월 27일
평가기관 :	○○상담센터	평가자 :	○○○

기본프로파일 분석

	지표점수	백분위	95% 신뢰구간	진단분류(수준)
언어이해 지표(VCI)	65	1	60~75	매우 낮음
시공간 지표(VSI)	92	29	84~101	평균
유동추론 지표(FRI)	86	17	79~95	평균 하
작업기억 지표(WMI)	97	43	90~105	평균
처리속도 지표(PSI)	89	24	82~99	평균 하
전체 IQ(FSIQ)	75	5	70~82	낮음

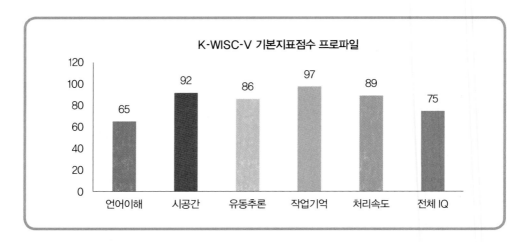

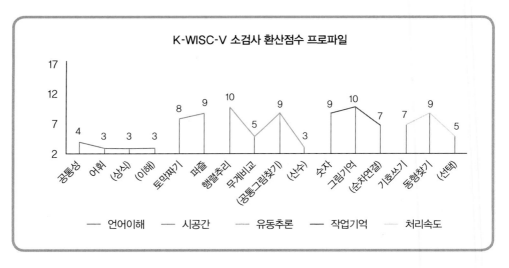

추가프로파일 분석

	지표점수	백분위	95% 신뢰구간	진단분류(수준)
양적추론 지표(QRI)	67	1	62~76	매우 낮음
청각작업기억 지표(AWMI)	89	24	83~97	평균 하
비언어 지표(NVI)	87	19	81~94	평균 하
일반능력 지표(GAI)	73	4	68~81	낮음
인지효율 지표(CPI)	92	29	85~100	평균

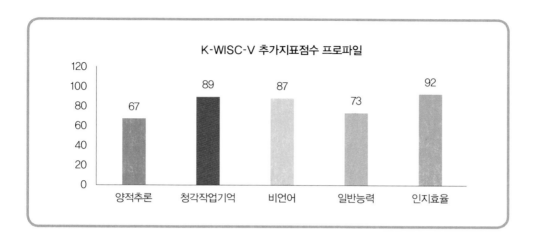

한국 웩슬러 아동지능검사(K-WISC-V) 결과, 전체 IQ는 75이며 또래 아동과 비교했을 때 전반적인 인지능력은 [낮음] 수준에 해당한다(백분위＝5, 95% 신뢰구간 70~82). K-WISC-V의 검사 결과 해석은 크게 기본지표점수와 추가지표점수로 구분된다. 기본지표점수에 대한 결과를 살펴보면, 언어이해 지표는 [매우 낮음] 수준이고, 시공간 지표는 [평균], 유동추론 지표는 [평균 하], 작업기억 지표는 [평균], 처리속도 지표는 [평균 하] 수준에 해당한다. 추가지표점수의 경우, 양적추론 지표는 [매우 낮음] 수준이며, 청각작업기억 지표는 [평균 하], 비언어 지표는 [평균 하], 일반능력 지표는 [낮음], 인지효율 지표는 [평균] 수준에 해당한다.

우선 기본지표점수를 구체적으로 분석하였다. 아동의 언어이해 지표(VCI)는 65로 [매우 낮음] 수준이며 언어적 추론 체계, 언어적 이해력 및 표현력, 언어적 문제를 해결하는 능력이 동일 연령대에 비해 매우 부진한 것으로 나타났다(백분위＝1, 95% 신뢰구간 65~75). 특히, 이중언어 사용이라는 환경적 배경과 언어성 과제에 대한 수검 아동의 낮은 동기수준 및 과제에 대한 비협조적인 태도를 고려하더라도, 언어이해 지표는 [매우 낮음] 수준으로 [평균~평균 하] 수준에 속하는 시공간, 유동추론, 작업기억 및 처리속도 지표에 비해 가장 빈약한 발달을 보이고 있는데 이는 수검 아동의 자폐장애적 증상이 반영된 결과로 보인다. 소검사들의 수행을 살펴보면, 단어 지식이 매우 낮은 수준으로 발달되어 있는데(어휘＝3), 일상생활에서 자주 접하는 쉬운 명사의 뜻은 설명할 수 있으나 동사나 형용사와 같은 추상적인 단어의 의미를 표현하는 것은 어려워 언어적인 이해력과 표현력의 발달이 미흡해 보인다. 또한 언어적 추론 기술(공통성=4)이 매우 빈약한데, 이는 아동의 경직되고 구체적인 사고 특성이 반영된 것으로 보인다. 관습적 지식과 사회적 판단력(이해=3) 및 일반상식을 획득하여 기억하고 인출하는 능력 역시 매우 낮은 수준(상식=3)으로 이는 아동이 학업장면에서 필요한 지식을 습득하고 활용하는 데 어려움이 있음을 시사한다.

시공간 지표(VSI)는 92로 [평균] 수준이며 시공간적 관계를 이해하는 능력과 시각적 분석능력은 연령대에 알맞게 발휘되고 있다(백분위=29, 95% 신뢰구간 84~101). 또한, 시지각적 그리고 시공간 지식을 이해하고 적용할 수 있는 능력은 유동추론능력이나 작업기억 및 처리속도와 유사한 발달을 나타내고 있다. 구체적으로 살펴보면, 기하학적이고 추상적인 시공간적 정보를 분석 및 재조직화하는 능력(토막짜기=8)과 시각 자극의 세부 특징에 주의를 집중하여 시운동적으로 통합하는 능력(퍼즐=9)이 평균수준으로 발달되어 있다.

유동추론 지표(FRI)는 86으로 [평균 하] 수준이다. 시각적 정보에 논리적 추론 기술을 적용하는 능력은 동일 연령대에 비해 다소 부진한 발달을 보이고 있으며 소검사 간 유의한 편차가 나타나고 있다(백분위=17, 95% 신뢰구간 79~95). 그러나 유동추론 지표는 언어이해 지표에 비해 상대적으로 나은 수행을 보여 언어적 정보에 대한 유추능력에 비해 시각정보에 대한 유추능력이 유의하게 발달되어 있음을 시사한다(FRI>VCI, 누적비율=9.3%). 유동추론 내 소검사들의 수행을 살펴보면, 시각적 자극들 간의 내재된 개념적 관계를 파악하고 규칙을 발견하는 능력(행렬추리=10)과 시각적 자극에서 공통된 속성을 찾는 과제(공통그림찾기=9)에서 [평균] 수준의 발달을 나타내고 있다. 반면, 이같은 범주적 추론 기술과 달리 양적추론 지표(QRI)가 67점으로 [매우 낮음] 수준이며 동일 연령에 비해 저조한 수행을 보였는데, 시각적 자극에 대한 양적추론능력(무게비교=5)과 수리적 추론능력 및 계산능력(산수=3)이 매우 부진한 것으로 나타났다. 이같이 부진한 수행은 양적 관계를 이해하고 적용하는 능력이나 수학적 지식을 이해하고 학습하는 데 곤란을 시사하는 것으로 사료된다.

작업기억 지표(WMI)는 97로 [평균] 수준이며 시청각정보를 등록, 유지, 조작하는 능력이 아동의 인지적 강점으로 나타나고 있다(백분위=43, 95% 신뢰구간 90~105). 숫자를 계열적으로 처리하고 회상하는 능력(숫자=9)과 제시된 그림을 빠르게 순서대로 기억하는 능력이 [평균] 수준으로 발달되어 있다(그림기억＝10).

한편, 숫자 처리점수에 유의한 차이가 나타나고 있는데, 윤서는 숫자 바로 따라하기(DSf＝10)와 숫자 거꾸로 따라하기(DSb＝11)가 [평균] 수준인 반면, 숫자 순서대로 따라하기(DSs＝7), 숫자와 문자를 동시에 처리해야 하는 과제(순차연결＝7)에서는 [평균 하] 수준의 수행을 보이고 있다. 즉, 아동은 주의폭이 넓고 단순 주의력은 동일 연령과 유사한 수행을 보이는 반면, 정신적 조작능력이 요구되는 과제의 수행은 빈약하여 작업기억이 요구되는 상황에서 정보를 능동적으로 유지하거나 조작하는 것이 기대에 못 미치는 수행을 보일 수 있겠다.

처리속도 지표(PSI)는 89로 [평균 하] 수준이며 또래에 비해 다소 부진하다(백분위＝24, 95% 신뢰구간 82~99). 소검사 수행을 살펴보면, 연합기억(동형찾기＝9)은 [평균] 수준인 반면, 필기운동속도(기호쓰기＝7)는 [평균 하] 수준이다. 여러 가지 사물 중에서 표적 자극에 주시하는 능력은 [매우 낮음] 수준으로, 시각적 변별력과 주시능력은 매우 부진한 발달을 나타내고 있다(선택＝5).

추가지표는 인지기능에 대한 부가적인 정보를 제공해주고 있다. 우선 양적추론 지표(QRI)는 67, 즉 [매우 낮음] 수준으로 정신적 수 조작과 추상적 관계를 이해하는 능력이 매우 부진한 것으로 나타났다(백분위＝1, 95% 신뢰구간 62~76).

청각작업기억 지표(AWMI)는 89, 즉 [평균 하] 수준으로 언어적으로 제시된 정보를 저장, 파지, 조작하는 능력이 [평균 하] 수준으로 기능하고 있다(백분위＝24, 95% 신뢰구간 83~97).

비언어 지표(NVI)는 언어표현이 최소한으로 요구되는 일반 지적 기능을 측정하는데, 현재 수검 아동의 비언어 지표는 87, 즉 [평균 하] 수준으로 나타났다(백분위＝19, 95% 신뢰구간 81~94).

일반능력 지표(GAI)는 전체 지능과 달리 작업기억과 처리속도의 영향이 적은 일반지능의 측정치를 제공하는데, 전체 지능과 유사한 73, 즉 [낮음] 수준으로 나타났다(백분위＝4, 95% 신뢰구간 68~81).

인지효율 지표(CPI)는 92, 즉 [평균] 수준으로 동일 연령대에 해당하여, 정보를 처리하는 효율성이 적절하게 발달되어 있다(백분위＝29, 95% 신뢰구간 85~100). 반면 일반능력 지표가 인지효율 지표에 비해 상대적으로 부진하여(GAI＜CPI, 누적비율＝9.2%), 수검 아동이 주어진 과제를 단순하고 빠르게 처리하는 결과는 양호한 데 반해 논리적 사고력을 요구하는 보다 복잡한 인지적 과정에 참여할 때에는 이에 미치지 못하는 미흡한 학업적 성취와 문제해결력을 보일 수 있겠다.

요약

- 한국 웩슬러 아동지능검사(K-WISC-V) 결과, 수검 아동의 전반적 인지기능은 [낮음] 수준에 해당하며(FSIQ=75), 시각적 처리능력, 작업기억력은 [평균] 수준, 유동추론능력과 처리속도는 [평균 하] 수준에 해당한다(VSI=92, WMI=97, FRI=86, PSI=89). 한편, 언어적 능력은 [매우 낮음] 수준에 해당하는데(VCI=65), 이중언어 사용이라는 환경적 배경과 언어성 과제에 대한 수검 아동의 낮은 동기수준과 과제에 대한 비협조적인 태도를 고려하더라도, 빈약한 언어적 능력은 수검 아동의 자폐 장애적 증상이 반영된 결과로 보인다.
- 작업기억은 인지적 강점이고, 언어이해능력은 아동의 인지적 약점으로서 수검 아동은 언어-청각 자극의 처리능력이 부진하다.
- 양적추론 지표가 [매우 낮음] 수준으로 정신적 수 조작과 추상적 관계를 이해하는 능력이 매우 부진한바, 수리적 개념형성과 수 조작능력이 저조하다. 이와 함께 [평균] 수준에 속하는 인지효율 지표와 달리 일반능력 지표는 [낮음] 수준으로, 윤서는 주어진 과제를 단순하고 빠르게 처리하는 결과는 양호한 데 반해 논리적 사고력이 요구되는 추론 과정에 참여할 때는 이에 미치지 못하는 빈약한 학업적 성취와 문제해결력을 보일 것으로 생각된다.

교육적 제언

- 동일 연령에 비해 인지적인 제한으로 또래 아이들과 비슷한 수준의 학업적 성취를 이루는 것이 곤란해 보이는바, 아동의 인지특성에 맞는 특수교육적 개입이 필요할 것으로 보인다. 새로운 내용 학습 시, 언어적, 청각적 자극보다는 시각적이며 실물로 조작 가능한 자극을 활용하는 것이 더 나은 이해를 도울 수 있겠다. 또한 부진한 언어적 이해력을 고려하여 지시사항은 짧고 간단하게 하는 것이 중요하며, 동일한 내용도 반복적으로 제시하고 습득하기 위해 충분한 시간을 기다려주는 것이 중요할

것으로 생각된다.

- 또한 사회적인 적응력을 향상시키기 위해 아동의 인지수준을 고려한 사회 기술 훈련도 권한다. 다양한 사회적 상황을 제시하고 그 상황에 대한 이해와 그에 알맞은 대처방식을 교육하는 것이 필요한데, 이때 시각적 자극을 활용하여 상황의 순서에 맞춰 도식화해 제시하는 것이 도움 되겠다. 또한 다양한 학습 및 체험 경험과 사회적인 활동을 통해 경험의 폭을 넓혀주는 것도 좋은 방법이 될 것이다.

치료적 제언

다음과 같은 치료적 개입이 필요할 것으로 사료된다.

- 사회적으로 적절한 행동을 가르치고, 적절한 행동을 강화해줄 수 있는 사회성 기술 증진 프로그램
- 아동의 상태에 대한 정확한 이해와 발달을 촉진시킬 수 있도록 도와주는 부모교육
- 언어치료

부록

자폐스펙트럼장애(Autism Spectrum Disorder, ASD) 핵심특징

자폐스펙트럼장애는 제한된 범위의 활동과 관심, 그리고 사회적 행동과 의사소통 행동의 손상이 특징인 신경발달장애이다. 자폐증은 전형적으로 하나의 증후군으로 기술되지만, 현재는 임상 증상의 표현에 상당한 차이를 보이는 복잡한 발달장애임을 나타내는 '스펙트럼장애'로 인식되고 있다. 증상의 차이는 ASD의 병인, 증상의 안정성, 시작연령에서의 개인차, 치료반응 그리고 ASD인 아동들 사이에서 볼 수 있는 사회정서적 발달의 개인차를 이해하는 데 주요한 함의를 가진다. DSM-5에 따르면 ASD의 1차적 증상은 다음 두 영역으로 나뉜다.

① 여러 상황에서 사회적 의사소통과 상호작용의 지속적인 부재
사회-정서적 상호성, 비언어적 행동과 사회적 관계에서 사회적 의사소통과 상호작용의 부재가 지속적으로 드러난다.

② 제한적이고 반복적인 행동, 관심이나 활동
제한적으로 반복적인 행동, 관심이나 활동은 다음 두 가지 또는 그 이상으로 나타나야 한다. 상동증적이거나 반복적인 신체운동과 물건의 사용, 또는 동일한 언어에 대한 집착, 고정된 의식에 대한 집착이나 제한된 의식화된 행동, 비정상적 강도의 고정된 관심이나 감각적 자극에 대한 과잉 또는 과

소 민감성 또는 환경의 감각적 측면에 대한 특이한 관심.

증상은 발달의 초기 단계에서 나타나야 하며 사회적, 직업적 기능이나 다른 기능을 심각하게 손상시켜야 한다. 또한 장애가 지적장애나 전반적 발달지체에 의한 것이 아니어야 한다.

참고문헌

곽금주, 박혜원, 김청택 (2001). K-WISC-III(한국 웩슬러 아동지능검사) 지침서. 서울 : 도서출판 특수교육.

곽금주, 오상우, 김청택 (2011). K-WISC-IV(한국 웩슬러 아동지능검사) 전문가 지침서. 서울 : 학지사.

곽금주, 장승민 (2019). K-WISC-V(한국 웩슬러 아동 지능검사) 실시와 채점 지침서. 서울 : 인싸이트.

김상원, 김충육 (2011). 아동 인지능력 평가의 최근 동향 : CHC 이론과 K-WISC-IV. 한국심리학회지 : 학교 8(3), 337-358.

박영숙 (1994). 심리평가의 실제. 서울 : 하나의학사.

박혜원, 이경옥, 안동현 (2016). K-WPPSI-IV 실시지침서. 서울 : 학지사 심리검사연구소.

염태호, 박영숙, 오경자, 김정규, 이영호 (1992). K-WAIS 실시요강. 서울 : 한국가이던스.

이우경, 이원혜 (2012). 심리평가의 최신 흐름. 서울 : 학지사.

이창우, 서봉연 (1974). K-WISC 실시요강. 서울 : 배영사.

전용신, 서봉연, 이창우 (1963). KWIS 실시요강. 서울 : 중앙교육연구소.

한국교육개발원 (1987). KEDI-WISC 검사요강. 서울 : 도서출판 특수교육.

황순택, 김지혜, 박광배, 최진영, 홍상황 (2012). 한국판 웩슬러 성인용 지능검사 4판(K-WAIS-IV). 대구 : 한국심리주식회사.

Alfonso, V. C., Flanagan, D. P., & Radwan, S. (2005). The impact of the Cattell-Horn-Carroll theory on test development and interpretation of cognitive and academic abilities. *Contemporary intellectual assessment : Theories, tests and issues*, 41-68.

American Psychological Association (2010a). *Ethical principles of psychologists and code of conduct : 2010 amendments*.

Baddeley, A. D. (2012). Working memory : Theories, models, and controversies. *Annual Review of Psychology* 63, 1-19.

Binet, A., & Simon, T. (1905). Methodes nouvelles pour le diagnostic du niveau intellectuel des anormaux. *L'Annee Psychologique* 11, 191–244.

Calhoun, S. L., & Mayes, S. D. (2005). Processing speed in children with clinical disorders. *Psychology in the Schools* 42(4), 333–343.

Carroll, J. B. (1993). *Human cognitive abilities : a survey of factor analytic studies*. Cambridge, New York : Cambridge University Press.

Carroll, J. B. (1997). Commentary on Keith and Witta's hierarchical and cross-age contimatory factor analysis of the WISC-III. *School Psychology Quarterly* 12, 108–109.

Carroll, J. B. (2012). *Words, meanings and concepts (I). In Educational Psychology* (pp. 33–95). Library Editions : Education.

Cattell, R. B. (1971). *Abilities : Their structure, growth and action*. New York : Houghton Mifflin.

Deary, I. J., & Johnson, W. (2010). Intelligence and education : causal perceptions drive analytic processes and therefore conclusions. *International Journal of Epidemiology* 39(5), 1362–1369.

Deary, I. J., Strand, S., Smith, P., & Fernandes, C. (2007). Intelligence and educational achievement. *Intelligence* 35(1), 13–21.

Fiorello, C. A., Hale, J. B., & Snyder, L. E. (2006). Cognitive hypothesis testing and response to intervention for children with reading problems. *Psychology in the Schools* 43(8), 835–853.

Flanagan, D. P., Alfonso, V. C. (2017). *Essentials of WISC-V assessment*. Hoboken, NJ : John Wiley & Sons.

Flanagan, D. P., & Kaufman, A. S. (2009). *Essentials of WISC-IV assessment (2nd ed.)*. Hoboken, NJ : John Wiley & Sons.

Flanagan, D. P., McGrew, K. S., & Ortiz, S. O. (2000). *The Wechsler intelligence scales and Gf–Gc theory : A Contemporary approach to interpretation*. Boston : Allyn & Bacon.

Flanagan, D. P., Ortiz, S. O., & Alfonso, V. C. (2007). Use of the cross-battery approach in the assessment of diverse individuals. AS Kaufman & NL Kaufman (Series Ed.). *Essentials of cross-battery assessment second edition*, 146–205.

Groth-Marnat, G. (2009). *Handbook of psychological assessment (5th ed.)*. Hoboken, NJ : John Wiley & Sons.

Harrison, G. A., Tanner, J. M., Pilbeam, D. R., & Baker, P. T. (1988). *Human Biology : An Introduction to Human Evolution, Variation, Growth and Ecology*. London : Oxford Science Publications.

Horn, J. L. (1968). Organization of abilities and the development of intelligence. *Psychological review* 75(3), 242–259.

Horn, J. L. (1988). Thinking about human abilities. In J. R. Nesselroads & R. B Cattell (Eds.). *Handbook of multivariate experimental psychology* (pp. 645-685). Boston, MA : Springer.

Horn, J. L. (1991). Measurement of intellectual capabilities : A review of theory. *Woodcock-Johnson technical manual* (pp. 197-232). Chicago : Riverside.

Horn, J. L. (1994). Theory of fluid and crystallized intelligence. *Encyclopedia of human intelligence* 1, 443-451.

Horn, J. L., & Blankson, A. N. (2012). Foundations for better understanding of cognitive abilities. In D. P. Flanagan & P. L. Harrison (Eds.), *Contemporary intellectual assessment : Theories, tests, and issues* (2nd ed., pp. 41-68). New York : Guilford.

Horn, J. L., & Cattell, R. B. (1966). Refinement and test of the theory of fluid and crystallized general intelligences. *Journal of educational psychology* 57(5), 253.

Hunt, E., & Madhyastha, T. M. (2012). Cognitive demands of the workplace. *Journal of Neuroscience, Psychology, and Economics* 5(1), 18.

Johnson, W., Corley, J., Starr, J. M., & Deary, I. J. (2011). Psychological and physical health at age 70 in the Lothian Birth Cohort 1936 : Links with early life IQ, SES, and current cognitive function and neighborhood environment. *Health Psychology* 30(1), 1.

Johnson, W., Deary, I. J., & Iacono, W. G. (2009). Genetic and environmental transactions underlying educational attainment. *Intelligence* 37(5), 466-478.

Kaufman, A. S., & Lichtenberger, E. (2006). *Assessing adolescent and adult intelligence (3rd ed.).* Hoboken, NJ : John Wiley & Sons.

Kaufman, A. S., Raiford, S. E., & Coalson, D. L. (2016). *Intelligent testing with the WISC-V.* Hoboken, NJ : John Wiley & Sons.

Kaufman, S. B., Reynolds, M. R., Liu, X., Kaufman, A. S., & McGrew, K. S. (2012). Are cognitive g and academic achievement g one and the same g? An exploration on the Woodcock-Johnson and Kaufman tests. *Intelligence* 40(2), 123-138.

Kuncel, N. R., Ones, D. S., & Sackett, P. R. (2010). Individual differences as predictors of work, educational, and broad life outcomes. *Personality and individual differences* 49(4), 331-336.

Li, Y., & Geary, D. C. (2013). Developmental gains in visuospatial memory predict gains in mathematics achievement. *PloS ONE* 8(7).

Mayes, S. D., & Calhoun, S. L. (2004). Influence of IQ and age in childhood autism : Lack of support for DSM-IV Asperger's disorder. *Journal of developmental and physical disabilities*

16(3), 257-272.

McGrew, K. S. (1997). Analysis of the major intelligence batteries according to a proposed comprehensive Gf-Gc framework. In D. P. Flanagan, J. Genshaft, & P. L. Harrison(Eds.). *Contemporary intellectual assessment : Theories, tests, and issues*(pp. 151-180). New York : Guilford.

McGrew, K. S. (2005). The Cattell-Horn-Carroll Theory of Cognitive Abilities : Past, Present, and Future. In D. P. Flanagan, J. L. Genshaft, & P. I. Harrison(Eds). *Contemporary intellectual assessment : Theories, tests, and issues*, 2nd ed. (pp.136-181). New York : Guilford.

McGrew, K. S. (2014). CHC theory 101: from general intelligence g to CHC theory [PowerPoint Slides]. Retrieved from https://www.slideshare.net/iapsych/chc-theory-101-from-general-intelligence-g-to-chc-theory

McGrew, K. S., & Flanagan, D. P. (1998). *The intelligence test desk reference (ITDR) : Gf-Gc cross-baterry assessment.* MA : Allyn & Bacon.

Nelson, J. M., Canivez, G. L., & Watkins, M. W. (2013). Structural and incremental validity of the Wechsler Adult Intelligence Scale-Fourth Edition with a clinical sample. *Psychological Assessment* 25(2), 618.

Rozencwajg, P., & Corroyer, D. (2002). Strategy development in a block design task. *Intelligence* 30(1), 1-25.

Sattler, J. M. (2008). *Assessment of children : Cognitive foundations* (5th ed.). San Diego, CA : Author.

Sattler, J. M., Dumont, R., & Coalson, D. L. (2016). *Assessment of children : WISC-V and WPPSI-IV.* San Diego, CA : Jerome M. Sattler Publishing.

Schneider, W. J., & McGrew, K. S. (2012). *The Cattell-Horn-Carroll Model of Intelligence.* New York : Guilford.

Schmidt, F. L. (2014). A general theoretical integrative model of individual differences in interests, abilities, personality traits, and academic and occupational achievement : A commentary on four recent articles. *Perspectives on Psychological Science* 9(2), 211-218.

Spearman, C. E. (1904). General intelligence objectively determined and measured. *American Journal of Psychology* 15, 201-293.

Spearman, C. E. (1927). *The abilities of man.* New York : Macmillan.

Stott, L., & Ball, R. (1965). Infant and preschool mental tests : Review and evaluation. *Monographs of the Society for Research in Child Development* 30, 4-42.

Terman, L. M. (1916). *The measurement of intelligence*. Boston : Houghton-Mifflin.

Terman, L. M. (1921). Intelligence and its measurement : A symposium-II. *Journal of Educational Psychology* 12(3), 127.

Thurstone, L. L. (1938). Primary mental abilities. *Psychometric Monographs* 1.

Vukovic, R. K., Fuchs, L. S., Geary, D. C., Jordan, N. C., Gersten, R., & Siegler, R. S. (2014). Sources of individual differences in children's understanding of fractions. *Child development* 85(4), 1461-1476.

Wechsler, D. (1939). *The Measurement of Adult Intelligence*. Baltimore : Williams & Wilkins.

Wechsler, D. (1944). *The measurement of adult intelligence*. Baltimore : Williams & Wilkins.

Wechsler, D. (1946). *Wechsler-Bellevue intelligence Scale, Form II*. New York : The Psychological Corporation.

Wechsler, D. (1949). *Manual for the Wechsler Intelligence Scale for Children*. New York : The Psychological Corporation.

Wechsler, D. (1955). *Manual for the Wechsler Adult Intelligence Scale (WAIS)*. San Antonio, TX : The Psychological Corporation.

Wechsler, D. (1958). *The measurement and appraisal of adult intelligence (4th ed.)*. Baltimore : Williams & Wilkins.

Wechsler, D. (1967). *Manual for the Wechsler Preschool and Primary Scale of Intelligence*. San Antonio, TX : The Psychological Corporation.

Wechsler, D. (1974). *WISC-R, Wechsler intelligence scale for children, revised*. San Antonio, TX : Psychological Corporation.

Wechsler, D. (1975). Intelligence defined and undefined : A relativistic appraisal. *American Psychologist* 30(2), 135.

Wechsler, D. (1981). *WAIS-R manual : Wechsler adult intelligence scale-revised*. San Antonio, TX : Psychological Corporation.

Wechsler, D. (1989). *Wechsler Preschool and Primary Scale of Intelligence-Revised*. San Antonio, TX : The Psychological Corporation.

Wechsler, D. (1991). *WISC-III : Wechsler intelligence scale for children*. San Antonio, TX : Psychological Corporation.

Wechsler, D. (2003). *Wechsler Intelligence Scale for Children-Fourth Edition : Administration and scoring manual*. San Antonio, TX : Harcourt Assessment.

Wechsler, D. (2008). *Wechsler Adult Intelligence Scale-Fourth Edition (WAIS-IV)*, San Antonio,

TX: Pearson.

Wechsler, D. (2012). *Technical and interpretative manual* : *WPPSI-IV*. New York : Pearson Inc.

Wechsler, D. (2014a). *Wechsler Intelligence Scale for Children (5th ed.)*. Bloomington, MN : Pearson.

Wechsler, D. (2014b). *WISC-V administration and scoring manual*. Bloomington, MN : Pearson.

Wechsler, D. (2014c). *WISC-V technical and interpretive manual*. Bloomington, MN : Pearson.

Weiss, L. G., Saklofske, D. H., Holdnack, J. A., & Prifitera, A. (2015). *WISC-V assessment and interpretation* : *Scientist-practitioner perspectives*. Waltham, MA : Academic Press.

Wrulich, M., Brunner, M., Stadler, G., Schalke, D., Keller, U., & Martin, R. (2014). Forty years on : Childhood intelligence predicts health in middle adulthood. *Health Psychology* 33(3), 292.

Zhu, J., & Chen, H. (2013). Clinical utility of Cancellation on the WISC-IV. *Journal of Psychoeducational Assessment* 31(6), 527–537.

찾아보기

저자 소개

김도연

이화여자대학교 대학원 심리학과 석사 및 박사
한양대학교병원 정신건강의학과 임상심리 수련과정 이수
서울아산병원 정신건강의학과 임상심리 레지던트과정 이수
이화여자대학교 발달장애아동센터 심리치료 수석연구원 역임

현재 서울상담심리대학원대학교 아동청소년 임상상담 교수
한국임상심리학회 공인 임상심리전문가
보건복지부 공인 정신건강임상심리사 1급
한국발달심리학회 공인 발달심리전문가
한국발달지원학회 놀이심리상담사 및 모래놀이심리상담사 수련감독자

김현미

이화여자대학교 대학원 심리학과 석사 및 박사
서울대학교병원 정신건강의학과 및 소아정신과 임상심리 수련과정 이수
한림대학교 성심병원 정신건강의학과 임상심리 수련과정 이수
서울의료원 정신건강의학과 임상심리전문가 역임
세브란스 어린이병원 소아심리실 수련감독자 역임

현재 가천대학교 특수치료대학원 겸임교수
광화문 마음공간 심리상담센터 센터장
WiseMi 심리상담연구소 소장
한국임상심리학회 공인 임상심리전문가
보건복지부 공인 정신건강임상심리사 1급

박윤아

가톨릭대학교 대학원 심리학과 석사 및 박사
서울대학교병원 정신건강의학과 및 소아정신과 임상심리 수련과정 이수
서울시보라매병원 정신건강의학과 임상심리 수련과정 이수
서울시보라매병원 정신건강의학과 임상심리전문가 역임
삼성테크윈 사내상담센터 운영
현재 광화문 마음공간 심리상담센터 센터장
     한국임상심리학회 공인 임상심리전문가
     보건복지부 공인 정신건강임상심리사 1급

옥정

이화여자대학교 대학원 심리학과 석사 및 박사
한양대학교병원 정신건강의학과 임상심리 수련과정 이수
강북삼성병원 정신건강의학과 임상심리 수련과정 이수
이화여자대학교 발달장애아동센터 심리치료 연구원 역임
현재 서울사이버대학교 특수심리치료학과 교수
     서울시 푸른존 센터장
     한국임상심리학회 공인 임상심리전문가
     보건복지부 공인 정신건강임상심리사 1급